Die Taiwan-Frage
im Kontext des Wiederaufstiegs Chinas
(2022–2035)

STRATEGIE UND KONFLIKTFORSCHUNG

Die Taiwan-Frage
im Kontext des Wiederaufstiegs Chinas
(2022–2035)

Nektarios Palaskas

vdf Hochschulverlag AG
an der ETH Zürich

Die vorliegende Arbeit wurde von der Philosophischen
Fakultät der Universität Zürich im Herbstsemester 2015
auf Antrag von Prof. Dr. Albert A. Stahel und
Prof. Dr. Georg Kohler als Dissertation angenommen.

**Bibliografische Information
der Deutschen Nationalbibliothek**
Die Deutsche Nationalbibliothek verzeichnet diese
Publikation in der Deutschen Nationalbibliografie;
detaillierte bibliografische Daten sind im Internet
über http://dnb.d-nb.de abrufbar.

Das Werk einschliesslich aller seiner Teile ist urheberrechtlich
geschützt. Jede Verwertung ausserhalb der engen Grenzen
des Urheberrechtsgesetzes ist ohne Zustimmung des Verlages
unzulässig und strafbar. Das gilt besonders für Vervielfältigungen, Übersetzungen, Mikroverfilmungen und die Einspeicherung und Verarbeitung in elektronischen Systemen.

Coverabbildung: moonrise – stock.adobe.com

ISBN 978-3-7281-3844-6

© 2018, vdf Hochschulverlag AG an der ETH Zürich
www.vdf.ethz.ch
verlag@vdf.ethz.ch

Inhalt

Danksagung	vii
Abbildungsverzeichnis	ix
Abkürzungsverzeichnis	xiii
1. Einleitung	1
1.1. Politikwissenschaftliche Relevanz des Themas	1
1.2. Forschungsstand	7
1.3. Fragestellungen	11
1.4. Aufbau der Arbeit	13
2. Historischer Hintergrund der Taiwan-Frage	15
2.1. Von einer unbeachteten Insel bis zur japanischen Kolonie	15
2.1.1. Taiwan als Stützung für europäische Händler	15
2.1.2. Erstmalige Zugehörigkeit Taiwans zum Chinesischen Kaiserreich	17
2.1.3. Die Opiumkriege und der Anschluss Taiwans an das Japanische Kaiserreich	18
2.2. Die japanische Kolonie Taiwan und der dramatische Wandel Chinas	26
2.2.1. Taiwans 50 Jahre unter japanischer Herrschaft	26
2.2.2. China: Niedergang der Dynastie und Aufstieg des Kommunismus	28
2.2.3. Das Ende des Zweiten Weltkriegs und die Phase des Kalten Krieges	32
2.2.4. Die jüngsten Entwicklungen in der Taiwan-Frage (2000–2012)	38
3. Methode der Szenarioplanung	43
4. Anwendung der Szenarioplanung in der Taiwan-Frage	47
4.1. Beschreibung der Taiwan-Frage	47
4.1.1. Weltordnung im Wandel	47
4.1.2. Asien im Mittelpunkt des Interesses und Bedeutung für Chinas Zukunft	53
4.1.3. Der Aufstieg Chinas	66
4.1.4. Faktorenliste	84
4.2. Einflussanalyse	86
4.3. Herleitung der Szenarien	87
4.4. Mögliche Szenarien in der Taiwan-Frage	93
4.4.1. US-Vorherrschaft (Trendszenario)	94
4.4.2. Grossrepublik China (Szenario A)	121
4.4.3. KPC-Implosion (Szenario B)	135
4.4.4. US-Sino-Kollision (Szenario C)	155

5. Fazit	181
5.1. Zusammenfassung Szenarien	181
5.1.1. Szenario B	184
5.1.2. Szenario A	187
5.1.3. Szenario C	188
5.2. Schlussfolgerungen	190
Quellenverzeichnis	197
6.1. Literaturverzeichnis	197
6.2. Printmedien/Presse (Zeitungen und Zeitschriften)	206
6.3 Internetquellen	216
Anhang	231
7.1. Chronologie der Taiwan-Frage	231

Danksagung

Ich danke meinem VATER im Himmel und meinem HERRN Jesus Christus. Mögen sie uns stets ein helles Licht sein in Tagen grosser Dunkelheit.

Mein besonderer Dank gilt meinen beiden Betreuern *Prof. Dr. Albert A. Stahel* und *Prof. Dr. Georg Kohler* für ihre grossartige Unterstützung und Geduld, für ihre wertvollen Anregungen und hilfreiche Kritik. Ohne ihre Einschätzungen und Erfahrungen wäre diese Dissertation nicht zustande gekommen. Mit ihrem Engagement und ihrer Leidenschaft haben sie mir ein vertieftes Verständnis der komplexen Materie ermöglicht. Ich danke Prof. Stahel zudem für den entscheidenden Hinweis zur Anwendung der Szenarioplanung, welche den Grundstein gelegt hat für die Ausführungen im vorliegenden Werk.

Ich danke meiner Familie, insbesondere meiner Schwester *Katerina Palaskas*, sie war stets da für mich und hat mich unermüdlich unterstützt, auch wenn es manchmal hektisch zu und her ging. Auf sie war und ist immer Verlass. Mein Dank gilt auch *Shurentsetseg Baatar*: Би чамд хайртай. Darüber hinaus danke ich meinen Eltern, *Nikolaos und Anna Palaskas (-Kalafati)*, sie haben stets an mich geglaubt und mir diesen Weg erst ermöglicht. Ohne ihre offene und positive Einstellung zum Leben überhaupt hätte ich keine Gelegenheit gehabt, dieses Buch zu schreiben: Σας ευχαριστώ πάρα πολύ, με πολλή αγάπη και φιλιά.

Mein engster Freundeskreis: *Beat Infanger, Erick M. Ruiz, Mikula Gehrig, Philipp Ehrensperger* und *Thomas Trawnika*. Herzlichen Dank, dass ihr mich als Menschen positiv geprägt habt und für mich auch weiterhin wichtige Lebenspfeiler sein werdet. Ich danke ganz herzlich *Marcel W. Schneider* und *Michael S. Waser*, zwei Kollegen und Freunde, die mich unentwegt vorangetrieben und wann immer möglich mir den Rücken gestärkt haben. Dank ist auch den vielen Freunden, Bekannten, Kollegen, Experten, Beteiligten und Persönlichkeiten geschuldet, denen ich während des Verfassens dieser Arbeit beggnen durfte und die mir mit unzähligen konstruktiven Diskussionen und Ratschlägen sowie mit Erfahrung zur Seite gestanden sind und mit ihrem Netzwerk weitergeholfen haben: *Vielen Dank*, 謝謝大家!

Abbildungsverzeichnis

Abbildung 1:   Der 4-Phasen-Zyklus in der Taiwan-Frage
Abbildung 2:   Der Erste Opiumkrieg von 1839–1842
Abbildung 3:   Karikatur aus Chinas Opiumkrieg
Abbildung 4:   Der Lange Marsch 1934–1935
Abbildung 5:   Szenariotrichter
Abbildung 6:   Identifizierung von „Critical Uncertainties/High Importance"
Abbildung 7:   Chinas Wachstum gemessen am BIP von 2011–2015
Abbildung 8:   Asiens alternde Gesellschaft
Abbildung 9:   Bevölkerung in Ost- und Südostasien
Abbildung 10:   Überregionale Handelsströme
Abbildung 11:   Anteil des interregionalen Handels am Gesamthandel
Abbildung 12:   Wichtigste Seerouten und Chokepoints
Abbildung 13:   Globaler Erdölhandel
Abbildung 14:   Erdgas- und Erdölvorräte im Chinesischen Meer
Abbildung 15:   Chinas 9-Dash-Line
Abbildung 16:   Territoriale Dispute im Südchinesischen Meer
Abbildung 17:   Chinas Aufstieg zur Handelsmacht
Abbildung 18:   Chinas Verteidigungsausgaben in % zum BIP
Abbildung 19:   Chinas Verteidigungsausgaben im internationalen Vergleich
Abbildung 20:   Chinas F&E-Ausgaben im internationalen Vergleich
Abbildung 21:   Partizipation in multilateralen Organisationen
Abbildung 22:   Chinas „One Belt One Road"-Initiative
Abbildung 23:   „String of Pearl"-Strategie
Abbildung 24:   Sino-Myanmar-Pipelines
Abbildung 25:   China-Pakistan Economic Corridor
Abbildung 26:   Mögliches Sensitivitätsmodell für China
Abbildung 27:   Szenariotrichter zur Taiwan-Frage
Abbildung 28:   Regionales Koordinatensystem
Abbildung 29:   China. Koordinatensystem

Abbildung 30: USA. Koordinatensystem
Abbildung 31: Internationales Koordinatensystem
Abbildung 32: Szenarien-Matrix
Abbildung 33: Taiwans wichtigste Handelspartner
Abbildung 34: Airpower – Taiwans Einkäufe (2009–2015)
Abbildung 35: Geografische Lage der Taiwan-Strasse
Abbildung 36: Weltweite US-Militärbasen
Abbildung 37: Streitkräfte im Vergleich
Abbildung 38: Pufferzone „Chinesisches Meer"
Abbildung 39: Chinas Verteidigungslinien entlang der Küste und im Pazifik
Abbildung 40: Erste und zweite US-Inselkette
Abbildung 41: Strategische Interessen der USA und Chinas im Westpazifik
Abbildung 42: Taiwans Investitionen in China
Abbildung 43: Taiwans neue Identität
Abbildung 44: Status quo vs. Wiedervereinigung vs. Unabhängigkeit
Abbildung 45: Nukleare Abschreckung vs. Interdependenz vs. Demokratie
Abbildung 46: Entscheidungsbäume
Abbildung 47: Chinas Aktionsradius in den Weltmeeren seit 2006
Abbildung 48: Chinas „Interkontinentale Ballistische Flugkörper"-Kapazität
Abbildung 49: Taiwans Armee in Zahlen
Abbildung 50: Militärisches Ungleichgewicht in der Taiwan-Strasse (2014)
Abbildung 51: Internationales Koordinatensystem

Abkürzungsverzeichnis

ADB	Asian Development Bank
ADC	Acquisition, Development & Construction
ADMM+	ASEAN Defense Ministers Meeting Plus
AFTA	ASEAN Free Trade AREA
AIIB	Asian Infrastructure Investment Bank
APAC	Asian Pacific (Region)
APEC	Asia-Pacific Economic Cooperation
ARATS	Association for Relations Across the Taiwan Straits
ARF	ASEAN Regional Forum
ASA	Association of South-East Asia
ASBM	Anti-Ship-Ballistic-Missile
ASEAN	Association of Southeast Asian Nations
ASEAN +3	ASEAN (inkl. China, Japan und Südkorea)
ASEAN +6	ASEAN +3 (inkl. Australien, Neuseeland und Indien)
ASG/ASL	Antisezessionsgesetz/Anti-Secession-Law
AWZ/EEZ	Ausschliessliche Wirtschaftszone / Exclusive Economic Zone
A2/AD	Anti-Acess/Area Denial (Zone)
BIP	Bruttoinlandprodukt
BRD	Bundesrepublik Deutschland
BRIC/S	Vereinigung aufstrebender Volkswirtschaften (Brasilien, Russland, Indien, China und Südafrika)
CCDICP	Central Commission for Discipline Inspection of the CP
CNP	China New Party
CNPC	China National Petroleum Corporation
CPEC	China-Pakistan Economic Corridor
CSSTA	Cross-Strait Service Trade Agreement
DDR	Deutsche Demokratische Republik
DoD	U.S. Department of Defense
DPP	Democratic Progressive Party

ECFA	Economic Cooperation Framework Agreement
ESPO	Eastern Siberia-Pacific Ocean (Ölpipelines)
EU	Europäische Union / European Union
FAPA	Formosan Associaton for Public Affairs
FDI	Foreign Direct Investment
FTA	Free Trade Agreement (Freihandelsabkommen)
F&E/R&D	Forschung- und Entwicklung / Research and Development
GERD	Gross Domestic Expenditure on R&D
G2G	Government-to-Government
G7/8/20	Group of 7/8/20 (Gipfeltreffen führender Wirtschaftsnationen)
HK-SAR	Hong Kong Special Administrative Region of PRC
IAEA	International Atomic Energy Agency
IBM/ICBM	Intercontinental Ballistic Missile
ICT	Information and Communications Technology
IPR	Intellectual Property Rights
IWF/IMF	Internationaler Währungsfond / International Monetary Fund
JIDD	Jakarta International Defense Dialogue
KMT	Kuomingtang
KPC/CPC	Kommunistische Partei Chinas / Communist Party China
KPdSU/CPSU	Kommunistische Partei der Sowjetunion / Communist Party of the Soviet Union
KKP/PPP	Kaufkraftparität/Purchasing Power Parity
LSG	Leading Small Groups
MAC	Mainland Affairs Council
MNC	Multi-National Company
MND	Ministry of National Defense of PRC/ROC
MOE	Ministry of Education of PRC/ROC
MOFCOM	Ministry of Commerce of PRC
NATO	North Atlantic Treaty Organization

NDB	New Development Bank
NGO	Non-Governmental Organization
NVK/NPC	Nationaler Volkskongress / National People's Congress (Nationaler Volkskongress des Ständigen Ausschusses, NVKSA / National People's Congress of the Standig Committee, NPCSC)
OBOR/BRI	One Belt One Road / Belt and Road Initiative
OECD	Organization for Economic Cooperation and Development
OSZE/OSCE	Organisation für Sicherheit und Zusammenarbeit in Europa / Organization for Security and Cooperation in Europe
PFP	People First Party
RCEP	Regional Comprehensive Economic Partnership (ASEAN-FTA)
RIMPAC	Rim of the Pacific Exercise
RMB	Renminbi (Chinesische Währung)
ROC	Republic of China (Republik China/Taiwan)
SCO	Shanghai Cooperation Organization
SEF	Straits Exchange Foundation
SLD	Shangri-La Dialogue
SLOC	Sea Lines of Communication
S&ED	U.S.-China Strategic and Economic Dialogue
TAO	Taiwan Affairs Office
TMD	Theater Missile Defense
TPP	Trans-Pacific Partnership
TPSEP	Trans-Pacific Strategic Economic Partnership Agreement (oder P4)
TRA	Taiwan-Relations Act
UdSSR/USSR	Union der Sozialistischen Sowjetrepubliken / Union of Soviet Socialist Republics
UNCLOS	United Nations Convention on the Law of the Sea
US/USA	Vereinigte Staaten von Amerika / United States of America
USD	U.S.-Dollar

VBA/PLA	Volksbefreiungsarmee Chinas / People's Liberation Army
VN/UN(O)	Vereinte Nationen / United Nations (Organization)
VRC/PRC	Volksrepublik China / People's Republic of China
WB(G)	Weltbank (Gruppe) / World Bank (Group)
WHO	World Health Organization
WPNS	Western Pacific Naval Symposium
WTO	World Trade Organization
YLF	Youth League Faction
ZMK/CMC	Zentrale Militärkommision / Central Military Commission
9-D-L	9-Dash-Line

1

Einleitung

1.1. Politikwissenschaftliche Relevanz des Themas

Im Juni dieses Jahres hat die Schweiz als zweites Mitglied überhaupt den Gründungsvertrag der Asian Infrastructure Investment Bank (AIIB) unterzeichnet. Als multilaterale Entwicklungsbank zu verstehen, ist ihr primäres Ziel die „Errichtung und Weiterentwicklung von Infrastruktur sowie andere produktive Sektoren in Asien, inklusive Energie und Strom, Transport und Telekommunikation, ländliche Infrastruktur- und Agrikulturentwicklung, Wasserversorgung and Sanitäreinrichtungen, Umweltschutz, Urbanisierung und Logistik [...]".[1] Die AIIB wurde durch den Präsidenten der Volksrepublik China (VRC/PRC),Xi Jinping, und dessen Premierminister, Li Keqiang, im Oktober 2013 ins Leben gerufen.[2]

---

[1] Vgl. *Asian Infrastructure Investment Bank* (AIIB).
[2] In dieser Studie wird die Volksrepublik China (VRC/PRC) oder China als diejenige Nation verstanden, welche in den Vereinten Nationen (UN/VN) offiziell den Staat „China" repräsentiert, basierend auf der Resolution 2758 der UN-Generalversammlung vom 25.10.1971. Die Republik China (Republic of China/ROC) oder Taiwan hingegen impliziert die Insel, welche von der VRC als „Chinesisch Taipei" (Chinese Taipei) anerkannt wird oder in der UN bis 1971 offiziell den Staat „China" repräsentierte. Des Weiteren wird die gängige englische Schreibweise verwendet für Städtenamen wie z. B. Beijing, Hong Kong, Taipei oder Tokyo.

Die als Konkurrenzorganisation zur Asian Development Bank (ADB), und teils zum Internationalen Währungsfond (IWF) und zur Weltbank Gruppe (WBG), empfundene AIIB wurde zunächst vor allem von den Vereinigten Staaten von Amerika (USA) und von Japan boykottiert. Trotz des grossen Drucks dieser beiden Regierungen entschieden sich langjährige US-Verbündete der AIIB beizutreten. In den letzten Monaten hat sich mit der Mitgliedschaft von über 50 Nationen – darunter politisch und wirtschaftlich einflussreiche Länder wie Australien, Brasilien, Deutschland, Frankreich, Grossbritanien, Indien, Indonesien, Italien, Russland und Südafrika – ein diplomatischer Erfolg für China abgezeichnet. Dabei geht es den Beitrittsländern auch um Eigeninteressen, wie die Forderungen des britischen Premiers David Cameron zeigen, der für seine „oppositionelle Haltung" gegenüber den USA unter anderem die Position des stellvertretenden Präsidenten sowie einen Verwaltungsratsposten mit seinen eigenen Leuten zu besetzen gedenkt (Stand 2015). Vor dem Hintergrund der Brexit-Verhandlungen soll darüber hinaus eine künftige AIIB-Niederlassung in London den hiesigen Finanzmarkt stärken.[3] Die AIIB wird bei der Aufnahme ihrer Geschäftstätigkeiten ein gezeichnetes Kapital von 100 Milliarden US-Dollar (USD) aufweisen. Die Leitung der Bank obliegt der chinesischen Regierung, die damit den Finanzierungsbedarf für Insfrastruktureinrichtungen in Eurasien decken möchte.[4]

Was zunächst als ein weiterer Zusammenschluss der internationalen Gemeinschaft scheint, ist bei genauerem Hinsehen ein weiterer Schauplatz eines politischen Wettlaufs um internationale Einflussnahme. Mit der Gründung der AIIB hat China eine Antwort auf die bis anhin von den USA dominierten multilateralen Organisationen wie die Welthandelsorganisation (WTO), die WBG oder den IWF geliefert. Interessanterweise beabsichtigte Taiwans Präsident Ma Ying-jeou der AIIB als Gründungsmiglied beizutreten. Die Anfrage wurde von der Regierung in Beijing jedoch vorerst zurückgewiesen, obwohl im November letzten Jahres während der APEC-Runde in China die Zeichen dafür positiv zu sein schienen. Präsident Ma begründet den Entscheid mit „politischem Vorbehalten" seitens Beijings, dies trotz der Zugeständnisse seitens der Insel, den für China akzeptierten Namen *Chinese Taipei* zu verwenden. Eine spätere Aufnahme ist jedoch nicht auszuschliessen.[5]

---

3. *Neue Zürcher Zeitung (NZZ)* 29.06.2015.
4. Vgl. Joseph E. Stiglitz im *Project Syndicate* vom 13.04.2015. Es wird geschätzt, dass Asien in den kommenden Jahren über 3 Trillionen USD für den Aufbau von Infrastrukturbenötigen wird.
5. *Wallstreet Journal* 10.05.2015.

Das AIIB-Beispiel zeigt auf, dass die Rückkehr Chinas im internationalen Kontext vermehrt konkretere Formen annimmt. Das diplomatische Ringen zeigt auch auf, dass Beijing gewillt ist, die gegenwärtige Machtposition der USA zumindest infrage zu stellen. Nach den wirtschaftlichen Reformen durch Deng Xiaoping in den frühen 1980er-Jahren wurden Wirtschaftszonen errichtet, vereinfachter Informations- und Wissensaustausch gefördert und diverse Investititionsmöglichkeiten begünstigt.[6] Oftmals mit einem globalen Wirtschaftsmotor gleichgesetzt, hat sich China seither, über zeitweise zweistellige Wachstumszahlen, zur zweitgrössten Wirtschaft gefestigt und Japan auf den dritten Rang verwiesen. Zusätzlich konnte Deutschland als langjähriger Exportweltmeister abgelöst und das eigene Pro-Kopf-Einkommen in den letzten 30 Jahren über das Zehnfache gesteigert werden.[7] China ist mittlerweile weltweit der grösste Halter von Devisenreserven (über 3 Billionen USD), was den Einfluss Beijings auf die Weltmärkte signifikant vergrössert hat. Wie sehr die chinesische Wirtschaft mit dem Rest der Welt korreliert, konnte kürzlich beobachtet werden, als die beiden wichtigsten Börsenmärkte in Shanghai und Shenzhen (Shanghai & Shenzen Composite Index) massive Einbrüche verzeichneten. Obwohl die gehandelten Titel nicht, oder nur teilweise, für internationale Investoren zugänglich sind, haben die Kurseinbrüche in den letzten Tagen von teilweise über 40 % die Weltmärkte in Atem gehalten.[8] Der wirtschaftliche und politische Wiederaufstieg Chinas kommt einer ökonomischen und geopolitischen Machtverschiebung von West nach Ost gleich, mit Beijing als neuem Machtzentrum. Der zunehmende Einfluss Chinas zeigt sich nicht nur in wirtschaftlichen und politischen Fragen, sondern beinhaltet auch die gesellschaftliche, kulturelle und historische Anziehungskraft des Landes, und vermehrt militärische Aspekte innerhalb des ost-, südost- und zentralasiatischen Raumes. Die steigende *soft power* gepaart mit *hard power* – China hat den Status einer Nuklearmacht und ist ständiges Mitglied im UN-Sicherheitsrat – machen China für die internationale Gemeinschaft zu einem unerlässlichen Partner, wenn es um Konsensfindung zu globalen Themen geht, und somit zu einem Staat mit *Smart-power*-Kapazitäten.[9]

Chinas steigendes militärisches Selbstbewusstsein widerspiegelt sich zunehmend in der Haltung der Regierung in Beijing, wenn es um langjährige territoriale Streitfragen geht. Das jüngste Beispiel von 2013 rund um die Diaoyu-Inseln (jap. Senkaku-Inseln) hat aufgezeigt, dass sich Bei-

---

6. Heilig et al. 2005.
7. *Bundeszentrale für politische Bildung (bpb)* 22.09.2010.
8. *Süddeutsche Zeitung* 27.07.2015 und *Handelsblatt* 28.07.2015.
9. *Bundeszentrale für politische Bildung (bpb)* 22.09.2010.

jing gegenüber Tokyo militärisch stark genug einschätzt, um zur Wahrung eigener Interessen mit dem Einsatz von militärischen Mitteln zu drohen.[10] Dass diese Region im Ostchinesischen Meer nach wie vor einem Pulverfass gleichkommen kann, wurde allzu deutlich, als sich im November des besagten Jahres US-amerikanische B-52 Langstreckenbomber sowie japanische Abfangjäger auf der einen Seite und chinesische Kampfjets auf der anderen Seite in der von Beijing einseitig verhängten Flugverbotszone bedrohlich nahe kamen.[11] US-Experten, unter anderem auch Admiral a. D. William Fallon, beurteilten diesen Zwischenfall im Nachhinein als äusserst prekär und grenzwertig, da es lediglich einen Piloten bräuchte, der die Nerven verliere, um möglicherweise eine katastrophale Kettenreaktion auszulösen.[12] Festzuhalten gilt, dass noch vor wenigen Jahren eine solche einseitig verhängte Zone Anti-Acess/Area Denial (A2/AD) seitens Beijing unwahrscheinlich gewesen wäre.[13]

Im Gegensatz zu den Diaoyu-Inseln hält der Konflikt um Taiwan bereits seit 1949 an, welcher in den letzten Jahrzehnten immer wieder zu heftigen Eskalationsszenarien führte. Diese Taiwan-Krisen belasteten die sino-amerikanischen Beziehungen wiederholt stark und es werden auch künftig harte Prüfungen erwartet, welche die Beziehungen weiterhin strapazieren könnten. Dass die Taiwan-Frage gegenwärtig keine negativen Schlagzeilen macht, hat vor allem mit dem politischen China-Kurs Ma Ying-jeous zu tun, welcher seit 2008 als Präsident Taiwans agiert.[14] Die sino-taiwanesischen Beziehungen haben sich nach der Rückkehr der Kuomingtang (KMT), welche eine klare „Ein-China-Politik" sowie den „1992 Consensus" verfolgt, wieder stark verbessert. Die vorhergehenden acht DPP-Jahre (2000–2008) unter Präsidenten Chen Shui-

---

10. Die Inselgruppe liegt nur 200 km nordöstlich von Taiwan, 330 km westlich vom chinesischen Festland und rund 400 km südwestlich vom japanischen Okinawa. Alle drei involvierten Parteien – Beijing, Tokyo und Taipei – erheben Anspruch auf die Inselgruppe, denn letztlich geht es um die Kontrolle von wichtigen See- und Handelsstrassen.
11. Demnach sind/waren jegliche Art von Luftfahrzeugen angehalten, sich bei den chinesischen Luftraumbehörden zuvor anzumelden, bevor entsprechende Überflüge geduldet würden. Die USA liessen daraufhin unverzüglich zwei unbewaffnete B-52-Langstreckenbomber aufsteigen, die unangemeldet in die Zone eindrangen. Washington setzte ein klares Zeichen, dass es solche oder ähnliche provokative Verbote in keiner Weise dulden würde. Nur Tage später folgten japanische und südkoreanische Militärjets dem Beispiel der USA, was wiederum Beijing dazu veranlasste, chinesische Abfangjäger in den Luftraum zu senden. *Der Spiegel* 02.12.2013.
12. *Der Spiegel* 02.12.2013.
13. *The Diplomat* 12.11.2013.
14. Präsident Ma Ying-jeou ist der frühere Bürgermeister der Hauptstadt Taipei, und er ist Mitglied der nationalistischen, blauen Partei der Guomindang (oder auch Kuomintang/KMT). Siehe auch Kapitel zur Geschichte.

bian[15] – ein Verfechter des „Zwei-China oder Ein China, ein Taiwan"-Prinzips – waren geprägt von Spannungen zwischen Beijing und Taipei.[16]

In den letzten Jahren hat sich der Austausch zwischen den beiden regierenden Parteien, die Kommunistische Partei Chinas (KPC) und die KMT, intensiviert.[17] Die Gespräche haben zu diversen Annäherungen geführt, unter anderem auch zu einer Auflockerung der „Three Links", ein interregionaler Austausch in den Bereichen Post, Transport und Handel. Demnach gibt es seit Juli 2008 regelmässige Direktflüge zwischen verschiedenen Destinationen innerhalb Chinas und Taiwans. Im Mai 2009 öffneten sich die taiwanesischen Finanzmärkte für chinesische Investoren, die erstmals seit 1949 wieder am taiwanesischen Geld- und Börsenmarkt partizipieren dürfen.[18]

Im Oktober 2013, während der APEC-Konferenz in Indonesien, sowie im Februar 2014 in Nanjing – dem alten Regierungssitz der KMT vor 1949 – kamen sich die beiden Länder auf Regierungsebene näher. Zhang Zhijun, Minister des Taiwan Affairs Office (TAO), und sein taiwanesisches Pendant Wang Yu-chi, Minister des Mainland Affairs Council (MAC), trafen sich für vertiefte Gespräche rund um die Beziehungen der beiden Seiten.[19] Das Ergebnis dieses Treffens war der Wunsch nach einem direkten und regelmässigen Austausch basierend auf dem „1992 Consensus". Es wurde die Absicht geäussert, physische Repräsentationen der staatlichen Organisationen SEF und ARATS[20] in den entsprechenden Ländern zu errichten.[21] Diese jüngsten Entwicklungen dürfen jedoch nicht darüber hinwegtäuschen, dass die Taiwan-Frage nach wie vor eine ungelöste bleibt und dass der politische Status quo letztlich offene Fragen aufwirft, die jederzeit zu Spannugnen oder sogar in eine Eskalation münden können, wie es bereits in der Vergangenheit mehrmals geschehen ist.

---

15. Der frühere Präsident Chen Shui-bian vertrat während seiner Amtszeit die grüne Partei der Minzhujinbudang (Democratic Progressive Party/DPP).
16. *Xinhua News Agency* 05.04.2006. Diese Vereinbarung, auf der auch die „One-China-principles" – nicht zu verwechseln mit der „One-China-policy", welche Taiwan kategorisch ablehnt – basieren, beschreibt, dass beide Seiten nur ein „China" anerkennen, dass sowohl China (Festland) als auch Taiwan (Insel) zum gleichen „China" zählen und dass beide Seiten die Interpretation und Bedeutung dieses Konsenses zu diesem einen „China" selbst definieren dürfen. Vgl. Su 2002.
17. Der erste Besuch eines KMT-Mitglieds nach Beijing nach über 50 Jahren war derjenige von Lien Chan, damaliger KMT-Parteichef und ehemals Premier Taiwans (1993–1997) sowie Vizepräsident des Landes (1996–2000), welcher im April 2005 erfolgte. Ab 2008 fanden weitere Treffen zwischen den beiden Parteien statt wie z. B. zwischen Hu Jintao, Präsident der VRC (2003–2013), und Vincent Siew, Vizepräsident Taiwans (2008–2012), oder Wu Po-hsiung, Vorsitzender der KMT (2007–2009).
18. *The Times* 01.05.2009.
19. *The China Post* 11.02.2014. Interessant war die gegenseitige Anerkennung des offiziellen Ministertitels der jeweiligen Gegenpartei.
20. Vgl. das Abkürzungsverzeichnis.
21. *Xinhua News Agency* 11.02.2014.

Die sino-chinesischen Beziehungen sind stark geprägt von den Beziehungen beider Regierungen mit den USA und umgekehrt (siehe dazu 4-Phasen-Zyklus, Abb. 1) und zur Zeit hat sich der Ton zwischen Beijing und Washington merklich verschärft, aufgrund der erwähnten Ereignisse im Chinesischen Meer.[22] Die Situation scheint sich weiterhin zuzuspitzen, aufgrund einer komplexen Struktur von Allianzen und Territorialansprüchen zwischen mehreren involvierten Parteien. Denn letztlich ergeben sich aus den verschiedenen Forderungen Ansprüche auf Kontrolle über Lufträume, Seehandelswege und Ressourcen. Dabei ist Taiwan nicht nur Akteur, sondern auch Gegenstand solcher territorialen Dispute, und die Allianz zwischen Taipei und Washington ist von zentraler Bedeutung.

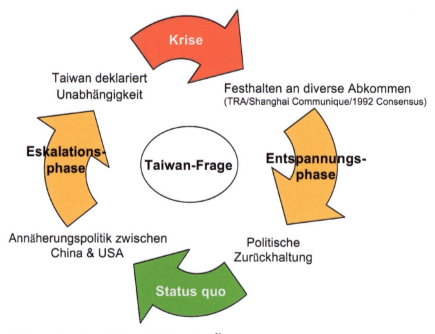

Abbildung 1: Der 4-Phasen-Zyklus in der Taiwan-Frage[23]

Zusammenfassend ist festzuhalten, dass das sensitive Dreieck zwischen den USA, China und Taiwan – aber auch der Kontext (Chinesisches Meer) mit den historischen Gegebenheiten, den verschiedenen Interessen und den etlichen

---

22. Politische Veränderungen, internationale Bündnisse, einseitige Vorstösse oder die blosse Ankündigung von Absichten können unmittelbare Reaktionen auf der Gegenseite auslösen, die zu einschneidenden politischen und wirtschaftlichen Folgen führen können. Der „4-Phasen-Zyklus" in der Taiwan-Frage hier am Beispiel einer Annäherung Chinas mit den USA. Der Zyklus kann auf alle möglichen Szenarien (Annäherung USA – Taiwan oder China – Taiwan) angewandt werden. Heilmann 2004.
23. Heilmann 2004.

Beziehungen, in welchem die Taiwan-Frage eingebettet ist – die Region künftig zu einem der gefährlichsten Krisenherde auf der Welt machen wird. Taiwan ist Sinnbild für den Machtkampf zwischen den USA und China und birgt daher ein latentes Risiko eines künftigen direkten Konflikts der beiden weltweit stärksten Mächte USA und China.[24]

1.2. Forschungsstand

In den 1980er- und frühen 1990er-Jahren gab es eine Vielzahl von wissenschaftlichen Diskursen zur Taiwan-Frage sowie Forschungen, die China oder Taiwan zum Gegenstand der Untersuchungen machten. Im Fokus waren dabei in erster Linie die Beziehungen der beiden Seiten. Häufig werden in der Taiwan-Frage wichtige Annahmen in Zusammenhang mit der politischen Theorie gebracht, um Erkenntnisse für eine Theoriebildung daraus ableiten zu können. Hierzu lässt sich die Forschungsliteratur ebenfalls in drei Gruppen einteilen: *Normendiskussion*, *deskriptive Analyse* und *Theoriebildung*.[25]

In der *Normendiskussion* fliessen insbesondere Wertvorstellungen der Autoren in Analysen und Theorieentwicklungen hinein. Ein hierbei tragendes politisches Ziel ist unter anderem die Wiedervereinigung der beiden Seiten. Nicht selten werden daher Formeln abgeleitet, welche die beiden politideologischen Systeme in eine Gleichung abbilden sollen, um entsprechende Normen für eine mögliche Wiedervereinigung zu ermitteln.[26] Besonders nach der dritten Taiwan-Krise (1995/96) gab es eine Vielzahl von wissenschaftlichen Untersuchungen zur Taiwan-Frage, die sich vor allem auf die Sicherheitslage rund um die Insel konzentrierten. Basierend auf das militärische Kräfteverhältnis zwischen den beiden Hauptakteuren, lag das Hauptaugenmerk auf mögliche künftige Konfliktszenarien und entsprechende Abschreckungsstrategien.[27] Andere wiederum beobachteten die Entwicklung der sicherheitspolitischen Lage zwischen China und Taiwan von der Perspektive, die mit dem Ableben Deng Xiaopings in Zusammenhang standen und wonach kurz- und langfristige Szenarien gezeichnet wurden.[28]

---

24. Vgl. RAND-Studie von Carlucci et al. 2000: 22, Scobell 2000: 228.
25. Lee 2003.
26. Cheng 1995.
27. Roy 2003, Niou 1992.
28. Wu et al. 1995.

Einen weiteren Schwerpunkt der Taiwanforschung bilden wirtschaftsorientierte Studien, die häufig *deskriptive Analysen* sind. Sie können in drei Gruppen eingeteilt werden: *ökonomische, politische* oder *wirtschaftspolitische* Untersuchungen.

Im *ökonomischen Ansatz* stehen vor allem die handelspolitischen und wirtschaftlichen Verflechtungen Taiwans mit China im Zentrum und die steigende Abhängigkeit der Insel vom Festland aufgrund statistischer Werte, die eine solche Entwicklung suggerieren. Dabei werden wertfrei taiwanesische Investitionen in China beschrieben sowie Ursachen für einen Anstieg des Investitionsvolumens, das exponentielle Wachstum des Derivatenhandels, die Entstehung einer unausgeglichenen Handelsbilanz und die Bewertungen von gestiegenen Interdependenzen.[29] Darüber hinaus werden positive und negative Aspekte von Investitionen ausgeleuchtet, wie zum Beispiel gegenseitiger Nutzen oder stagnierendes Produktivitätswachstum und die Gefahr der wirtschaftlichen Aushöhlung.[30] Hierzu gibt es verschiedene Ansichten, die zu unterschiedlichen Szenarien führen.

Die *politischen Analysen* beziehen sich häufig auf die chronologische Darstellung der Taiwan-Frage oder dann die bilateralen Beziehungen zwischen Beijing und Taipei. Hierbei wird die gegenseitige Einflussnahme untersucht und zuweilen werden auch die Beziehungen zu Washington mit berücksichtigt.[31]

Politische Untersuchungen können zeitweise auch den Faktor „Identität" oder „Identitätskrise" ins Feld führen, vor allem wenn in einer antizipierten langsamen wirtschaftlichen Integration Chinas und Taiwans ein Potenzial für soziale Unruhen und Unzufriedenheiten hauptsächlich innerhalb der taiwanesischen Bevölkerung gesehen wird, die im Zusammenhang mit Demokratie und Verfassungsreformen weiterhin Nährboden für separatistische Tendenzen bilden: „[...] the democratic process of election, the passage of new laws, and constitutional reform can only move Taiwan further from the orbit of Chinese culture and political interests."[32]

Der *wirtschaftspolitische Diskurs*, dritter deskriptive Ansatz, untersucht in erster Linie die Wechselbeziehungen zwischen Staat (Politik) und Wirtschaft. Hierbei geht es darum, wie die Politik die Wirtschaft für eigene Zwecke manipuliert (Politik des Austauschs und des Zwanges).[33]

---

29. Wu 1995, Wei 1991.
30. Lee 2003, Wu 1995.
31. Gilbert/Carpenter 1989.
32. Myer/Chao 1994, Klintworth 1988, Lin/Zheng 2001, Buruma 1996, Schubert 1998, Lee 2003.

Der Fokus liegt auf die Spannungen von ungleichen Ökonomiestrukturen und wie sich Chinas Wirtschaftspolitik (Strategie der Einheitsfront) in Bezug auf Taiwan entwickelt.[34] Dabei wird erwartet, dass diese „schizophrene Situation" entweder darin mündet, dass sich wirtschaftliche Konvergenzen auf die politische Situation übertragen lassen werden, oder sich umgekehrt die politischen Divergenzen letztlich durchsetzen.[35]

Der dritte Ansatz, die *Theoriebildung*, lässt sich in drei Analyseebenen innerhalb der internationalen Beziehungen einteilen: Ebene der politischen *Akteure*, der *Staaten* und der *Systeme*. Alle drei Ebenen haben die Taiwan-Frage bereits zu erklären versucht.

Auf der *Akteursebene* werden Entscheidungsfindungsprozesse untersucht, die sich aus elitären Strukturen ergeben. Im Kontext der chinesischen Regierung sind dies vor allem Untersuchungen von Faktionen innerhalb der kommunistischen Partei.[36] Im Zusammenhang mit der Politik bilden sich Faktionen demnach aus Akteuren, die sowohl auf die Parteipolitik, auf die wichtigsten parteiinternen Institutionen und auf die Wahl des Parteiführers als auch auf den Staat Einfluss nehmen. Gerade der politische Kampf um die Parteiführung weist häufig klientelistische Seilschaften auf. Diese schlagen sich häufig in Richtungs- und Machtkämpfen nieder, die nicht minder häufig zu Bewegungen innerhalb einer Partei führen.[37] Der Faktionalismus-Ansatz in der politikwissenschaftlichen Forschung lässt sich wie folgt unterteilen:[38]

Policy-choice-Ansatz:	Einteilung in konservative Führer und Reformer aufgrund unterschiedlicher Schlussfolgerungen.
Structure-model-Ansatz:	Interessenkonflikt zwischen Personen und Institutionen.
Power-struggle-Ansatz:	Verteilung von Macht unter den Führern ist entscheidend, Auseinandersetzungen sind Ausdruck endloser Machtkämpfe.

Ein weiterer Bereich ist das Modell, welches den zu erwartenden Nutzen aufgrund innenpolitischer (politische Stabilität), bilateraler (unterschied-

---
33. Kuo 1993.
34. Wu 1995, Chen 1992.
35. Lee 2003.
36. Huang 2000.
37. Derichs 2003: 13 f.
38. Ebd.

liche Wertesysteme) und internationaler (Engagement/Allianzen) Faktoren misst. Aussicht auf Profit oder drohende Verluste werden nach dem Prinzip der Gewinnmaximierung gegeneinander abgewogen.[39]

Der letzte Anwendungsbereich ist die Spieltheorie. Hierzu gibt es etliche Literatur zu konsultieren, allen voran das richtungsweisende Werk von Tzong-Ho Bau, welcher die Beziehung (das Spiel) zwischen Beijing und Taipei für die Jahre 1949–1978, 1979–1986 und nach 1987 untersuchte und das Fazit eines voll entwickelten „Prisoners' Dilemma" zwischen beiden Seiten zog.[40]

Auf der *Staatenebene* werden die Akteure, die Staaten China und Taiwan, innerhalb der gegensätzlichen politischen Systeme untersucht. Eine noch junge Demokratie sieht sich einem von einem totalitären zu einem autoritären, transformierenden Regime gegenüber. Dabei wird die Leistungsfähigkeit des Regimes untersucht und welches Potenzial zur Abschreckung und Einschüchterung es entwickeln kann.[41] Ein Machtungleichgewicht wird vermutet, da der Regierung auf Taiwan die Legitimität durch die eigene Bevölkerung teils abgesprochen wird, während dem Regime auf dem Festland alle Möglichkeiten offenzustehen scheinen.[42] Nach innen gerichtet, kommen viele Untersuchungen jedoch zum Schluss, dass die Demokratie Taiwan letztlich für innenpolitische Stabilität und Ruhe sorgen könnte. Dies könnte einerseits zu einem entspannteren Konsensfindungsprozess und, in absehbarer Zeit, zu einer Wiedervereinigung mit dem Festland führen oder dann das Selbstvertrauen des taiwanesischen Volkes stärken, welches den Drohungen von der anderen Seite der Taiwan-Strasse gelassener begegnet.[43]

Auf der *Ebene der Systeme* wird die Taiwan-Frage aus der internationalen Perspektive betrachtet, eingebettet in das Beziehungsdreieck Beijing – Taipei – Washington. Der Wandel innerhalb der Weltordnung nach dem Kalten Krieg hat gewisse Kräfteverhältnisse und Allianzen neu geordnet. Die Taiwan-Frage als Bestandteil des internationalen Gefüges wird anhand solcher globaler Veränderungen untersucht. Im gleichen Kontext werden auch die Verhältnisse, Interessen und Ambitionen der verschiedenen Akteure innerhalb der Region berücksichtigt. Es werden anhand von komplexen Beziehungsnetzwerken (Dreiecke) und Verflech-

---

39. Huang et al. 1995.
40. Bau 1991.
41. Lee 2003.
42. Nathan 1992.
43. Cheng 1995.

tungen Szenarien entworfen, welche die realen Verhältnisse wiedergeben sollen.[44]

In den letzten rund zehn Jahren gehört die Taiwan-Frage nach wie vor zu einem häufig untersuchten Gegenstand innerhalb der militärwissenschaftlichen Debatte und daher lässt sich dazu eine äusserst umfangreiche Literatur finden.[45] Der Schwerpunkt liegt dabei häufig auf der historischen und identitären Entwicklung der Taiwan-Frage[46] oder auf die Beziehung zwischen China, Taiwan und den USA, unter besonderer Berücksichtigung der sino-amerikanischen Beziehungen.[47] Weitere wagten sich an die Spieltheorie, mit verschiedenen Modellen und Ansätzen, um das Beziehungsnetz innerhalb der Taiwan-Frage zu analysieren.[48]

Anhand der vorliegenden Untersuchung soll die Taiwan-Frage als Gegenstand dienen, um anhand der Methodik der Szenarioplanung verschiedene Entwicklungen, ausgehend von einem vordefinierten Status quo, abzuleiten. In den Politikwissenschaften lassen sich kaum Beispiele von angewandter Szenarioplanung finden und noch geringer sind die Aussichten auf entsprechende Literatur innerhalb der Taiwan- oder der China-Forschung. Die Forschungslücke besteht nach Ansicht des Verfassers daher darin, dass aus einer China-Perspektive heraus – gekoppelt an die Szenarionplanung, einer innovativen Vorgehensweise – neue Denkanstösse initiiert werden, als auch Aufschlüsse darüber gegeben werden sollen, in welche Richtungen sich die Taiwan-Frage künftig bewegen könnte. Der wissenschaftliche Beitrag dieser Arbeit soll somit darin liegen, diese Forschungslücke zu verkleinern.

1.3. Fragestellungen

Der Wiederaufstieg Chinas hat zweierlei Folgen für die Region. Zum einen zeichnete sich in den letzten Jahren die Präsenz des Landes durch ein dominanteres Auftreten zu regionalen Themen ab. Im Vordergrund standen und stehen vor allem die territorialen Dispute unter anderem mit Vietnam[49] und den Philippinen[50] im Südchinesischen Meer als auch,

---

44. Wu 1996, Wu 1993.
45. Chang/Holt 2014, Chiang/Gerbier 2013, Glaser 2010, Gold 2010, Carpenter 2005, Schucher/Schüller 2005, Buzan/Foot 2004, Kokubun/Wang 2004, Schubert 2002, Sheng 2002/2001, Cheng/Wang 2001.
46. Shurbert/Damm 2005.
47. Shambaugh 2001, Sheng 2001.
48. Vgl. z. B. Lo/Lin 1995 oder Kao 1990.
49. Shansha-Inseln (oder Paracel-Inseln).
50. Huangyan-Inseln (Scarborough-Reef).

wie bereits angesprochen, mit Japan und Taiwan[51] im Ostchinesischen Meer. Nach Ansicht der Nachbarstaaten ist vor allem vonseiten Chinas ein zunehmend aggressiveres Verhalten festzustellen. Zum anderen setzt China seine militärische Aufrüstung mit grossem Tempo fort, wie die offiziellen Zahlen der militärischen Ausgaben aufzeigen. Das Land verfügt mittlerweile über das zweitgrösste Verteidigungsbudget der Welt. Im Zentrum stehen besonders die Seestreitkräfte, wie die Rede des ehemaligen Präsident Hu Jintao während des 18. Parteikongresses im November 2012 preisgab: China solle zu einer „maritimen Grossmacht" werden. Diese Entwicklung ist vor dem Hintergrund der neuen US-amerikanischen Rolle im Pazifik (auch Pivot-Politik genannt) und der damit verbundenen militärischen Präsenz der USA in dieser Region zu betrachten.[52] In dieser Hinsicht vertritt Beijing den Standpunkt, dass die USA entgegen ihrer Beteuerungen keineswegs eine neutrale Position in den Diskussionen rund um die territorialen Fragen der Region einnehmen.[53]

Die Absichten Beijings werden für die internationale Gemeinschaft immer klarer. Vor allem die USA, die sich selbst als Stabilitätsfaktor verstehen, und Japan, die bis anhin die dominierende Wirtschaftsmacht Asiens war und ein enger US-Verbündeter ist, stufen die jüngsten Entwicklungen als beunruhigend ein. China scheint sein im 19. und 20. Jahrhundert verlorenes Selbstbewusstsein zurückzugewinnen. Damit einher geht auch der, tief in der Volksseele sitzende, Wunsch, die alte Grösse und Stärke wiederzuerlangen (Xi Jinpings „Chinesischer Traum"). Der Schmerz und die Scham über die in der Vergangenheit erlittenen bittern Niederlagen sind ungebrochen.[54] Die Frage nach der Wiedereingliederung der damals verlorenen Territorien, allen voran der Insel Taiwan, gilt es, vor diesem geschichtlichen Hintergrund zu betrachten. Die Vereinigung gilt als oberste Priorität und ist mit der Zukunft der chinesischen Regierung – allen voran der Kommunistischen Partei Chinas – eng verbunden. Beijing kann es sich nicht leisten, die Situation länger hinzunehmen als unbedingt nötig und wird daher früher oder später sein ganzes Arsenal an Optionen ausschöpfen, um die Insel wieder mit dem Mutterland zu vereinen. Aufgrund der Bedeutung Taiwans für Chinas

---

51. Diaoyu-Inseln.
52. Siehe Abbildung 36 „Weltweite US-Militärbasen".
53. Vgl. Aussage der damaligen US-Aussenministerin Hillary Clinton, die im Januar 2013 die auf den Diaoyu-Inseln eingerichtete japanische Verwaltung „anerkannte", was in Beijing für grosse Empörung sorgte.
54. Vgl. Kapitel 2.

Zukunftspläne in dieser Region deutet vieles auf einen wahrscheinlichen Konflikt mit militärischen Mitteln über die Kontrolle Taiwans zwischen der VR China und den USA, welcher voraussichtlich von Beijing zwischen 2022 und 2035 ausgelöst wird.

In diesem Sinne widmet sich die folgende Arbeit der Taiwan-Frage im sich ändernden Kräfteverhältnis in der Region, hervorgerufen durch den Wiederaufstieg Chinas. Es stellt sich die Frage nach dem Status quo und ob dieser kurz-, mittel- oder langfristig den Ansprüchen der chinesischen Regierung genügt. Mit Blick auf die Interessen Chinas sowie auf die wachsenden Möglichkeiten zur Durchsetzung wendet Beijing sowohl *soft* als auch *hard power* an. Der Fokus liegt dabei auf Beijings Interpretation der aktuellen Sachlage sowie auf den künftigen Handlungsspielraum innerhalb der Taiwan-Frage, aber auch auf die Herausforderung der hiesigen Regierung in Beijing. Daher werden folgende Fragen untersucht: Welches sind die grundlegenden Interessen Chinas in der Taiwan-Frage? Welche Faktoren spielen dabei eine zentrale Rolle? Wie verändert der Aufstieg Chinas den Charakter der Taiwan-Frage? Wie wichtig ist Taiwan für Chinas weitere Entwicklung? Welche Möglichkeiten hat China zur Durchsetzung seiner Interessen? Wie könnte die Zukunft der Tawain-Frage in rund 10 bis 20 Jahren aussehen, welche Szenarien könnten sich ableiten lassen?

1.4. Aufbau der Arbeit

Das erste Kapitel soll eine einleitende Übersicht über die Relevanz des Themas geben als auch den Forschungsstand ausleuchten und die zu untersuchenden Fragen aufwerfen.

Im zweiten Kapitel geht es darum, einen fundierten historischen Abriss über den lang anhaltenden und komplexen Sachverhalt wiederzugeben. Von den Anfängen bis zur Neuzeit sollen unter anderem die territorialen Umstände sowie Zugehörigkeit der Insel dargelegt werden.

Das dritte Kapitel soll die konzeptuellen Rahmenbedingungen setzen respektive die methodische Vorgehensweise der Arbeit. Dabei soll die Methode der Szenarioplanung genauer erläutert werden.

In Kapitel vier soll in einem ersten Schritt die aktuelle Situation und eine genauere Sachlage des zu untersuchenden Gegenstandes aufgezeigt werden, aus welcher mögliche Szenarien abgeleitet werden. Dabei sollen anhand diverser Faktoren verschiedene Möglichkeiten aufgrund eines

Sensitivitätsmodells und Szenariotrichters hergeleitet werden und durch diverse Koordinatensysteme visualisiert werden. In einem zweiten Schritt gilt es, die erarbeiteten Szenarien zu beschreiben.

Im letzten Kapitel soll die Zusammenfassung abschliessende Erkenntnisse liefern und auf die aufgestellte (Anti-)These eingehen.

2

Historischer Hintergrund der Taiwan-Frage

2.1. Von einer unbeachteten Insel bis zur japanischen Kolonie

2.1.1. Taiwan als Stützung für europäische Händler

Die Anfänge Taiwans lassen sich in historischen Büchern nicht eindeutig definieren. Erste Siedlungsspuren lassen bis etwa 4000 v. Chr. zurückverfolgen, gefolgt von einer späteren Siedlungswelle im 3. Jahrtausend v. Chr. vom Pazifik herkommend. Die ersten chinesischen Überlieferungen behaupten, dass Taiwan bereits im frühen 3. Jahrhundert gegenüber dem Festland tributpflichtig gewesen sein soll. Eine nicht unumstrittene Interpretation, die von vielen Historikern nicht geteilt wird. Dieser Version gegenübergestellt sind die Darstellungen angeblich erster chinesischer Expeditionen nach Taiwan erst im 3. Jahrhundert n. Chr., durch den damals herrschenden Wu-Kaiser Sun sowie rund 400 Jahre später durch Sui-Kaiser Yang aufgeführt.

Viele Historiker halten diese schriftlich festgehaltenen Vorstösse chinesischer Truppen nach Taiwan jedoch nicht für Sinnbilder chinesischer Okkupation oder Annexion der Insel, sondern vielmehr als vorübergehende Erscheinungen, die zeitlich begrenzt waren und keine Besiedelungsabsichten hegten. Eine erste Besetzung der zu Taiwan gehörenden Pescadoren[1] wird im Jahre 1171 von historischen Quellen erwähnt. Damals soll die Inselgruppe als chinesischer militärischer Stützpunkt gedient haben und rund 50 Jahre später der Provinz Fujian des Chinesischen Kaiserreichs bis 1338 unterstellt worden sein. In den darauf folgenden rund drei Jahrhunderten wurde Taiwan regelmässig sowohl von chinesischen als auch von japanischen Piraten als Umschlagplatz genutzt.[2]

Im 16. Jahrhundert haben dann erstmals europäische Seefahrer aus Portugal die Insel für sich entdeckt und sich in den folgenden Jahren im Norden der Insel niedergelassen. Aus dieser Zeit stammt der Name *Ilha Formosa* (übersetzt: die schöne Insel), den die Portugiesen der Insel Taiwan gegeben haben. Kurze Zeit später, im Jahre 1602, folgten ihnen die Holländer, die die damalige *Dutch East India Trading Company* gründeten und sich zunächst auf den Pescadoren aufstellten.[3] Im Zuge ihrer wachsenden Handels- und Kolonialbestrebungen im südostasiatischen Raum setzten sie 1622 endgültig zur Hauptinsel über und errichteten Handelsposten entlang der westlichen Küste (Taichung und Tainan im Süden). In dieser Zeit wuchs Chinas Interesse an den Pescadoren, die sie als wichtige Bestandteile ihrer künftigen wirtschaftlichen und sicherheitsstrategischen Überlegungen für den südchinesischen Raum erachteten. Aus diesen Überlegungen heraus wurden die Holländer im Jahre 1624 schliesslich gezwungen, die Inselgruppe zu verlassen und sich auf Taiwan niederzulassen, wo sie vom Chinesischen Kaiserreich geduldet wurden.[4]

Im Jahre 1626 kamen die Spanier auf die Insel und errichteten ihren Aussenposten im Nordosten der Insel, der heutigen Hafenstadt Keelong und später auch Tamsui, das heutige Danshui, nördlich von Taipei.[5] Zusammen mit Manila bot sich Taiwan für die Spanier als idealer Standort zur Kontrolle der wichtigen Seewege an. In den folgenden Jahren spitzte sich die Lage zwischen den Holländern und den Spaniern auf Taiwan zu, da die Insel zu klein schien für zwei sich konkurrierende

1. Die Pescadoren (oder Penghu-Inseln) sind eine Inselgruppe rund 50 km westlich von Taiwan und rund 130 km südöstlich vom chinesischen Festland (Fujian Provinz).
2. Kuo 1973: 3ff.
3. Derichs 2003: 327.
4. Shaw 1979: 8.
5. Derichs 2003: 327.

Handelsmächte. Und so kam es im Jahre 1642 zu einer militärischen Auseinandersetzung, welche die Holländer für sich entscheiden konnten, und sie vertrieben die Spanier aus Taiwan.[6]

Obwohl die Insel im Einflussbereich des Chinesischen Reiches stand, galt sie während 37 Jahren (1624–1661) als holländische Kolonie[7] und gehörte nicht zur unmittelbaren Verwaltungszone des Kaisers.[8]

2.1.2. Erstmalige Zugehörigkeit Taiwans zum Chinesischen Kaiserreich

Im 17. Jahrhundert stieg der Druck auf die regierende Ming-Dynastie. Die kampfstarken Mandschuren bewiesen sich als zähe Gegner und so gelang es ihnen, 1635 von Nordosten einfallend die Innere Mongolei zu erobern. Nur sieben Jahre später, im Jahre 1644, war die Zeit der Ming am kaiserlichen Hof nach fast 300 Jahren abgelaufen und die restlichen Truppen zogen sich unter der Führung von General Koxinga (Guo Xingye oder auch Zheng Chenggong genannt) nach und nach in den Süden zurück. Die Ming mussten den Mandschu weichen, die nun durch ihren Sieg das Zeitalter der Qing-Dynastie (1644–1912), es sollte die letzte Dynastie bleiben, einläuteten.[9]

In den kommenden Jahren versuchten die Ming-Loyalisten um Konxinga mehrere Rückeroberungsversuche, konnten jedoch keine nennenswerten Erfolge verzeichnen. So kam es, dass der General sich im Jahre 1659 nach Amoy (heutiges Xiamen an der südlichen Küste des Festlandes) und 1661 mit mehreren Zehntausend Soldaten auf rund 400 Dschunken auf die Insel Taiwan absetzen musste. Das Ziel Konxingas auf Taiwan war es, nachdem ihm die Vertreibung der holländischen Besatzung gelang, seine Truppen neu zu formieren und gestärkt einen Gegenschlag gegen die Qing zu lancieren.[10]

Über 20 Jahre lang versuchten die Ming die Herrschaft über das Festland zurückzuerobern. Doch die Seeblockaden der Qing unterbanden jeglichen Vorstoss.[11] Im Gegenteil, im Jahre 1683 schliesslich gelang es der kaiserlichen Armee, auf Taiwan zu landen und die Insel zu erobern. Das Schicksal der Ming war besiegelt. Taiwan wurde im Anschluss an die Kapitulation der Ming erstmals unter chinesischer Jurisdiktion und Verwaltung gestellt (Präfektur Fujian).[12]

---

6. Roy 2003: 15 ff.
7. Shaw 1979: 8.
8. Wiethoff 1969: 24 ff.
9. Kindermann 2001: 13 ff.
10. Wiethoff 1969: 24 ff.
11. Kindermann 2001: 13 ff.
12. Ebd.; Wiethoff 1969: 27.

2.1.3. Die Opiumkriege und der Anschluss Taiwans an das Japanische Kaiserreich

China war stark geprägt von hierarchisch-zentralistischen Strukturen und verstand sich als Mittelpunkt seiner bekannten Welt (Reich der Mitte). Durch die lange Absenz konkurrierender Mächte etablierte sich rund um das direkt-kontrollierte Gebiet ein Netz von Satellitenstaaten, die dem Kaiser tributpflichtig waren.[13] Mit dieser Realität einher ging die Auffassung, dass der Grad der Zivilisation mit zunehmender Entfernung zum Regierungszentrum, und somit zum direkten chinesischen Einfluss, abnahm. Als Konsequenz dieser Einschätzung der eigenen Stärke und Überlegenheit erachteten es die Herrscher in Beijing als überflüssig, chinesische Kultur und Lebensweisen in andere Regionen zu projizieren oder zu missionieren. Der Handel mit anderen Staaten (Barbaren) ausserhalb der Satelliten wurde lediglich geduldet und galt einem Akt der Gnade gleich. Diese Grundeinstellung sollte sich im Verlauf des 19. Jahrhunderts markant ändern.[14]

Ende des 17. und zu Beginn des 18. Jahrhunderts stieg der Handel zwischen Europäern und Chinesen an. In dieser Zeit konnte sich Kanton (Guangzhou) als dominierender Handelshafen behaupten. Mit der späteren Einführung des Canton-Systems im Jahre 1757 (bis 1842), einem Nadelöhr ähnlichen Prinzip, wurde der Zugang für ausländische Händler auf diesen einen Hafen beschränkt.[15] Strikte Richtlinien sollten den Austausch kontrollierbar machen. Nichtsdestotrotz florierte der Handel und mit der Zeit wuchs auch die Nachfrage nach chinesischen Gütern in Europa. Vor allem Porzellan, Seide und Tee hatten es den Briten angetan. Zahlungen für diese exotischen Güter waren jedoch lediglich in Silbermünzen möglich und so wuchs mit der Zeit das Handelsdefizit auf europäischer Seite signifikant an.[16] Verschiedene Versuche der Europäer und Russen zwischen 1793 und 1816, die Märkte Chinas zu öffnen, blieben erfolglos.[17]

Mit einer zunehmenden Belastung der eigenen Staatskasse konfrontiert, suchten die Briten nach anderen Gütern im Austausch für die begehrten chinesischen Produkte und wurden im in Indien angebauten Mohn und produzierten Opium fündig. Trotz eines Anbau- und Einfuhr-

---

13. Böhm 2000: 5.
14. Franke 1962: 22 ff.
15. Van Dyke 2005: 6 ff.
16. Peyrefitte 1992: 520.
17. Peyrefitte 1993: 487 ff.

verbots für Opium durch den chinesischen Kaiser im Jahre 1800 stieg die Nachfrage für die illegale Droge auf chinesischer Seite Jahr für Jahr an.[18] Waren es im Jahre 1773 rund 1000 Kisten Opium, so zählte man 1790 bereits mehr als 4000 und 1820 trotz Verbot über 5000 Kisten, die über die Grenzen geschmuggelt wurden. Die Gewinne für die britische *East India Company* waren beträchtlich.[19]

Die Überschwemmung Chinas mit Opium hinterliess nicht nur in der Bevölkerung tragische Spuren der Zerstörung, sondern kehrte den ursprünglichen Handelsgewinn für Beijing in ein riesiges Defizit um. Der Staatshaushalt drohte zu kollabieren. Darüber hinaus wuchs auch die Sorge um den Zerfall der chinesischen Ordnung und den mit ihr einhergehenden Zusammenhalt des Reiches.[20] Das systematische Umgehen der eigenen Gesetzgebung durch die Briten wollten die Chinesen nicht mehr länger tatenlos hinnehmen. Im Jahre 1839 entsandte der Kaiser seinen fähigsten Beamten, Lin Zexu, nach Kanton mit besonderen Vollmachten. Verschärfte Richtlinien, Todesstrafe bei Missachtung der kaiserlichen Edikte und Konfiszierung der Opiumvorräte (rund 20'000 Kisten) sollten dem britischen Treiben ein Ende setzen. Als Gegenleistung bot er den Europäern 1000 Kisten Tee an, die die Briten aus taktischen Gründen nicht entgegennehmen wollten. In London wurde dieser „Übergriff gegen britisches Eigentum", obwohl die Chinesen innerhalb ihrer Rechte agierten, zu Propagandazwecken missbraucht.[21] Dieses Vorgehen hatte zum Ziel, die Öffnung Chinas mit militärischen Mitteln zu erzwingen und eine Handelsbasis unter britischer Kontrolle zu errichten.[22]

Im gleichen Jahr läuteten die Briten den Ersten Opiumkrieg ein und griffen mit ihren Kriegsschiffen die Südküste Chinas (Hong Kong, Macao und Kanton) an und zwangen die überforderten chinesischen Truppen anhand ihrer technologischen Überlegenheit zu Verhandlungen. Die absichtlich zu hoch angesetzten britischen Forderungen liessen jegliche Kompromisse scheitern, was die Briten nutzten, um 1841 eine weitere Angriffswelle entlang der Yangtze-Mündung (Ningbo, Zhoushan, Shanghai) zu starten, um tiefer in das Kaiserreich vorzudringen.[23]

18. Haushofer 1940: 13.
19. Böhm 2000: 7 ff.
20. Ebd.
21. Ebd.
22. Haushofer 1940: 26.
23. Eberhard 1948: 325.

Abbildung 2: Der Erste Opiumkrieg von 1839–1842[24]

Ein Jahr später kapitulierte China und unterzeichnete am 29. August 1842 den Nankinger Vertrag: Abtretung Hong Kongs auf ewig an die Briten als Militär- und Handelsbasis, Öffnung fünf chinesischer Häfen für britischen Handel (Kanton, Amoy/Xiamen, Ningbo, Fuzhou und Shanghai) inklusive Einsetzung eines Konsuls in allen fünf Häfen, eine beträchtliche Geldentschädigung für die erlittenen Verluste, die Abschaffung des Canton-Systems, neue Zolltarife und Gleichstellung der Beamten mit gleichem Rang auf beiden Seiten.

Abbildung 3: Karikatur aus Chinas Opiumkrieg[25]

Diese, auch unter dem Begriff ungleiche Verträge bekannte Demütigung durch den Westen – die USA unterzeichneten mit China den Vertrag von Wanghia (Wangxia) bei Macao am 3. Juli 1844[26] – resultierte in einen kol-

---

24. Vgl. „First Opium War 1839–42 Conflict Overview".
25. Ebd.: 32.
26. Kindermann 2001: 25 ff.

lektiven Gesichtsverlust innerhalb des chinesischen Reiches. Es sollte in diesem Jahrhundert jedoch nicht der letzte bleiben.[27]

Chinas wirtschaftliche und gesellschaftspolitische Situation verschärfte sich nach der Niederlage gegen die Ausländer zunehmend. An die aufgezwungenen Verträge gebunden, profitierten lediglich die neuen Herren vom florierenden Handel. Die chinesische Staatskasse war so gut wie bankrott. Die Bevölkerungsexplosion gepaart mit Hungersnöten und fehlenden Reformen führten zu verschiedenen Unruhen und letztlich zum Taiping-Aufstand im Jahre 1851, der blutig niedergeschlagen wurde.[28]

Die zunehmend destabile Situation im ganzen Land schienen die Briten zu ihrem eigenen Vorteil nutzen zu wollen. So erlaubten sie in den darauf folgenden Jahren chinesische Dschunken unter britischer Flagge zu fahren, um diplomatische Immunität zu geniessen. Dies war den Behörden in Kanton jedoch ein Dorn im Auge und so entschlossen sie sich, 1856 ein solches Schiff, die *Lorcha Arrow*, welches im Hafen vor Anker lag, zu durchsuchen, die Ware zu konfiszieren und die Besatzung einzusperren. Die Briten reagierten scharf auf die in ihren Augen grobe Verletzung der üblichen politischen Etikette. Die nachfolgenden Verhandlungen führten zu keinem Ergebnis, weshalb sich die Briten veranlasst sahen, die Hafenstadt Kanton mehrere Tage zu bombardieren und schliesslich einzunehmen. Somit löste der Lorcha-Arrow-Fall den Zweiten Opiumkrieg (1856–1860) aus. Im Nachhinein stellte sich heraus, dass der damalige britische Aussenminister und spätere Premier Palmerston einen zweiten Angriff auf China und die Zerstörung Kantons bereits 1849 geplant hatte.[29]

Der Verlauf des Zweiten Opiumkriegs kann grob in drei Phasen aufgeteilt werden, wobei die letzte auch der Dritte Opiumkrieg genannt wird. Nachdem Kanton eingenommen war, weiteten die Briten ihre Angriffe weiter aus. Mit der Unterzeichnung des Vertrags von Tientsin (Tianjin) am 26. Juni 1858 kamen auf die Chinesen weitere Verpflichtungen zu: Gebrauch der englischen Sprache im Schriftverkehr, Duldung von Missionierungen, Öffnung weiterer Häfen für Ausländer, Einsetzung eines Konsuls in den betroffenen Städten, freie Mobilität für Nichtchinesen und die Ablösung des chinesischen Zeremoniells durch das westliche.[30]

27. Ebd.: 29 ff.
28. Böhm 2000: 14 ff.
29. Ebd.: 15 ff.
30. Haushofer 1940: 43.

In der zweiten Phase der Auseinandersetzung verlagerte sich das Geschehen weiter in Richtung Beijing. Im Jahr 1859 versuchte eine britisch-französische Expedition mit einer über 2000 Menschen starken Truppe und rund 20 Schiffen, kurz vor Tientsin ausgehend über den Peho-Fluss in die Hauptstadt zu gelangen. Dieses Vorhaben erwiderten die Chinesen jedoch mit energischem Widerstand und es gelang ihnen, den Wasserweg für die westlichen Kriegsschiffe nicht nur zu versperren, sondern ihnen auch beträchtliche Verluste zuzufügen. Die ausländische Kriegsmarine musste sich zurückziehen, der den Westmächten vorübergehend einen Reputationsschaden einbrachte.[31] Es dauerte ein Jahr, bis die Briten und Franzosen den Dritten Opiumkrieg starteten. Dieses Mal war die Truppenstärke auf rund 18'000 Soldaten aufgestockt worden verteilt auf über 170 Schiffe. Schnell stellten sich die erhofften Erfolge ein und so konnten Chefoo (Yantai) und Dalian rasch eingenommen werden. Die beiden Handelshäfen dienten in der Folge als Ausgangspunkte für den Sturm auf Beijing. Die Festung Dagu Forts, die ein Jahr zuvor die europäische Expedition zu einem jähen Ende führte, konnte nach rund drei Wochen eingenommen werden, gefolgt von Tientsin. Somit war der Weg für die Hauptstadt frei, die rund eineinhalb Monate später ebenfalls besetzt werden konnte.[32]

Am 18. Oktober 1860 wurden im Rahmen der Pekinger Konvention der 1858 unterschriebene Tientsin-Vertrag ratifiziert. Des Weiteren wurden folgende Punkte aufgeführt: China unterschreibt den Tientsin-Vertrag, Tientsin wird für ausländischen Handel geöffnet, Übergabe des 1. Distrikts in Kowloon an die Briten, Religionsfreiheit in ganz China, Ausfuhr chinesischer Arbeitskräfte in den Westen, grössere Abfindungszahlungen an die Briten und Franzosen in Silberstücke und Legalisierung des Opiumhandels.[33]

Zusammenfassend kann gesagt werden, dass die Opiumkriege im chinesischen Kontext mit Demütigung und Niedergang des grossen Chinesischen Kaiserreichs und seiner Vormachtstellung im ost- und südostasiatischen Raum assoziiert werden. Die Ressentiments über die erzwungene Öffnung des Landes und die Abtretung verschiedener Territorien an die Westmächte, allen voran an die Briten und USA, werden in der chinesischen Gesellschaft noch heute mit Gesichtsverlust gleichgesetzt.

31. Hsu 2000: 212 ff.
32. Ebd.: 212 ff.
33. Ebd.

Es sollte noch rund 50 Jahre dauern, bis sich das Land langsam wieder aus der politischen Bedeutungslosigkeit herausmanövrieren konnte. In der Zwischenzeit nutzte ein anderes aufstrebendes ostasiatisches Land das Machtvakuum zu seinen Gunsten, welches durch den abrupten Niedergang des einstigen Hegemonen entstand. Während die westlichen Staaten ihre Interessen primär über den Handel definierten, brach für Japan ein neues Zeitalter an. Beflügelt von einem rasanten technischen Aufschwung, begünstigt durch den regen Austausch vor allem mit den USA nahm das steigende Selbstvertrauen in die eigenen militärischen Fähigkeiten sowie das Selbstverständnis imperiale Züge an.[34]

Während sich die Chinesen mit den sich ändernden Machtkonstellationen schwertaten, gelang es den Japanern, sich rasch an die neuen Gegebenheiten anzupassen. Im Land herrschte das Shogunat, ein über 700 Jahre alter Verwaltungsapparat, geführt vom Militäradel, welches traditionelle Werte gegenüber jede Art von Veränderungen verteidigte. Doch angesichts der veränderten Umstände erkannten dem Shogunat feindlich gesinnte Clanführer rasch, dass nur durch gezielte Reformen ein ähnliches Schicksal, wie es China widerfuhr, abzuwenden war. Der Aufstieg des Japanischen Kaiserreichs begann mit der Meiji-Restauration im Jahre 1868.[35] Das zu diesem Zeitpunkt konfrontationsscheue Kaiserreich baute auf technologischen Know-how-Transfer und auf die Übernahme von Kriegsmaterialien aus dem Westen. Es sollte ein sich im Hintergrund abspielender Aufstieg auf die Weltbühne der Grossmächte angestrebt werden.[36]

Innerhalb von nur zwei Jahren konnten beachtliche wirtschaftliche Fortschritte in der Erneuerung der eigenen Industrie erzielt werden. Dieser Fortschritt nach westlichem Vorbild bildete das Rückgrat der militärischen Aufrüstung und Stärke. Im Zuge der Pekinger Konvention wurde Taiwan für den ausländischen Handel geöffnet. Und so kristallisierte sich die Insel zunehmend als strategisch idealer Stützpunkt für die im Pazifik agierenden Nationen heraus. Die geografische Lage umgeben von vielbefahrenen Handelsrouten liessen Taiwan zu einem wichtigen Bestandteil auch in den Machtüberlegungen des Japanischen Kaiserreichs werden.[37] Im Jahre 1872 annektierte Japan die zwischen Kyushu und Taiwan liegenden 1200 km langen Ryukyu-Inseln, wo sich auch der

---

34. Kindermann 2001: 49 ff.
35. Fairbank 1989: 513 ff.
36. Kindermann 2001: 49 ff.
37. Lee 2003: 45.

Hafen von Okinawa befindet. Dies war ein Vorgeschmack auf die kommenden Jahre, in denen Tokyo zunehmend seine Machtansprüche in der Region geltend machte.

Ein angeblich inszenierter Vorfall sollte erstmals den Fokus wieder auf Taiwan lenken. Im Jahre 1874 behauptete Japan, dass auf Taiwan lebende Eingeborene japanische Seeleute gelyncht haben sollen. Daraufhin forderte Tokyo von Beijing, die Verantwortung zu übernehmen und entsprechende Entschädigungen an Japan zu zahlen. Aus chinesischer Sicht waren die Forderungen alles andere als legitim, da es sich aus ihrer Sicht bei den getöteten Seeleuten nicht um japanische Staatsangehörige handelte.[38] Auf diese chinesische Interpretation des Vorfalls hin ordnete Tokyo eine militärische Expedition an, um die Tat aufzuklären und die Übeltäter hinzurichten. Die Landung der japanischen Truppen auf der Insel löste in Beijing grossen Unmut aus und die Lage drohte zu eskalieren. Um den Frieden beizubehalten, und vor allem den Handel nicht zu gefährden, schalteten sich westliche Vermittler ein. Nach zähen Verhandlungen einigte man sich auf Reparationszahlungen an Japan durch China. Im Gegenzug erklärte sich Japan bereit, Taiwan als Territorium unter chinesischer Jurisdiktion anzuerkennen.[39]

Dieses und weiteres Säbelrasseln in der Region führte 1885 dazu, dass China die Rolle und Wichtigkeit Taiwans neu definierte. Eine Politik der stärkeren Anbindung an das Festland wurde eingeleitet und so wurde Taiwan offiziell als chinesische Provinz proklamiert. Dieser Schritt war gleichbedeutend mit dem letzten Schritt im Zuge der langsamen Eingliederung der Insel in das politische-territoriale Gefüge Chinas, welches bis heute die Basis für künftige Ansprüche Beijings an Taiwan bildet.[40]

Japans Expansionspolitik weitete sich weiter aus und wurde aggressiver umgesetzt. Im Blickfeld des nächsten Konflikts befand sich die koreanische Halbinsel. Während der Einfluss Japans auf das koreanische Königshaus grösser wurde, kamen sich die beiden um die ostasiatische Vorherrschaft ringenden Kaiserreiche bedrohlich nahe, bis im Jahre 1894 Japan seinem chinesischen Widersacher kurzerhand den Krieg erklärte. Es kam zum ersten modernen Krieg zwischen Japan und China, der sogenannte Erste Japanisch-Chinesische Krieg. Die mittlerweile moderne japanische Armee liess den rückständigen chinesischen Kampftruppen

38. Kindermann 2001: 49 ff.
39. Yen 1965: 154 ff., 212 ff.
40. Hsu 1990: 45 ff. und Yen 1965: 98.

keine Chance, und so gelang es den Japanern bis weit in die Mandschurei, nördlich der koreanischen Halbinsel, vorzudringen. Mit der anschliessenden Kapitulation erlebte der kaiserliche Hof in Beijing eine weitere Demütigung, die am 17. August 1885 in die Unterzeichnung des Vertrags von Shimonoseki mündete.[41] China wurde unter anderem dazu gezwungen, die Inseln Taiwan und die Pescadoren an Japan abzutreten.[42] Nach der Unterzeichnung des Vertrags rief der damalige Gouverneur von Taiwan, Tang Jing-song, am 25. Mai 1895 die Unabhängigkeit der Insel – die Republik Taiwan – aus. Seine Absicht war der Widerstand gegen die japanische Besatzung und die Unabhängigkeit der Insel sollte keine Abspaltung von China bedeuten, wie er in seinem Manifest unterstrich.[43] Die Hoffnung, nach dem Ausruf auf ausländische Unterstützung zählen zu können, wehrte nur kurz. Wenige Monate später wurde die Insel unter die Kontrolle Tokyos gebracht und zur japanischen Kolonie deklariert. Weitere Gebietsansprüche Japans und Konflikte auf dem chinesischen Festland folgten.[44]

2.2. Die japanische Kolonie Taiwan und der dramatische Wandel Chinas

2.2.1. Taiwans 50 Jahre unter japanischer Herrschaft

Nach dem Vertrag von Shimoniseki wurde Taiwan die erste japanische Kolonie und daher sollte die Insel als Modell für weitere Kolonien gelten. Massive Investitionen wurden für den Ausbau der Infrastruktur, Wirtschaft und Industrie, Kultur und Erziehung getätigt. Ein angeschlossenes Verkehrsnetz und effizienter Transport sollte vor allem die Landwirtschaft und die Industrie beflügeln. Die Insel sollte zur „Kornkammer" Japans werden. Zudem sah Tokyo in Taiwan einen idealen Absatzmarkt für eigene Produkte.[45] Auch in das Gesundheits-, Erziehungs- sowie Finanzwesen flossen Gelder, die schliesslich anhand moderner Reformen Taiwan zu einer der fortschrittlichsten Regionen entlang des westlichen Pazifiks transformierten.

---

41. Kindermann 2001: 69.
42. Chiu 1973: 197.
43. Lee 2003: 46.
44. Chang 1963: 443 ff. und Jeon 1992: 77 ff.
45. Derichs 2003: 328 ff.

Die ersten rund 20 Jahre japanischer Herrschaft auf Taiwan waren alles andere als reibungslos. Der Widerstand innerhalb der Inselbevölkerung gegenüber den Japanern war nach dem Anschluss an das Kaiserreich heftig. Mit einer örtlichen eingesetzten Regierung, die nach dem Prinzip „Zuckerbrot und Peitsche" agierte, versuchten die Besatzer für Ruhe und Ordnung zu sorgen. Die Assimilierungspolitik richtete sich denn auch nach japanischem Vorbild, das als Grundlage für den Erlass von speziellen Gesetzen und Dekreten herangezogen wurde. Die gesamte Exekutive sowie Legislative war unter japanischem Einfluss, während das Militär, wann immer nötig, für die Umsetzung der neu eingeführten Normen eingesetzt wurde. Eine komplette Unterdrückung der taiwanesischen Werte, Kultur, Sprache und persönlichen Freiheiten waren die Folge für die einheimische Bevölkerung. Die systematisch erfahrenen Repressalien riefen sehr bald Aufständische auf den Plan. In den ersten Jahren der Besatzung griffen immer wieder im Untergrund operierende Einheiten die japanischen Truppen an. Dieser erste Widerstand konnte jedoch rasch unterbunden werden. Rund fünf Jahre später, im Jahre 1907, markierte der Bepu-Aufstand den zweiten Aufstand, der 1915 in den dritten und letzten Aufstand mündete, der Höhepunkt taiwanesischer Resistenz gegen die japanische Besatzung. Dieser letzte sogenannte Tapani-Aufstand wurde von dem parallel sich auf dem Festland abspielenden Ereignis beeinflusst. 1911 erfuhr China eine Revolution, die zur Absetzung des letzten Kaisers im Jahre 1912 führte. Die von Han-Chinesen angeführten Aufstände auf Taiwan hatten die Wiedervereinigung mit dem Festland zum Ziel. Einige Hinweise deuten jedoch auch auf eine parallel geführte Unabhängigkeitsbewegung hin.[46]

Jeglicher Aufstand konnte letztlich keine Abspaltung von der Meiji-Regierung herbeiführen und so folgte nach der Zerschlagung des letzten grossen Aufstands eine Phase der Integration, die von 1915 bis ins Jahr 1937 reichte. Um Taiwan in einen verlängerten südlichen Arm des japanischen Kaiserreichs zu transformieren, wurden das Erziehungs- und Bildungssystem sowie die Sprache kontinuierlich nach eigenem Vorbild ausgerichtet. Mit der Taisho-Periode (1912–1925) wurde eine Zeit der langsamen Demokratisierung eingeläutet, in der Einheimische, die bis anhin keine öffentlichen politischen Ämter bekleiden durften, ebenfalls Schritt für Schritt partizipieren durften. Im Jahre 1931 öffnete die auf dem Festland regierende KMT ein Generalkonsulat der ROC in Taipei.[47]

46. Ebd.

Die letzte Phase der japanischen Herrschaft auf Taiwan wurde mit dem Ausbruch des Zweiten Japanisch-Chinesischen Kriegs eingeläutet. Mit dem Angriff auf Pearl Harbor im Jahre 1941 katapultierte sich Japan vollends in den Zweiten Weltkrieg, der in eine Kapitulation Japans und die Rückführung Taiwans an das Festland mündete. Japan hinterliess der Insel eine intakte und äusserst moderne Infrastruktur, eine produktive Landwirtschaft und Schwerindustrie – z. B. Rohölverarbeitung, Herstellung von Aluminium und chemischen Produkten sowie Schiffsbau – sowie ein gut funktionierendes Bildungssystem und einen wirtschaftlichen Aufschwung. Dennoch sind viele Fragen ungelöst, wie zum Beispiel die Verbrechen rund um die „Trostfrauen" – japanische Kriegsbordelle mit Zwangsprostitution –, die tiefe Narben in der einheimischen Bevölkerung hinterliessen.[48]

2.2.2. China: Niedergang der Dynastie und Aufstieg des Kommunismus

Nach der Niederlage im Ersten Japanisch-Chinesischen Krieg befand sich China weiterhin in einer äusserst prekären Lage. Die ungleichen Verträge mit den Briten, Japanern, Franzosen, Russen und den USA saugten das Land wirtschaftlich aus. Die aufdoktrinierte Missionierung durch die westlichen Mächte und deren Einmischung in die Angelegenheiten der lokalen Bevölkerung durch meist christliche Kleriker erzürnte sehr viele chinesische Bürger.[49] Die internen Machtkämpfe zwischen den Traditionalisten um Kaiserin Cixi und den Verfechtern von Reformen am Kaiserhof trugen zur politischen Instabilität des Landes bei. In dieser Zeit verursachten zudem Naturkatastrophen, wie riesige Überflutungen in der Shandong-Region, grosse landwirtschaftliche Schäden, sodass in weiten Teilen die Ernten ausfielen und das Land langsam in eine flächendeckende Hungersnot schlitterte. Eine grosse Zahl der Landbevölkerung flüchtete daraufhin in die umliegenden Städte.[50]

Im Jahre 1898 bildete sich zunehmend eine Front gegen die ausländischen Besatzer, die Boxerbewegung. Die Bewegung war eine geheime Gesellschaft, dessen Name Boxer auf die traditionellen Kampfkünste dieser Zeit zurückzuführen war. Die Unterstützung des Kaiserhauses konnte sich die Untergrundorganisation jedoch erst sichern, als der westliche Druck auf die Kai-

---

47. Fairbank 1989: 597 ff. und Lan 2002: 6.
48. Derichs 2003: 328 ff.
49. Esherick 1987: 77.
50. Thompson 2009: 9.

serin zunahm und sie in den kampfbereiten Gruppierungen einen wichtigen Verbündeten sah im gemeinsamen Vorhaben, die Ausländer zu vertreiben. Im Mai 1900 kam es schliesslich zum Boxeraufstand zwischen chinesischen Boxern und alliierten Truppen der Westmächte. Die Hauptschauplätze chinesischer Angriffe waren in Beijing und Tientsin zu verzeichnen, wo sich die zahlenmässig unterlegenen ausländischen Truppen und chinesischen Christen verbarikadieren mussten. Einige Tage nachdem die Alliierten sich vor der Insel Dagu versammelten und mit einem Ultimatum zum Gegenschlag ausholten, setzte am 21. Juni 1900 ein kaiserliches Edikt den Westmächten ein Gegenultimatum, das Land binnen 24 Stunden zu verlassen, welches einer Kriegserklärung durch China gleichkam. Als Konsequenz kämpften fortan kaiserliche Truppen mit den Boxern Seite an Seite gegen den gemeinsamen Feind. Am 26. Juni 1900 gaben sich die alliierten Truppen geschlagen und zogen sich zurück.[51] In der Folge kam es in der Hauptstadt Beijing immer wieder zu heftigen Auseinandersetzungen zwischen den sich verschanzenden ausländischen Kräften (rund 500) und den über 20'000 Mann starken chinesischen Truppen. Ein ähnliches Bild zeigte sich in Tientsin, jedoch wurde die Stadt im Verlauf der nächsten Tage von westlichen Streitkräften aus Dagu her kommend belagert und schliesslich am 14. Juli 1900 eingenommen.[52]

Ein zweites internationales Einsatzkommando wurde entsandt, um die Hauptstadt einzunehmen und dem Boxeraufstand endgültig ein Ende zu bereiten. Dies gelang bereits am 14. August 1900, sodass Kaiserin Cixi und ihre Gefolgschaft vorübergehend nach Xi'an flüchten mussten. Beijing wurde daraufhin über mehrere Tage geplündert und verwüstet.[53] Im September desselben Jahres machte der Kaiserhof schliesslich die Boxer und ihre verbündeten Beamten für die Niederlage verantwortlich, was einem politischen Schachzug gleichkam, um die Kontrolle des Landes weiterhin ausführen zu können. Aus ihrem Exil heraus akzeptierte Kaiserin Cixi im Januar 1901 die unter dem Boxerprotokoll geführten Bedingungen der Alliierten, welches am 7. September 1901 unterschrieben wurde.[54]

Mit dem Tod der Kaiserin Cixi im Jahre 1908, die seit 1861 faktisch China regierte, neigte sich das Ende der Qing-Dynastie und mit ihr eine 2500-jährige Regierungsform im Reich der Mitte. Ein im Oktober 1911 ausgelöster Militäraufstand, die Xinhai-Revolution, brachte die Wende und zwang das

51. Leonhard 2010: 18 ff.
52. Ebd. 23 ff.
53. Ebd. 37 ff.
54. Ebd. 54 ff.

letzte Kaiserreich endgültig in die Knie. Bereits am 1. Januar 1912 rief Sun Yat-sen[55] die Republik China aus (Republic of China/ROC) und trat an dessen Spitze als Präsident auf. Bald wurden er und seine noch junge nationalistische Partei, die am 12. August 1912 gegründete spätere KMT, vom führungsstarken Yuan Shikai gestürzt. Yuan, welcher das Militär auf seine Seite hatte, führte stattdessen eine konstitutionelle Monarchie ein und rief sich als Kaiser aus. Seine Amtszeit hielt jedoch nicht lange an, denn bereits am 6. Juni 1916 verstarb er und hinterliess kurzzeitig ein Machtvakuum. In dieser Zeit der Machtkämpfe innerhalb Yuans Beiyang-Armee wurde am 1. Juli 1921 die kommunistische Partei in China gegründet, die heutige KPC, rund zwei Jahre nach der Gründung der kommunistischen Partei in Moskau (KPdSU). In der Zwischenzeit versuchte Sun im Süden des Landes in der Region Guangdong mithilfe der KPdSU die Republik China aufzubauen.[56] Er schloss einen Freundschaftvertrag mit der Sowjetunion ab und reorganisierte seine KMT nach leninistischen Vorgaben. Bereits im März 1925 verstarb Sun, der heute noch als „China-Vater" oder „Gründervater Chinas" sowohl auf dem Festland als auch auf Taiwan verehrt wird. Seinen Platz nahm sein langjähriger Weggefährte General Chiang Kai-shek ein.

General Chiang sah seine Machtposition durch seinen linken Parteiflügel innerhalb der KMT jedoch bald gefährdet, die weiterhin den Zusammenschluss mit den Kommunisten suchten. Zudem drohte Gefahr von den sich aus der Beiyang-Armee losgelösten nördlich agierenden Warlords. Chiang richtete die Werte der KMT politisch weiter rechts aus und beendete die Zusammenarbeit mit den Kommunisten, die er kurz vorher in der südlichen Region entmachtete.[57] Sich mitten im entfachten Bürgerkrieg[58] gegen die Kommunisten befindend, begann er im selben Jahr auch seinen Feldzug gegen die oppositionellen Gruppierungen im Norden aus Guangdong heraus zu lancieren. Sein Ziel war die Zerschlagung der letzten Anhänger Yuans, um seine interne Rolle als unumstrittener Führer der KMT zu untermauern und um die Kontrolle über China zu erlangen. In nur zwei Jahren konnte er den grössten Teil des chinesischen Staatsgebietes unter seine Kontrolle bringen, sodass er sich

---

55. Oder Sun Yixian. Sun Yatsen hat als einer der ersten chinesischen Staatsmänner ein Studium nach westlichen Werten und Systemen (Hawaii) absolviert.
56. March 1996: 205. Siehe auch „Sun-Joffe Manifesto" im Jahre 1923, welcher die erste Einheitsfront zwischen der KMT und der KPC begründete.
57. Wilbur 1983: 170. Siehe auch das „Shanghai Massaker" (April 1927) und den „Aufstand in Guangzhou" (Dezember 1927).
58. Der chinesische Bürgerkrieg erstreckte sich über zwei Phasen: August 1927 – Dezember 1936 und März 1946 – Mai 1950.

in den kommenden Jahren auf die Verfolgung der sich in verschiedenen südlichen errichteten Basen verschanzenden Kommunisten machte. Im Frühsommer 1934 erfuhren die Kommunisten unter der Führung von Mao Zedong und Zhou Enlai herbe Niederlagen gegen die Nationalisten, die über eine grössere Armee und modernere Militärausrüstung verfügten.[59] Die Folge war der Lange Marsch – ein radikaler Rückzug der Roten Armee (oder Volksbefreiungsarmee) in den Norden –, den von den rund 90'000 Soldaten der Überlieferung nach lediglich ein Zehntel überlebt hat.[60] Der Fussmarsch dauerte ein Jahr (Oktober 1934 – Oktober 1935) und führte über 12'500 km bis zum errichteten nördlichen Hauptstützungpunkt in Ya'nan nahe der Grenze zur Inneren Mongolei, von wo aus sich die Rote Armee neu zu formieren versuchte.

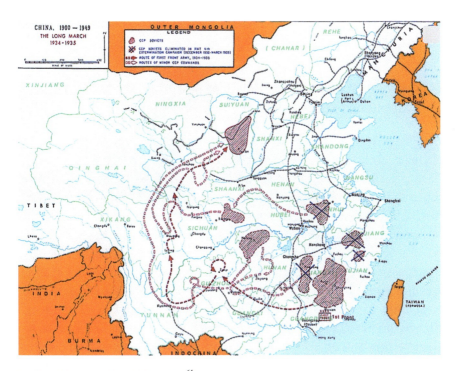

Abbildung 4: Der Lange Marsch 1934–1935[61]

---

59. 1925 verzeichnete die KPC rund 1500 Mitglieder, während die KMT 1923 bereits über 50'000 zählte (Fairbank 1994).
60. Bianco/Bell 1971: 68.
61. Vgl. „Overview map of the route of the Long March".

Das Japanische Kaiserreich übernahm nach dem Ersten Japanisch-Chinesischen Krieg und dem Vertrag von Shimonoseki, auf militärischen Druck hin, die Kontrolle weiterer Gebiete entlang der chinesischen Ostküste.[62] Die zusätzlich von Tokyo beanspruchten Regionen und die anschliessende Okkupation liessen den Unmut innerhalb der einheimischen Bevölkerung weiter zunehmen. Angesichts des sich ausweitenden japanischen Einflusses auf China kam es im Jahre 1936 zum zweiten Zusammenschluss, Zweite Einheitsfront, zwischen der KMT und der KPC. Der Bürgerkrieg wurde somit vorübergehend eingestellt, das gegenseitige Vertrauen war jedoch äusserst klein. Das aggressive Vorrücken japanischer Besatzungseinheiten zu Beginn der 1930er-Jahre löste am 7. Juli 1937, mit dem Zwischenfall an der Marco-Polo-Brücke, den Zweiten Japanisch-Chinesischen Krieg (1937–1945) aus, der wiederum in den Zweiten Weltkrieg mündete, den Japan verlor, und das Ende der japanischen Kolonialherrschaft einläutete.

2.2.3. Das Ende des Zweiten Weltkriegs und die Phase des Kalten Krieges

Die Niederlage Japans im Zweiten Weltkrieg hatte zur Folge, dass die ehemals chinesischen Gebiete von Beijing zurückgefordert wurden. Bereits während der Kairo-Konferenz vom 26. November 1943 zwischen General Chiang, US-Präsident Roosevelt und dem britischen Premier Churchill wurde beschlossen, dass die vormals zum chinesischen Volk gehörenden und von Japan enteigneten Gebiete, wie die Mandschurei, Taiwan und die Pescadoren, an China zurückgehen sollen. Ein Beschluss, der in der Potsdamer Deklaration von 1945 bekräftigt wurde.[63] Am 25. Oktober 1945 wurde Taiwan chinesische Provinz der Republik China. Mit der Niederlage Japans im Pazifikkrieg begann ein Ringen um die Rückgabe einzelner durch das japanische Reich besetzter Gebiete in Ostasien. Die beiden siegreichen Grossmächte im Zweiten Weltkrieg, die UdSSR[64] und die USA, bestimmten fortan das politische Geschehen auf der Weltbühne. Im folgenden Jahr begann die rund 45

---

62. Vgl. auch Nish 1977: 98 ff. Während des Ersten Weltkriegs, im Jahre 1915, präsentierte Japan die „21 Forderungen" gegenüber der Republik China. Darin enthalten waren Gebietsansprüche über die Provinz Shandong, die Mandschurei, die Innere Mongolei, Teile der Südküste Chinas sowie über das Mündungsgebiet des Yangtze-Flusses. Die schwache chinesische Regierung willigte letztlich ein.
63. Chiu 1979: 215.
64. In der Zeit nach der russischen Revolution gründete die kommunistische Bewegung die UdSSR.

Jahre andauernde ideologische Auseinandersetzung zwischen Kommunisten und Liberalen: der Kalte Krieg.

Hinsichtlich der Aufteilung[65] der ehemals japanischen Gebiete in Nordostasien beanspruchte die sowjetische Regierung die Gebiete der Mandschurei, Südsachalins, der Kurilen-Inseln und Schengjings mit den ehemals russischen Häfen Port Arthur und Dalian zurück und sie beliess ihre bereits stationierten Truppen in den betreffenden Gebieten.

In der Zwischenzeit begannen in China erneut bürgerkriegsähnliche Machtkämpfe zwischen den Nationalisten um Chiang Kai-shek und den Kommunisten um Mao Zedong. Angesichts der Situation in China sahen sich die beiden Grossmächte gezwungen, ihre Ostasienpolitik neu zu formulieren. Während die UdSSR vom ersten Augenblick an die KPC in China mit diversen Mitteln unterstützte, versuchten die USA im Gegenzug durch Vermittlungen die Position der Nationalisten zu stärken. 1949 schliesslich kam es zum Sieg der Kommunisten über die KMT, die ihrerseits auf die taiwanesische Insel flüchteten,[66] sowie zur Proklamation der Volksrepublik China durch Mao. Diese neuen Machtverhältnisse in Ostasien führten ein Jahr später zu einem neuen Konflikt, der bereits 1945 mit der Teilung Koreas[67] – gegen den Willen des Landes – seinen Anfang nahm. 1950 überquerten nordkoreanische Truppen, angespornt durch den ideologischen Erfolg des Kommunismus in China, die Demarkationslinie und fielen in Südkorea ein. Rasch wurden grosse Gebiete eingenommen, die letzte Verteidigungslinie der unterlegenen südkoreanischen Truppen verlief mittlerweile östlich des Nantong-Flusses und nördlich von Tägu respektive südlich von Pohang bis zur Ostküste. Noch am Tag des Angriffs beriet der UN-Sicherheitsrat über ein allfälliges Eingreifen. Kurzerhand wurde ein UN-Mandat trotz sowjetischen Vetos verabschiedet, das zur militärischen Intervention durch alliierte Streitkräfte, angeführt durch die USA, bevollmächtigte.

Mit diesem neuen Kräfteverhältnis gelang es den UN-Streitkräften, die nordkoreanischen Truppen bis nahe der chinesischen Grenze im Norden zurückzudrängen, was wiederum gleichbedeutend mit dem Kriegs-

---

65. 1945 unterzeichnete China den demütigenden Vertrag mit Moskau, basierend auf dem Drei-Mächte-Diktat von Jalta, wonach die Sowjetunion die Gebiete zurückerhielt, die es im Krieg gegen Japan 1904/05 verloren hatte. Am 8. September 1951 kam der Abschluss der Friedensverträge von San Francisco hinzu, wodurch die japanische Kolonialzeit endgültig beendet wurde und das Kaiserreich seine Ansprüche unter anderem bezüglich Taiwan und Korea aufgeben musste.
66. Auf der sie bis heute auf eine Wiedervereinigung mit dem Festland China warten. Die Nationalisten gründeten die Republik China, beruhend auf der 1936 erstmals entworfenen und 1947 promulgierten neuen demokratischen Verfassung.
67. Das einstige Kaiserreich wurde am 38. Breitengrad in eine nördliche sowjetische und eine südliche US-amerikanische Besatzungszone geteilt.

eintritt Chinas war. Den Chinesen gelang es, die feindlichen Truppen bis südlich von Seoul zurückzudrängen. Im Jahre 1953 kam es schliesslich zum bis in die heutige Zeit anhaltenden Waffenstillstand zwischen Nord- und Südkorea.

In den Jahren 1954/55 geriet Taiwan zunehmend in das Spannungsfeld von Washington und Beijing. China, das einen Angriff auf die Insel bereits vor dem Koreakrieg geplant hatte, diesen jedoch verschieben musste, wollte sich den kleinen Inselstaat vor der Ostküste einverleiben.[68] Die USA, deren Haltung sich seit dem Koreakrieg drastisch geändert hatte, sahen die Stabilität des pazifischen Raumes hinsichtlich einer allfälligen Besetzung Taiwans durch China bedroht. Washington entsandte kurzerhand Truppen nach Taiwan. Kurz darauf kam es zum Konfliktausbruch, doch ein Krieg zwischen den USA und China konnte vermieden werden. Die USA und Taiwan gingen ein Bündnis ein, wonach die Insel unter dem Schutz der USA (Sino-American Mutual Defense Treaty, 1954/55) stand – ein Vorläufer des späteren „Taiwan-Relations-Act".[69]

In den folgenden Jahren kam es zu Unruhen, unter anderem zur zweiten Taiwan-Krise (1958–1962), zu diversen Dogmenkonflikten zwischen Beijing und Moskau und später zur chinesischen Kulturrevolution. Der Ausbruch des Vietnamkriegs führte zu einer politischen Niederlage für die USA.[70] Japans Aufstieg zur Weltwirtschaftsmacht nahm Form an. Auch Südkorea spürte einen rasanten Wirtschaftsaufschwung und gelangte zu Wohlstand. Nach dem Tod Maos im Jahre 1976 erfuhr China unter Deng die ersten Wirtschaftsreformen. Es fanden erste Annäherungen zwischen chinesischen und westlichen Staaten statt. China schien sich langsam zu öffnen, doch zeigte die Regierung ihr wahres Gesicht im Jahre 1989, als sie mit äusserster Brutalität gegen die friedlichen Studentendemonstrationen auf dem Tiananmen-Platz[71] vorging.

Der Sturz des kommunistischen Regimes in der Sowjetunion Anfang der 1990er-Jahre brachte die bis dahin bestehende Weltordnung komplett durcheinander. Das riesige Gebiet der UdSSR zerfiel in 15 Unionsrepubliken, die teilweise seit der Gründung der Sowjetunion im Jahre 1922 bestanden. Die Vereinigten Staaten von Amerika waren plötzlich alleinige Weltmacht und mussten ihre aussenpolitische Strategie neu

---

68. Kindermann 2001: 381 ff.
69. Vgl. „*Formosa Resolution of 1955*".
70. Ebd.: 475 ff.
71. Nathan 2001. Kurze Zeit später fiel in Berlin die Mauer und Gorbatschow beendete den Kalten Krieg zwischen der nicht länger existierenden UdSSR und den USA. Die Bipolarität und ihre Gefahren schienen überwunden.

definieren. 1991 stellte Präsident George Bush sein Konzept des „New World Order" vor, wonach die USA:

> „[...] lead the world in facing down a threat to decency and humanity. What is at stake is more than one small country; it is a big idea – a new world order – where diverse nations are drawn together in common cause to achieve the universal aspirations of mankind: peace and security, freedom and the rule of the law."[72]

Mit anderen Worten sollte die „Herrschaft des Rechts" die „Herrschaft des Dschungels" ersetzen und damit die alte Weltordnung, wonach Nationen die gemeinsame Verantwortung für Freiheit und Gerechtigkeit anerkennen.

Von dieser Entwicklung profitierte auch die Volksrepublik China, die sich erstmals von einer direkten Konfrontation mit der Sowjetunion und somit einer latenten militärischen Gefahr befreit sah. Die neuen Kräfteverhältnisse im ostasiatischen Raum gingen mit neuen Möglichkeiten einher und dies konnte für China nur heissen: zurück zur führenden Machtstellung. Die Reformen Ende der 1970er- und Anfang der 1980er-Jahre katapultierten die chinesische Ökonomie in Rekordzeit in die Top 10 der weltgrössten Volkswirtschaften. Politisch befand sich die Regierung in Beijing nicht erst seit dem Massaker auf dem Tiananmen-Platz von 1989 auf internationaler Ebene in einer vergleichsweise isolierten Position. Allerdings bot sich ihr mit der abrupten weltpolitischen Änderung die Chance auf eine Neupositionierung, um auch dieser Isolation entgegenzuwirken und zumindest vorerst eine rein regionale Vormachtstellung zu erlangen.

Mit US-Präsident Bill Clinton folgte, wenn auch etwas zögerlich, eine neue „Grand Strategy", die von dessen damaligem Sicherheitsberater Anthony Lake formuliert wurde. Das Leitmotiv des „American Leadership" basierte auf den Überlegungen einer „[...] National Security of Engagement and Enlargement",[73] wobei sich deren Anwendung an einer pragmatischen Auslegung orientierte: „It's simply not possible for the United States to become the ultimate resolve of every problem in the world." Dies erlaubte den USA einerseits, auf die für die eigenen Interessen relevanten Bereiche zu fokussieren, um so die Sonderstellung zu

---

72. *Talbott* 1992.
73. Vgl. *White House Declaration* 1994.

erhalten, und andererseits, durch gezielte Kooperationen in Wirtschaft, Militär, Politik und Kultur diese sukzessive zu erweitern. Gegenseitige Handelsbeziehungen mit strategisch wichtigen Partnern sollten aus US-amerikanischer Sicht die Türen für den Export weiterer *soft factors* öffnen, wie Ideologie und Kultur (Film- und Musikindustrie, Konsumprodukte, Bildungspolitik etc.), was schliesslich zu einer steten Adaption westlicher Werte und Normen führen sollte – mit einer Demokratisierung als optimalem Endziel. Diese Strategie des selektiven Engagements wurde auch für China ins Auge gefasst, mit dem Ziel, die für die US-amerikanische Sicherheit und Interessen äusserst wichtige Region Ostasiens in einem durch die USA kontrollierten Gleichgewicht zu halten.

Diese Absichten der Washingtoner Machthaber verstärkten wiederum die Befürchtungen der chinesischen Führung, dass die USA ihre dominante geostrategische Position im asiatisch-pazifischen Raum ausbauen wollten. Angesichts der eigenen Ambitionen, wieder die bestimmende Regionalmacht in Ostasien zu werden, sah sich Beijing durch die USA stark beschnitten. Um diesen Einschränkungs- oder Einbindungsversuchen (Containment) entgegenzuwirken, erachtete es China als notwendig, bilateral strategische Kooperationen und Partnerschaften mit wichtigen Nachbarn und langjährigen Freunden einzugehen, unter anderem mit Brasilien (1993), Russland (1996), Pakistan (1996), Indien (1996) und mit den Mitgliedstaaten der ehemals „Shanghaier Fünf"[74] (1996).

Den USA wurde schnell bewusst, dass vom wirtschaftlichen und aussenpolitischen Aufstieg Chinas eine neue potenzielle Gefahr im Hinblick auf die Machtverhältnisse und die Stabilität in Ostasien ausging. Wie unberechenbar und massiv diese Bedrohung seitens der chinesischen Führung aussehen konnte, zeigte sich, als sich 1995 der US-Kongress – allen Warnungen[75] zum Trotz – über den Kopf des US-Präsidenten hinweg für die Ausstellung eines Visums und den anschliessenden Besuch des damaligen taiwanesischen Präsidenten und Führers der KMT Lee Teng-hui Denghui aussprach. Im August 1995 führte die Volksarmee als direkte Antwort darauf Raketentests nur 150 Kilometer vor der Küste Taiwans durch. Die dritte Taiwankrise seit 1954/55 und 1958[76] war somit

---

74. Die Gründerstaaten waren damals China, Russland, Kasachstan, Kirgistan und Tadschikistan. Heute nennt sich die Zusammenarbeit „Shanghai Cooperation Organization" (SCO).
75. Die VRC befürchtete, dass dieser Besuch in Kombination mit den Demokratisierungstendenzen die Unabhängigkeitsbestrebungen Taiwans stärken könnten und berief sich daher auf die mit den USA gemeinsam verfassten Shanghaier Communiques, wonach es taiwanesischen Spitzenpolitikern nicht gestattet war, in die USA zu reisen. Zudem wurde auf die „Doktrin vom einen China" verwiesen.
76. Kindermann 2001.

lanciert und wurde erst im März 1996, unmittelbar nach den ersten freien Präsidentschaftswahlen in Taiwan, beendet. Dieses kurze, aber heftige *rencontre* zweier Atommächte – diese Krise bedeutete die stärkste Konzentration US-amerikanischer Militärmacht in dieser Region seit dem Vietnamkrieg[77] – liess die ganze Welt den Atem anhalten. Auf einen Schlag waren die alten Rivalitäten wieder aufgebrochen und bedrohlich spürbar. Der von der internationalen Gemeinschaft wenig beachtete Konfliktherd und die möglichen Folgen einer Eskalation beschworen unzählige Schreckensszenarien herauf mit fatalen Auswirkungen für die gesamte Weltwirtschaft, allen voran für die beteiligten Akteure selbst, die gesamte Region und die Europäische Union (EU).

Seit diesen Machtdemonstrationen war China, neben den USA, endgültig zu einer mitbestimmenden Macht in Ostasien aufgestiegen. Daher war man sich über die immense Bedeutung einer stabilen Konstellation im asiatisch-pazifischen Raum und einer friedlichen Beilegung der Taiwan-Frage einig. Die USA wie auch China hatten erkannt, dass angesichts der überlappenden Interessen eine strategische Partnerschaft für beide Seiten sinnvoll wäre. Der Einfluss Chinas wuchs weiter an, sodass auch seine Rolle in der internationalen Gemeinschaft anders wahrgenommen und neu definiert werden musste. Dennoch waren, innenpolitisch gesehen, keine nennenswerten Veränderungen festzustellen. Das autoritäre Regime in Beijing hatte mit dem neuen Generalsekretär der Kommunistischen Partei Chinas, dem Staatspräsidenten und Vorsitzenden der Zentralen Militärkommision (CMC) Hu Jintao einen gebildeten und liberaleren Staatsmann, als es sein Vorgänger Jiang Zemin es war. Doch auch er scheute sich nicht, bei innenpolitischen Problemen rigoros durchzugreifen, und liess somit keine Zweifel aufkommen, dass die KPC auch zukünftig die alleinige politische Macht auf sich vereinen würde. Diese politische Stagnation war es auch, die trotz steigender Bedeutung Chinas nach wie vor im internationalen Kontext auf breite Ablehnung stiess.

Die Menschenrechtsverletzungen im Land stehen seit jeher im Fokus von internationalen Organisationen[78] und ausländischen Politikern.

---

77. Vgl. auch Barnett 1996. Im Einklang mit dem 1979 in Kraft getretenen TRA ist die USA vertraglich verpflichtet, Taiwan gegen äussere Einflüsse, die den Status quo der Insel in irgendeiner Form gefährden, notfalls mit militärischen Mitteln zu verteidigen – Vgl. *US Department of State* zum TRA vom 1. Januar 1979. Deshalb wurden zwei US-Flottenverbände um die beiden Flugzeugträger „USS-Independence" und „USS-Nimitz" in die Taiwan-Strasse beordert, insgesamt elf Kriegseinheiten und ein Versorgungsschiff.
78. *Amnesty International, Human Rights Watch* oder *Society for Human Rights* sind drei von vielen NGOs, welche auf die Missstände in der VRC aufmerksam machen und versuchen, die Regierung in Beijing zum Umdenken zu bewegen.

Minderheiten, separatistische oder religiöse Bewegungen werden nach wie vor kompromisslos gefügig gemacht oder aus dem Verkehr gezogen. Die Regierung setzt alles daran, dass die innere Ruhe und somit die Stabilität der Machtverhältnisse, vor allem der eigenen Partei, nicht gestört wird. Ein gewisses Mass an Pluralismus ist nur gefragt, sofern dies Vorteile bringt, wie beispielsweise in der Wirtschaft. In der Parteienlandschaft und in den Meinungsäusserungen jedoch gilt klar das Ein-Parteien-Prinzip mit den enstprechenden Doktrinen.[79] Ausländische Kritiker stossen in Beijing auf Unverständnis und werden auf internationales Recht verwiesen, wonach sich Nationen nicht in die internen Angelegenheiten eines anderen Staates einzumischen haben. Diese Aussage spiegelt sich auch im chinesischen Standpunkt zur Problematik mit Taiwan und den USA wider.[80]

2.2.4. Die jüngsten Entwicklungen in der Taiwan-Frage (2000–2012)

Das taiwanesische Präsidentschaftswahljahr 2000 läutete auf der Insel eine neue parteipolitische Ära ein. Erstmals seit der Abspaltung Taiwans vom Festland wurde das oberste politische Amt nicht mehr von einem Anhänger der KMT bekleidet, sondern von einem Kandidaten der Demokratischen Fortschrittspartei (DPP). Die Wahl von Chen Shui-bian liess die chinesische Führung aufhorchen. Der bis dahin in der Opposition agierende gewiefte Politiker verstand es, mit dem in den letzten Jahren verstärkt aufkommenden neuen nationalen Wertegefühl innerhalb der taiwanesischen Bevölkerung am besten umzugehen. Mitte der 1990er-Jahre machte er aus seiner Haltung zur Abspaltung vom Festland kein Geheimnis und schien den meisten Einwohnern Taiwans aus der Seele zu sprechen. Unmittelbar nach dem Wahlerfolg gab Chen jedoch moderatere Töne von sich, wohl wissend, dass ihn die Führung in Beijing genau beobachtete. Deshalb proklamierte er bald darauf die „Politik der 5 Neins",[81] um eine mögliche Eskalation mit China zu vermeiden. Jedoch zeichneten sich bald darauf die im Vorfeld durch Beijing gehegten Befürchtungen ab und erhärteten sich in einigen Äusserungen Chens:

---

79. Heilmann 2004.
80. Vgl. auch Kindermann 2001. Taiwan wurde erstmals 1895 zur Provinz Chinas ausgerufen. Seither wird die Insel von der VRC als unter der Führung Beijings stehendes Hoheitsgebiet gesehen.
81. Kurz: Keine Unabhängigkeitproklamation, keine Namensänderung, keine Verfassungsänderung zugunsten einer Unabhängigkeit, kein Referendum zur Unabhängigkeit, keine Abschaffung der Richtlinien für die „Nationale Wiedervereinigung" von 1991. Vgl. *New York Times* 18.05.2000.

Die DPP würde nicht mehr, wie ihre Vorgängerpartei, primär eine Wiedervereinigung anstreben, stattdessen verwies er auf die Andersartigkeit der taiwanesischen Kultur und Gesellschaft.

Solche Aussagen verärgerten die chinesische Regierung, die Chen daraufhin ermahnte, solche Polemiken zu unterlassen, da dies ansonsten Konsequenzen haben würde. Auch den USA gefiel die Rhetorik Chens nicht, da sie China nicht unnötig reizen wollte. Doch es folgte seitens der USA keine klare Ermahnung an Chens Adresse, da sie sich zu diesem Zeitpunkt mit den eigenen Präsidentschaftswahlen herumschlagen mussten. Dort stand nach monatelangem Hickhack um die Wahlergebnisse schliesslich ein Sieger fest. Der frisch ins Amt gewählte Präsident George W. Bush und seine Berater schlugen, im Vergleich zur vorgängigen US-Regierung, eine politisch weniger moderate Richtung ein. Kurz nach seinem Amtsantritt bezeichnete Bush China als einen „strategischen Mitstreiter", was in der Diplomatensprache einem Affront gleichkam. Vor der UN-Menschenrechtskommission strebte Bush zudem eine Verurteilung Chinas in den Dossiers zu den Menschenrechten und zur Taiwan-Frage an. Diese und weitere Aktionen waren klare Hinweise für eine US-amerikanische Konfrontationspolitik mit China.[82] Die Beziehungen zwischen den beiden Staaten verschlechterten sich rasant weiter, nachdem Bush den japanischen Botschafter Yoshiro Mori demonstrativ vor dem chinesischen Vizepremier Qian Qichen in Washington empfing. Der Tiefpunkt folgte schliesslich im folgenden Jahr, als über dem Südchinesischen Meer ein amerikanisches Spionageflugzeug auf der chinesischen Insel Hainan landen musste, nachdem es kurz zuvor mit einem chinesischen Kampfjet kollidiert war. Nach gegenseitigen Beschuldigungen spitzte sich die Lage zu. US-Staatssekretär Collin Powell lehnte eine Entschuldigung ab und beschuldigte China, die notgelandeten Piloten „festzuhalten". Bush warnte Beijing, die sino-amerikanischen Beziehungen würden auf dem Spiel stehen. Die chinesische Regierung hingegen hielt sich vorerst zurück und ging nicht weiter auf die Anschuldigungen der USA ein.[83] Im Gegenteil, einige Tage später wurde einer Delegation von US-Diplomaten erstmals der Zugang zur Besatzung gewährt. Die Lage erholte sich allmählich, auch weil man die gegenseitigen Handelsbeziehungen nicht in Gefahr bringen wollte.

---

82. *SinOptic* 04.04.2001.
83. Anders als 1999, als in Belgrad versehentlich die chinesische Botschaft von NATO-Bombardierungen getroffen wurde, hat die chinesische Regierung nicht zum Boykott US-amerikanischer Produkte aufgerufen.

Chen wurde im Jahre 2004 wiedergewählt.[84] Die bis dahin lediglich auf verbaler Ebene geführten Unabhängigkeitsbestrebungen Taiwans sollten mit einem Referendum in der Verfassung ihren Ausdruck finden. Die Reaktion der chinesischen Regierung liess nicht lange auf sich warten. In der ersten Frühjahrssitzung des Nationalen Volkskongresses (NVK/NPC) stimmten die Delegierten dem Antisezessionsgesetz einstimmig zu. Darin wird Taiwan mit nicht friedlichen Mitteln gedroht, sollten eine oder mehrere der unter Artikel 8 aufgeführten drei Bedingungen erfüllt sein.[85] Dieses Gesetz sorgte weltweit für Unruhe, da man einen Freibrief für chinesische Interventionen auf Taiwan befürchtete. Die Wogen glätteten sich allmählich, nachdem unter anderem der chinesische Premierminister Wen Jiabao versicherte, dass China weiterhin an einer friedlichen Lösung interessiert sei.[86]

In seiner zweiten Amtszeit schaffte es Chen Shui-bian sich aussenpolitisch ins Abseits manövriert, weshalb nicht mehr nur kritische Stimmen aus der KMT, sondern vermehrt auch aus den eigenen Reihen kamen. Die sino-amerikanischen, aber vor allem auch die sino-taiwanesischen Handelsbeziehungen haben mittlerweile Interdependenzen geschaffen, die weit über die jeweiligen strategischen Interessen hinausgehen. Die ständigen Sticheleien durch Chen waren daher dieser Entwicklung eher abträglich. Immer wieder betonte Chen, dass ein Anschluss ans Festland für Taiwan einem Zwang gleichkommen würde und daher mit den demokratischen Werten und dem Willen des Volkes nicht vereinbar sei.[87] In der Zwischenzeit hatten die USA ihren harten Kurs gegenüber China stark heruntergefahren und signalisierten mehrfach, dass sie die politischen Eskapaden des taiwanesischen Präsidenten nicht goutierten. Dies machten sie deutlich, als Chen seinen strategischen Verbündeten in Mittel- und Südamerika offizielle Besuche abstatten wollte.[88] Die Flugroute

---

84. Am Vortag zu den Wahlen wurde während einer Wahlkampfveranstaltung ein Attentat auf den amtierenden Präsidenten und Präsidentschaftskandidaten Chen verübt. Am Folgetag gewann er die Wahl hauchdünn vor seinem KMT-Kontrahenten. Seither wirft ihm die Opposition Wahlbetrug vor und lässt seine Politik fast vollständig durch das Parlament blockieren.
85. *Taiwan Affairs Office of the State Council* vom 14.03.2005. Die drei Bedingungen (kurz): wenn sezessionistische Kräfte auf Taiwan vorhanden sind, bei grösseren Tatbeständen in Verbindung mit Sezessionskräften und wenn friedliche Mittel zur Wiedervereinigung erschöpft sind.
86. Im Mai 2005 besuchte der Parteivorsitzende der People First Party (PFP) und Oppositionspolitiker James Soong China und traf sich in Beijing mit Hu Jintao. Bereits einige Wochen zuvor traf sich der KMT-Parteivorsitzende Lian Zhan mit KPC-Führer und Staatspräsident Hu, als erster taiwanesischer Politiker überhaupt seit der Abspaltung Taiwans vom Festland 1949.
87. Gemäss Angaben in taiwanesischen Zeitungen haben offizielle Umfragen und Hochrechnungen ergeben, dass rund 80 % der Bevölkerung den Status quo in der Taiwan-Strasse beibehalten möchten. Vgl. unter anderem Taipei Times und das Positionspapier Chen Shuibians zur Aufhebung des „Nationalen Wiedervereinigungsrates" und dessen Richtlinien im März 2006.
88. Chen besuchte unter anderem Länder wie Costa Rica und Paraguay.

sollte ihn über Kalifornien führen, wofür er Lande- und Aufenthaltsbewilligungen seitens der USA benötigte. Auf Druck Beijings willigte die Regierung in Washington jedoch ein, dem Präsidenten diese Bewilligungen nicht zu erteilen. In der Heimat kam dies für Chen einem Gesichtverlust gleich, der sich trotz Unkenrufen von Politikern und Bevölkerung nicht abbringen liess und den bedeutend längeren Weg über Europa unternahm. Kritiker meinten zynisch, dass dies wohl eine direkte Antwort Washingtons auf die Politik Chens sei und man es sich mit dem wichtigsten Freund eben nicht verscherzen dürfe. Vor allem die Auflösung des „Nationalen Wiedervereinigungsrates" und dessen Richtlinien waren Beijing und Washington ein Dorn im Auge. Im Frühsommer 2006 erlebte Chen innenpolitisch eine seiner grössten Krisen, als sein Schwiegersohn Zhao Jianming wegen Insiderhandels verhaftet wurde. Bereits in der Vergangenheit wurde Chens Name gleich mehrmals mit Korruption in Verbindung gebracht. Wegen dieser für die DPP rufschädigenden Ereignisse distanzierten sich immer mehr Parteifreunde vom Präsidenten, denn viele befürchteten einen massiven Popularitätsverlust in der Bevölkerung. Die KMT liess sich die Gelegenheit nicht nehmen und startete politische Hetzkampagnen gegen ihn. Im Hintergrund jedoch hielt sich der KMT-Führer Ma Ying-jiu, der sich vordergründig aus dieser politischen Schlammschlacht heraushalten wollte. Er galt für die im Jahr darauf stattfindenden Präsidentschaftswahlen als aussichtsreichster Kandidat, vor allem nachdem die DPP enorm an Glaubwürdigkeit eingebüsst hatte. Im September 2006 gingen Zehntausende Menschen auf die Strassen Taipeis und forderten Chens Rücktritt. Der Druck wurde noch grösser, als kurz darauf rund eine Million Unterschriften für seine Absetzung gesammelt wurden. Es drohte ihm ein Amtsenthebungsverfahren, dem er aber zuvorkam. Er verzichtete auf die weitere Machtausübung und gab seine Amtsgeschäfte weiter.

Am 20. Mai 2008 wurde Ma Ying-jeou als Vorsitzender der KMT zum Präsidenten von Taiwan mit einer klaren Mehrheit von 58.6 % gewählt. Während seiner Inaugurationsrede versicherte er dem taiwanesischen Volk, dass es während seiner Amtszeit zu keiner Wiedervereinigung, keiner Abhängigkeit und zu keinem Krieg mit China käme. Allerdings ist der Schwerpunkt seiner politischen Agenda stark auf einen wirtschaftlichen Wiederaufschwung des Landes ausgerichtet, wodurch er Kooperationen und Zusammenarbeit mit China stets gefördert hat und ihm harsche Kritik entgegenwehte. Tatsächlich sind die Beziehungen zwischen

China und Taiwan derzeit auf einem Höhepunkt mit der Lancierung direkter Flugverbindungen, erleichterten Einreise- und Investitionsbestimmungen, erhöhten Handelsvolumen sowie effizienteren Lebensmittelkontrollen.[89]

Die „schleichende Wiedervereinigung", wie Oppositionsgegner die Politik Mas oftmals charakterisieren, hat mehrmals für friedliche und gewaltsame Aufstände und Demonstrationen in der Bevölkerung gesorgt. 2012 wurde Ma allerdings erneut mit einer Mehrheit von 51.5 % der Stimmen gewählt. Taiwans Wirtschaft hat in der Zwischenzeit erneut signifikant Fuss gefasst, mitunter auch wegen des florierenden Tourismussektors, welcher beträchtlich von der chinesischen Nachfrage profitiert, und von der Regierung umgesetzter Finanzspritzen in Milliardenhöhe.[90]

---

89. Glaser 2010.
90. Siehe *Central Election Commission* und *CSSTA* (vgl. Abkürzungsverzeichnis).

3

Methode der Szenarioplanung

Die Szenarioplanung oder -technik (*engl. Scenario Planning*)[1] ist ein methodologisches Verfahren der strategischen Planung in Politik und Wirtschaft, welches zur Herleitung und Analyse von möglichen Zukunftsszenarien verwendet wird. Ursprünglich aus der Militärstrategie heraus entstanden sollen Eventualereignisse, durch eine von Theorien losgelöste Aneinanderreihung von hypothetischen Folgen und einem kausalen Prozess unterliegend, dargestellt werden.[2] In den 1960er-Jahren bekam die Szenarioplanung vor allem in den USA einen entscheidenden Schub unter Herman Khan.[3] Ihm wird unter anderem die Erfindung des Begriffs „Szenariotechnik" zugeordnet.[4] Gemäss Khan ist ein Szenario „eine hypothetische Sequenz von Ereignissen, die für die Ausarbeitung von Kausalprozessen und Entscheidungspunkte wichtig ist". Oder, um es mit den Worten des altgriechischen Feldherrn Perikles zu formulieren:[5]

---

1. Kahn/Wiener 1967.
2. Der Begriff „Strategie" innerhalb der Militärwissenschaften wurde von Carl von Clausewitz weiterentwickelt und letztlich als Bestandteil der Politik sowie der Wirtschaft angesehen. Später wurde der Strategiebegriff in die mathematische Spieltheorie durch John von Neumann und Oskar Morgenstern ebenfalls mit Militär- und Wirtschaftsstrategien vermehrt in Zusammenhang gebracht. Vgl. auch Staehle 1999.
3. Kahn 1967.
4. Uerz 2006: 285.
5. Popp 2012: 2/11 ff.

„Es kommt nicht darauf an, die Zukunft vorherzusagen, sondern auf die Zukunft vorbereitet zu sein."

Die Szenariotechnik versucht, Extremszenarios *(best case/worst case)* unter Berücksichtigung des Trendszenarios – typisches zu erwartendes Szenario als Bezugspunkt – zu analysieren. Die Idee der Szenarioplanung ist es, eine Auswahl von Perspektiven auszuloten, welche verschiedene Varianten und Alternativen ermöglichen. Dabei sind kreatives Denken und Imagination wichtige Elemente dieser Vorgehensweise.[6] Der Anwendungsbereich der Szenariotechnik erstreckt sich von ökonomischen, gesellschaftlichen zu politischen und militärstrategischen Fragestellungen über ziemlich alle Disziplinen und Forschungsfelder hinweg.[7]

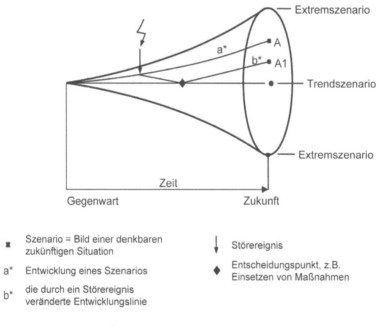

Abbildung 5: Szenariotrichter[8]

Die folgende Arbeit wird die Szenariotechnik anwenden, die sich in vier Hauptphasen einteilen lässt: Aufgaben- und Problemanalyse, Einfluss-

---

6. Chermak 2005: 59 ff.
7. Stahel 1973.
8. Geschka, Hammer 2005: 468.

analyse, Trendprojektion und Ermittlung von Szenarien und abschliessend Bewertung und Interpretation.[9]

In der Aufgaben- und Problemanalyse (Phase I) geht es darum, den Untersuchungs-gegenstand zu beschreiben, um anschliessend veschiedene Faktoren (Deskriptionen) zu definieren, die den zu untersuchenden Gegenstand anhand einer Leitfrage bestimmen und beeinflussen können. Ziel ist es, eine detaillierte Beschreibung zu erhalten, um eine mögliche, gruppierte Faktorenliste zusammenstellen zu können.

In der Phase II, der Einflussanalyse, gilt es, die Wechselwirkung der einzelnen Faktoren zu erörtern. Als Teilkonzept des vernetzten Denkens zu verstehen, resultiert aus der Gegenüberstellung der Faktoren eine Einflussmatrix (Einflussstärke/Beeinflussbarkeit), die schematisch eingeteilt werden kann. Anschliessend sollen sich ähnlich verhaltende Deskriptionen gebündelt werden, um die Faktoren auf eine anwendbare Anzahl zu reduzieren.

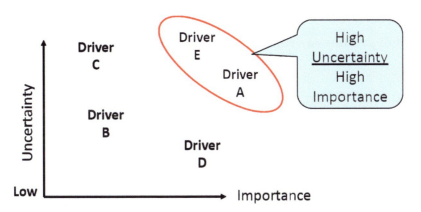

Abbildung 6: Identifizierung von „Critical Uncertainties/High Importance" [10]

In der Trendprojektion oder der eigentlichen Szenarioherleitung (Phase III) werden die Entwicklungsmöglichkeiten (-potenziale) respektive der Wahrscheinlichkeitsgrad der einzelnen Faktoren bewertet. Hierbei gilt es, zum Beispiel anhand eines Koordinatensystems, kritische Ungewissheiten *(critical uncertainties)* und deren Wichtigkeit (Tragweite) mit Bezug auf den Ausgang möglicher Szenarien durchzuspielen. Wie erwähnt, gilt

---

9. Die Szenariotechnik wird in der Fachliteratur in verschiedene Phasen eingeteilt. Dabei gibt es unterschiedliche, sogenannte Phasenmodelle, die sich voneinander nur unwesentlich unterscheiden. Vgl. dazu Fink/Siebe 2011, Wilms 2006, *Strafor* 13.03.2015.
10. Vgl. *FLCA*.

es hierbei nicht, den allgemeinen Trends zu folgen, sondern den weniger offensichtlichen Entwicklungen innerhalb des zu untersuchenden Gegenstands nachzugehen.

Der letzte Schritt, die Bewertung und Interpretation (Phase IV), soll die anhand der in Phase III hergeleiteten Szenarien ausfomulieren deren Auswirkungen interpretieren und analysieren. Wie erwähnt, das Ziel ist keine Beschreibung der Zukunft, sondern es sollen potenzielle, aber unerwartete Entwicklungen aufgezeigt werden.

Die Vor- und Nachteile, welche die Szenarioplanung mit sich bringen kann, sind:[11]

+	Aktive und dynamische Auseinandersetzung mit Unsicherheiten und Wahrscheinlichkeiten, Früherkennung potenzieller Gefahren sowie möglicher Trendbrüche oder Störereignisse sowie Entwicklung von Präventiv- und Reaktivmassnahmen innerhalb der strategischen Planung auf der Grundlage der Szenarien;
+	Erfassung der Problemstruktur in ihren vielschichtigen Interdependenzen und Wirkungszusammenhängen durch eine multikontextuelle und multidimensionale Betrachtungsweise;
+	Bewertung politischer Konsequenzen durch die Erhöhung von Transparenz in hochkomplexen Systemen, ausgewogene und vertiefte Wissensfundierung, Erhöhung der Beurteilungs- und Bewertungskompetenz, Einbezug von quantitativen und qualitativen Daten sowie Ausgestaltung eines Frühwarnsystems sowie Flexibilität der Methode sind kontextabhängig.
–	Subjektive Einschätzungen und Meinungen der am Szenarioprozess beteiligten Akteure sowie Input-Informationen und Einflussfaktoren sind erfolgskritisch;
–	Qualität der Ergebnisse von Szenarioanalysen hängt von der Fähigkeit zu vernetztem Denken, vom eingesetzten Instrumentarium und den eingesetzten Techniken ab;
–	Akzeptanzprobleme, wenn Entscheidungsträger nicht an der Szenarioplanung beteiligt sind; andererseits kann die Beteiligung der Entscheidungsträger aber auch hinderlich sein, da sie die Szenarien beeinflussen respektive vorbestimmen wollen;
–	Zu hohe Erwartungshaltung sowie Volatilität als Herausforderung für die strategische Planung.

---

11. Nach Mietzner 2009, Meissner/Wulf 2012.

4

Anwendung der Szenarioplanung in der Taiwan-Frage

4.1. Beschreibung der Taiwan-Frage

4.1.1. Weltordnung im Wandel

Nach dem Ende des Kalten Krieges und der bipolaren Weltordnung 1991 erfuhr die internationale Politik eine Neuorientierung.[1] Für die USA, die letzte verbliebene Weltmacht, war dies gleichbedeutend mit einem strukturellen Wandel und einer Anpassung ihrer internationalen Strategie, die durch eine Reihe von Nebenschauplätzen den Aufstieg zur Supermacht begünstigten.[2] Die Auflösung der Sowjetunion, das Ende des japanischen Wirtschaftswunders, die Unterzeichnung der Maastrichter Verträge – gleichbedeutend mit der Gründung der Europäischen Union

---

1. Hoffmann 1990/91.
2. Für Zbigniew Brzezinski – ehemaliger Berater der US-Präsidenten Lyndon B. Johnson und Jimmy Carter – waren die USA nach wie vor der einzige Staat, der in allen wichtigen Bereichen eine führende Position einnahm und weltweit unangefochten blieb. Brzezinski 1997 und Schwarz 1999. Vgl. auch Prof. Albert A. Stahel, Militär- und Strategieexperte, Dozent für Stategische Studien an ETH Zürich und der Universität Zürich und Leiter des Institutes für Strategische Studien (Wädenswil). Stahel hat zahlreiche Werke, Analysen und Studien zur Globalstrategie der USA, aber auch zu geostrategisch wichtigen Schauplätzen im Nahen und Mittleren Osten veröffentlicht, vgl. u. a. Stahel 2006, 2004.

(EU) – sowie die Invasion Kuweits durch den Irak kreierten optimale Bedingungen für die USA, um ihren globalen Einfluss entscheidend auszuweiten.[3]

Drei Faktoren prägten die Periode nach dem Kalten Krieg: die ausgebaute *Machtposition der USA* hin zum alleinigen globalen Hegemon, die *Transformation Europas* zu einer bedeutenden Wirtschaftsunion und der sich abzeichnende *Aufstieg Chinas* zum Wachstumsantreiber für die globale Wirtschaft. Dabei wird die Phase nach 1991 durch das einschneidende Ereignis von 9/11 in zwei Abschnitte geteilt. In der ersten Phase assoziierte die internationale Gemeinschaft die USA mit politischer und militärischer Dominanz, wofür das Beispiel der Intervention im Ersten Irakkrieg sinnbildlich stand. Das Land im Persischen Golf wurde damals mit massiven UN-Wirtschaftssaktionen belegt, was den Staatshaushalt und die vom erdölabhängige wirtschaftliche Entwicklung empfindlich beeinträchtigte.[4] In den folgenden Jahren verlor das Konzept von *hard power* für die US-Regierung an Relevanz, da es an ernst zu nehmenden Rivalen mangelte und sich daher der Fokus vermehrt auf die Wirtschaft verschob. Während Nuklearmächte wie Russland, Grossbritannien und Frankreich versuchten die militärische Lücke zu den USA zu schliessen, konzentrierten sich Japan und Deutschland, aus einer historisch bedingten Sicht, hauptsächlich auf politisch-ökonomische Herausforderungen, die sich einerseits aus einer sich abkühlenden japanischen Wirschaft und andererseits aus der unerwarteten deutschen Wiedervereinigung ergaben.[5]

Die zweite Phase wurde durch die Anschläge in den USA vom 11. September 2011 eingeläutet. Dieses Ereignis führte zu einem plötzlichen und radikalen Umdenken in der US-amerikanischen Aussenpolitik. Die USA, nach wie vor die dominierende Weltmacht, sah sich einer unverhofften Bedrohung ausgesetzt und besinnte sich gezwungenermassen auf die Macht des Militärs zurück. Der Terrorismus wurde zum neuen Feind erklärt und an der Umgestaltung der islamischen Welt die weltweite Stabilität und die eigene Vormachtstellung aufgehängt. Nach dem Motto: die militärischen Mittel heiligen den Zweck der eigenen Sicherheit und Interessen.[6] Anfangs noch mit einem UN-Mandat und mit grossem Rückhalt und Solidarität aus der Weltgemeinschaft ausgestattet, marschierten 2001 US-Truppen in Afghanistan ein. Die Anfangseuphorie verflog bald und machte Platz für die allgemeine Ernüchterung darüber, was die wahren Absichten der USA hinter dem Angriff auf

---

3. Scobell 2000.
4. Dobbins et al. 2003.
5. Friedman 2013, Keohane/Nye 1998.
6. Vgl. *The White House* 2002.

Irak im Jahr 2003 waren. Denn wie sich kurz darauf herausstellte, waren die Bedenken innerhalb der Vereinten Nationen begründet, dass der Einmarsch auf durch den US-Geheimdienst manipulierten Informationen und Berichten beruhte. Die Aktion wurde ohne Legitimation des UN-Sicherheitsrates durchgeführt. Alte Allianzen – wie mit der EU – litten schwer unter dem Alleingang der USA, weil er gegen den gemeinsamen Konsens des Völkerrechts verstiess. Doch nach mehrjährigen Interventionen sowohl in Afghanistan und dem Irak, und mit dem Abgang des US-Präsidenten George W. Bush, waren sich die meisten Experten einig, dass das Ergebnis in einem *imperial overstretch* endete oder wie Harvard-Professor Niall Ferguson es auch formulierte: „manifestly overstreched".[7] Seit dem Einmarsch der USA in Afghanistan und Irak sind beinahe 15 Jahre vergangen und aus den Fehlern scheint man gelernt zu haben. Der materielle und immaterielle Preis eines Unilateralismus ist sogar für einen Staat wie die USA mittel- bis langfristig ein zu hoher. Zudem hat die internationale Reputation sowie Glaubwürdigkeit der Regierung in Washington stark darunter gelitten. Schätzungen zufolge werden sich die Gesamtkosten auf rund 4–6 Billionen US-Dollar belaufen.[8]

Im Gegenzug verstand sich die EU in erster Linie als eine Union mit wirtschaftlichen Interessen. Basierend auf einer eigenen Währung war es das Ziel, die politische Einheit durch geografische Expansion in den Osten zu untermauern. Man wollte wirtschaftliche Integration mit einem übergeordneten Souverän bei gleichzeitiger grosser politischer Eigenständigkeit ihrer einzelnen Mitglieder. Es stellte sich heraus, dass der Spagat nicht zu vollziehen war und die EU heute vor grossen politischen und wirtschaftlichen Herausforderungen steht. Die EU ist wirtschaftlich gespalten in ökonomisch florierende Länder mit tiefer Arbeitslosigkeit, wie Deutschland oder Luxemburg, und in Verlierer der ursprünglichen Idee eines vereinten und starken Europas.[9] Die Ambition der EU-Führung, hauptsächlich getrieben von Deutschland und zeitweise Frankreich, scheint die Gewährleistung eines EU-Zusammenhalts zur Wahrung der eigenen Wirtschafts- und Handelsinteressen zu sein. Die grösste Sorge ist ein möglicher wirtschaftlicher oder sogar politischer Kollaps. Die weltweite Finanzkrise, welche ausgehend aus den USA auch Europa heimsuchte, offenbarte grundlegende Schwächen der EU.

---

7. Ferguson 2005. Nach Paul Kennedy (Kennedy 1987) ist der „imperial overstretch" eine geografische, ökonomische oder militärische Überbeanspruchung/-dehnung vitaler Ressourcen eines Landes, die über eine Erschöpfung der Mittel letztlich zu einem stetigen Abstieg bis hin zum totalen Absturz des Landes führt.
8. Bilmes 2013.
9. Friedman 2013.

Ein europäisches Land nach dem anderen kam einer Staatsinsolvenz bedrohlich nahe, wie Griechenland, Irland oder Spanien, und mit Island auch ein bis dato als finanziell solide geglaubter Staat. Die politische Krise liess nicht lange auf sich warten, denn trotz grosszügiger Rettungspakete und tiefgreifender Sparmassnahmen innerhalb der Europäischen Union hängt das mögliche Ausscheiden von Mitgliedern weiterhin wie ein Damoklesschwert über der EU. Nachdem der wirtschaftliche und politische viel diskutierte aber weniger präkere „Grexit" (der Austritt Griechenlands aus der EU) mittlerweile vom Tisch zu sein scheint, wird in Brüssel nun über einen möglichen Austritt Grossbritanniens spekuliert (Stand 2015). Die massiven wirtschaftlichen Konsequenzen und Implikationen wären nur ein Teil der Herausforderungen, mit denen die EU zu kämpfen hätte. Die vor allem politische Signalwirkung, welche an die Adresse weiterer Mitglieder gesendet würde, könnte eine verheerende Kettenreaktion auslösen. Hinzu kommt, dass die seit dem Syrienkrieg losgetretene Flüchtlingswelle aus dem Mittleren Osten die EU zudem vor weiteren nicht abschätzbaren Herausforderungen stellt. Die Souveränitätsansprüche vieler EU-Mitglieder, allen voran Ungarn, lassen in Europa altbekannte autoritäre und nationalistische Tendenzen wieder aufleben.[10]

Chinas enormer wirtschaftlicher Aufstieg zu einer Wirtschaftsmacht[11] und zu einer regionalen Militärmacht in Ostasien und der Pazifikregion hat in den letzten Jahren Auswirkungen auf die USA und asiatische Nationen gehabt. Trotz des rasanten Aufstiegs Chinas sieht sich Beijing mit bestehenden und neuen Herausforderungen konfrontiert. Das jährliche Wachstum hat in den letzten Jahren abgenommen. Viele Experten haben argumentiert, dass Beijing die sehr hohen Wachstumsraten von über 10 % auf die Dauer nicht halten könne.[12] Und in der Tat hat sich das Wachstum Chinas von rund 10.2 % im 1. Quartal 2011 auf erstmals unter 7 % im 3. Quartal 2015 bewegt, die tiefste Rate seit 25 Jahren.

Die Ursachen sind vielfältig und reichen von erhöhter Verschuldung und tieferen Warenpreisen hin zu einer möglichen Immobilienblase und nervösen Börsenmärkten. Ein weiterer Grund sind die über die letzten Jahre gestiegenen Löhne, welche die Produktion von Gütern verteuert und die Gewinnmargen geschmälert haben. Die Gehälter sind in den ver-

---

10. Ebd.
11. Yueh 2013.
12. Friedman 2013.

gangenen 15 Jahren jährlich um über 10 % gestiegen, im Schnitt von rund USD 150 im Jahr 2001 auf USD 650 im Jahr 2014. Diese Entwicklung hat bereits einige westliche Firmen dazu bewegt, sich nach neuen Produktionsstätten in Südostasien umzuschauen, wo die Saläre tiefer sind, wie zum Beispiel in Indonesien, Thailand oder den Philippinen.[13] Diese Gefahr hat die chinesische Regierung erkannt und sie versucht vor allem die Produktionslöhne künstlich tief zu halten. Auf die Dauer ist sich die Regierung in Beijing jedoch bewusst, dass die Wirtschaft vom sekundären in den tertiären und quartiären Sektor verlagert werden muss.[14]

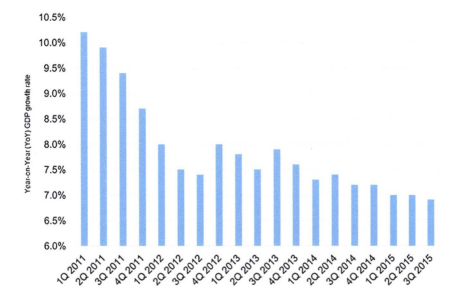

Abbildung 7: Chinas Wachstum gemessen am BIP von 2011–2015[15]

Nichtsdestotrotz ist China, nach den USA, mittlerweile die zweitgrösste Wirtschaft gemessen am nominalen BIP mit einem Gesamtvolumen von 11.3 Billionen US-Dollar.[16]

***

13. Jiaxing/Yangon 2015.
14. Vgl. Bell 2015 und *China Labour Bulletin* 04.08.2015.
15. *National Bureau of Statistics of China 2015*. Chinesische Provinzregierungen haben über Jahre die Wachstumsstatistiken beschönigt, was wiederum die Zentralregierung vor Herausforderungen stellt, wenn es darum geht, akurate Zahlen abzugeben und adäquate Massnahmen einführen.
16. Der nominale BIP der USA liegt bei 18.5 Billionen US-Dollar. Gemessen an der Kaufkraftparität (KKP) ist China jedoch seit 2013 vor den USA auf Rang eins platziert. Vgl. „The World's Top 10 Economies" auf *Investopia Academy*.

Zusammenfassend kann gesagt werden, dass die Vormachtstellung der USA nicht bloss eine seit dem Ende des Kalten Krieges angestrebte Position ist, die rein zufällig aus dem Zusammenspiel verschiedenster Faktoren entstanden ist. Vielmehr verbirgt sich dahinter eine Strategie, die langfristig den Status quo der amerikanischen Vormachtstellung in der Welt festigen soll und die ihren Ursprung in der Monroe-Doktrin von 1823 hat, wonach sich die USA vom Einfluss Europas lossagte und zum regionalen Hegemon in der westlichen Hemisphäre, und zum ersten regionalen Hegemon überhaupt emporschoss.[17] Obwohl die USA in der jüngsten Vergangenheit mehrere Herausforderungen zu meistern hatten, präsentiert sich das Land gestärkt und nach wie vor politisch, militärisch und wirtschatlich dominant. Die wirtschaftliche Überlegenheit der USA – mit einem nominalen BIP von umgerechnet 18.5 Billionen USD – zeigt sich vor allem in der Hightechindustrie und im Dienstleistungssektor, wie zum Beispiel in der Raum- und Luftfahrt, Bio- und Nanotechnologie, Telekommunikation und Informationstechnologie sowie in der Finanzbranche. Aus dieser Dominanz heraus ergeben sich, im Zeitalter der Information und globalen Vernetzung, entscheidende Vorteile hinsichtlich der Produktivität, die auf einer fortschrittlichen Entwicklung, einer effizienten Verwendung von innovativen Technologien beruht.[18]

Aber auch die kulturelle Komponente, der wohl am meisten unterschätzte der vier Machtbereiche, trägt am Erfolgsmodell der USA bei.[19] Die USA ist in Sachen Kultur Exportweltmeister. Die meisten Produkte der USA sind aus dem Alltag gar nicht mehr wegzudenken. Jugendliche sind dabei oftmals das Ziel von Werbespots vieler US-amerikanischen Unternehmen, wie zum Beispiel Apple, Coca Cola, Nike oder Mc Donalds, die persönliche Freiheit, Erfüllung, Freude und Spass am Leben mit ihren Produkten in Verbindung bringen. Dabei gilt der „American way of life" als ein über allen Dingen schwebender Grundsatz, der implizit US-amerikanische Werte wie Demokratie, Mobilität und Offenheit suggeriert.[20] Demokratie ist der zentrale Leitgedanke, den die US-amerikanische Aussenpolitik als eines der wichtigsten Erschliessungsinstrumente für neue Märkte verfolgt und der den Zugang zu neuen Gesellschaften und Völkern gewähren soll.[21] Die wachsende Abhängigkeit und

---

17. Vgl. John Mearsheimer am CIPS, University of Ottawa 17.10.2012.
18. Schwarz 1999: 24–28.
19. Brzezinski 1997: 26 ff.
20. Ikenberry/Kupchan 1990a: 52.
21. Ebd.: 54.

die Vernetzung haben jedoch den Wettbewerb verschärft, auch wenn die grössten Kontrahenten vor eigenen Herausforderungen stehen.

Die Ordnung in der Welt hat sich seit dem Ende des Kalten Krieges nicht verändert. Russland ist aus der Versenkung wieder aufgetaucht und strebt wieder nach Einfluss in den ehemaligen Sowjetstaaten, wie das Beispiel in der Krimkrise und Annexion zeigt.[22] Die EU kämpft mit sich selbst und letzlich um ihre Existenz, da eine erhöhte Gefahr einer politischen Fragmentierung besteht. Einzig China scheint sich zu einem potenziellen Konkurrenten zu entwickeln. Während China sich militärisch aufgrund seiner wirtschaftlichen Substanz modernisiert, werden die nationalen und internationalen Interessen immer gezielter verfolgt. Wichtige Elemente sind dabei Beijings Kooperations- und Kompromissbereitschaft mit seinen unmittelbaren und mittelbaren Nachbarn in einem Kontext, wo die USA weiterhin die alleinige Weltmacht (*superpower*) sind und diese Position in Zukunft verteidigen werden.[23] Es scheint darauf hinauszulaufen, dass das Schicksal dieser beiden Kontrahenten in den kommenden Jahren jedoch noch mehr voneinander abhängen wird und dass vor allem die Regionen Ost- und Südostasien, inklusive Pazifik und Indischer Ozean, die Bühne für das nächste Kapitel des 21. Jahrhunderts liefern werden.

4.1.2. Asien im Mittelpunkt des Interesses und Bedeutung für Chinas Zukunft

> *„There is an ongoing 'power-shift' from west to east as the world will have to face the next tsunami [...], three out of the four largest economies [China, Japan and India] will be in Asia by 2050. It is actually the return of Asia."*
> — *Kishore Mahbubani* —[24]

Asien hat in den letzten rund 20–30 Jahren eine äusserst rasante Integration in die Weltwirtschaft erfahren und ist jährlich mit rund 6 % gewachsen.[25] Gleich mehrere Staaten haben einen beeindruckenden wirtschaftli-

---

22. *International Business Times* 15.07.2015.
23. Friedman 2013.
24. Vgl. Kishore Mahbubani am St. Gallen Symposium, 8. Mai 2010.
25. Mit Blick auf die Taiwan-Frage wird der Fokus in der Folge nicht ausschliesslich, aber hauptsächlich auf die Region Ost- und Südostasien (Asien – Pazifik) und teils auf Südasien (Indischer Ozean) gelegt, wenn von Asien die Rede ist.

chen Aufschwung aufzuweisen und teils zur Gruppe der führenden Wirtschaftsnationen aufgeschlossen. Mittlerweile zählen mit China, Japan, Indien, Südkorea, Indonesien, Saudi-Arabien, Taiwan, Iran und Thailand bereits neun Länder zu den 30 wirtschaftlich grössten Staaten weltweit. Davon sind zurzeit acht in den G20 vertreten.[26] Im regionalen Vergleich nimmt der asiatische Anteil am weltweiten Gesamtexport (31.5 %) und Import (31.8 %) knapp hinter Europa den zweiten Rang ein. Eine klare Aufwärtstendenz zugunsten Asiens, und vor allem auf Kosten Europas, ist zu erkennen, welches seine Anteile am Welthandel seit den 1980er-Jahren fast verdoppelt hat. Asien ist nicht nur für Europa zu einer der wichtigsten Wirtschaftsregionen aufgestiegen, sondern für alle anderen Kontinente gleichermassen. Diese wirtschaftliche Transformation innerhalb dieser Region hat einen beachtlichen Beitrag zur sozialen Entwicklung geleistet und zum Beispiel die Armut verringert, die Bildung gefördert, die Gesundheitssituation für viele Teile der Bevölkerung verbessert und den Wohlstand angehoben.[27]

Des Weiteren wird Innovation zunehmend mit dem Fernen Osten in Verbindung gebracht. Es vergeht kaum ein Tag ohne Gebrauch von in Asien produzierten Produkten und mittlerweile auch konzipierten Technologien, wie Autos, Smartphones, Biotechnologien, kommerzielle Satelliten oder Nutzung von erneuerbaren Energien. Diese erhöhte Verflechtung und Interdependenz bedeutet auch, dass Asien andere Regionen der Erde stärker beeinflusst als zuvor und umgekehrt.[28] Gemäss Anoop Singh, Chefökonom beim IWF, „[…] is Asia set to become an increasingly important engine of growth in the future even as it [has lead] the world out of the worst recession in over half a century".[29]

Und tatsächlich, nach der Finanzkrise 2008/09 erfuhr die Wirtschaft in der Region einen herben Rückschlag ausgehend vom Epizentrum in den USA, welches sich über Europa ausweitete und auch Asien erreichte. Die hiesigen Märkte reagierten mit bis zu 8 % Verlustpunkten, sehr stark auf die externen Schwankungen, allen voran Japan. Die Versorgungsketten, die Finanzflüsse und der Handel schienen stillzustehen. Jedoch im Gegensatz zu den USA und Europa erholte sich die Region erstaunlich schnell und vermochte rasch wieder grösseres Wachstum zu verzeich-

---

26. Je nach Statistik (IWF, WTO, WBG oder UN) von 2014/15 befinden sich rund 20 Staaten in den Top 50, inklusive Russland, Türkei, Hong Kong und Israel.
27. Vgl. „*International Trade Statistic 2015*" der WTO.
28. Ebd.
29. *Internationaler Währungsfond (IWF)*.

nen. Dabei waren es in erster Linie China, Indien und Indonesien, die mit überdurchschnittlichen Wachstumszahlen aufwarten konnten.

Die besagte Finanzkrise brachte zutage, was vielfach vermutet wurde, dass Asien kein in sich geschlossener Wirtschaftsraum ist, sondern in starker Interdependenz zum restlichen Wirtschaftssystem ist. Der wirtschaftliche Schock von 2008/09 konnte nicht absorbiert werden und forderte seinen Tribut wie in den USA und Europa. Nichtsdestotrotz scheint die Region aus früheren Fehlern gelernt zu haben, vor allem auch aus der Asienkrise 1997, was letztlich schneller über die Finanzkrise hinweg geholfen hat. Vor allem zwei Merkmale lassen eine solche Schlussfolgerung zu: Einerseits haben die von vielen asiatischen Staaten umgesetzten Reformen, wie zum Beispiel verbesserte Rechnungslegungsvorschriften oder regulatorische Praktiken, Beispiele für erfolgreiches Krisenmanagement geliefert. Andererseits sind einige asiatische Staaten finanziell auf soliden Beinen aus der Krise herausgetreten. Aus diesem Grund könnte die Region künftig eine zentrale Rolle übernehmen, wenn es darum geht, finanziell schwächelnde Länder zu unterstützen.[30] Die globalen Kapitalmärkte bleiben jedoch in ihrer Natur sehr komplex und dynamisch und fordern daher eine konstante Überwachung hinsichtlich ihrer Entwicklungen, um tiefgreifende Trends frühzeitig zu erkennen. Solche Trends zeichnen sich vor allem im Bereich der sich verändernden demografischen Strukturen, der aufkommenden Generation der Digital Natives, der Ausbreitung der Sharing Economy und der erhöhten Lokalisierung ab.

Insbesondere die alternde Bevölkerung *(ageing Asia)* wird sich massiv auf wichtige Bereiche wie den künftigen Arbeitsmarkt, die Produktivität, das Gesundheitssystem oder den Staatshaushalt eines Landes auswirken. Es wird erwartet, dass im kommenden Jahrzehnt die Zahl der über 50-jährigen um rund 40 % steigen wird, auf über eine Milliarde Menschen mit einschneidenden Folgen auf die Gesundheitsausgaben.[31] Die Bevölkerungszahlen der asiatischen Staaten bergen trotz allem auch enorm viel Potenzial. Die vitale und dynamische Region weist eine Population von rund 4.3 Milliarden Menschen auf, was etwa 60 % der Weltbevölkerung entspricht. Darunter leben rund 1.4 Milliarden Chinesen und etwa 1.3 Milliarden Inder.

---

30. *Federal Reserve Bank of San Francisco* 13.11.2012.
31. Ebd. Chinas Ein-Kind-Politik trägt zur Überalterung Chinas bei. Die Regierung beschloss kürzlich diese Politik, die seit 1986 in Kraft ist, wieder aufzuheben und ab nächstes Jahr wieder mehr als ein Kind pro Familie zuzulassen.

Abbildung 8: Asiens alternde Gesellschaft[32]

Dies wiederum bedeutet, dass der immense Binnenmarkt, wenn voll ausgeschöpft, sich zum grössten zusammenhängenden Wirtschaftsraum zusammenschliessen könnte. Dazu braucht es künftig weitere regulatorische Reformen wie zum Beispiel im Finanz- und Bankensektor einerseits und andererseits vermehrte internationale Kooperationsformen in Form von bilateralen und multilateralen Freihandelszonen oder Organisationen.

Als Beispiel kann die mittlerweile wichtigste Organisation innerhalb der Region, der Verband der Südostasiatischen Nationen (engl. ASEAN, 1967), herangezogen werden. Was in den 1960er-Jahren unter ASA (Association of South-East Asia, 1961–1967) begann, hat sich in den vergangenen 50 Jahren zu einer umfangreichen multilateralen Organisation transformiert.

---

32. *FSI-Review* 09.04.2015.

Anwendung der Szenarioplanung in der Taiwan-Frage 57

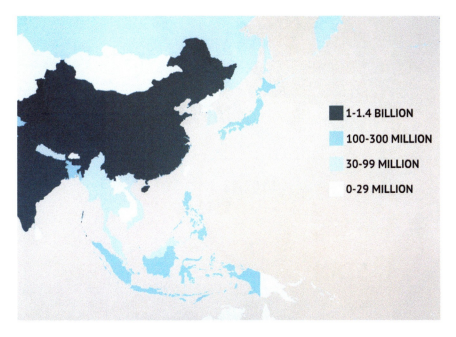

Abbildung 9: Bevölkerung in Ost- und Südostasien[33]

Die zehn Mitgliedstaaten kommen ein Mal pro Jahr zu einem Gipfeltreffen zusammen, um über wirtschaftliche, politische und soziale Zusammenarbeit zu diskutieren. 2009 wurde nach dem Vorbild der EU ein gemeinsamer Wirtschaftsraum erschaffen.

Darüber hinaus gibt es unter dem Schirm der ASEAN weitere Unterorganisationen und Plattformen wie das ARF (Regionales Sicherheitsforum) oder AFTA (Freihandelszone). Aber auch der Kreis der partizipierenden Nichtmitgliedstaaten wurde vergrössert zum Beispiel mit ASEAN 3 (China, Japan und Südkorea) und ASEAN 6 (zusätzlich Australien, Neuseeland und Indien), welches als Basis für die RCEP-Freihandelszone dient, hin zum East Asia Summit, welchem auch Russland und die USA angehören.

33. Vgl. *CSIS*.

Abbildung 10: Überregionale Handelsströme[34]

Gemäss der WTO werden in Asien rund 52 % der exportierten Waren (3.093 Billion USD) innerhalb des asiatischen Binnenmarktes umgesetzt. Nur in Europa wird mit 4.665 Billion USD mehr interregional stärker gehandelt. Das gesamte Handelsvolumen in Asien liegt mit 5.917 Billion USD noch knapp hinter Europa mit 6.810 Billion USD auf den zweiten Rang. Solche wirtschaftliche Interaktionen sollen in den kommenden Jahren anhand von Freihandelszonen, wie zum Beispiel das angesprochene RCEP oder auch TPP, noch weiter intensiviert werden.

Somit ist Asien zu einer der wichtigsten Wirtschaftsregionen der Welt geworden und hat das Potenzial, sowohl Nordamerika und in naher Zukunft auch Europa weit hinter sich zu lassen. Ein Umstand, den sich China künftig zu Nutzen machen will.

---

34. Ebd. Handel zwischen China und ASEAN und China und Japan im Vergleich. ASEAN ist zu einer für China bedeutenden Wirtschaftszone geworden.

Anwendung der Szenarioplanung in der Taiwan-Frage 59

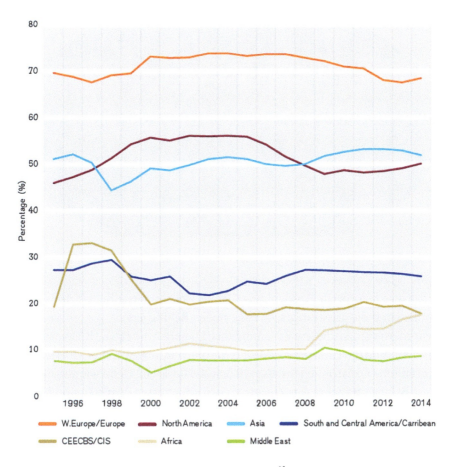

Abbildung 11: Anteil des interregionalen Handels am Gesamthandel[35]

Der wirtschaftliche Aufschwung Asiens hängt stark mit der zentralen Rolle zusammen, welche China in diesem Zusammenhang eingenommen hat. Den Löwenanteil am Aufstieg Asiens macht nämlich China aus, welches zur wichtigsten Wirtschaftsmacht in Asien aufgestiegen ist und im Jahr 2013 der weltweit grösste Güterhändler war.[36]

---

35. Vgl. *„International Trade Statistic 2015"* der WTO.
36. Ebd. sowie *„Jahresberichte"* der WTO 2006–2015.

Abbildung 12: Wichtigste Seerouten und *Chokepoints*[37]

Die grosse territoriale Ausdehnung Chinas, der immense Bedarf nach Ressourcen und die geostrategische Lage stellen Beijing jedoch vor grosse Herausforderungen. In diesem Zusammenhang nehmen die eigene Küstenregion einerseits und das Chinesische Meer (Ost- und Südostasiatisches Meer) sowie der Indische Ozean andererseits eine zentrale Rolle ein. Denn wie aufgezeigt, muss Beijing vermehrt den Zugang zu den wichtigsten Märkten und Häfen im Pazifik und im Indischen Ozean erschliessen, wenn es das Wirtschaftswachstum und den Wohlstand langfristig sichern möchte. Die Kontrolle über die vielbefahrenen Seewege spielt eine wichtige Rolle. Jedoch werden diese von der US-Armee durch sogenannte *Chokepoints* bereits überwacht, ein Umstand, der die Expansionspläne Beijings massiv erschwert. In diesem Kontext steht die Strasse von Malakka – die Meerenge zwischen der malaiischen Halbinsel und der Nordküste Sumatras – als Sinnbild für einen der weltweit wichtigsten *Chokepoints*, welcher den Indischen Ozean mit dem Südchinesischen Meer verbindet. Die Breite beträgt zwischen 50–300 km (die geringste Distanz lediglich 2.8 km) und die Gesamtlänge erstreckt sich auf rund 800 km. Durch dieses Nadelöhr transportieren jährlich etwa 100'000 Schiffe rund einen Viertel der weltweit gehandelten Güter und Waren und rund einen Drittel des gesamten Erdgases. Zudem importiert China rund 77 % seines

---

37. Vgl. *HofstraU*. Abgebildet sind die wichtigsten Seerouten oder SLOC (*sea lines of communication*), welche die maritime Verbindung zwischen Häfen beinhalten, die für Handel, Logistik und Verschiebungen von Seestreitkräften (Marine) genutzt werden.

Erdöls über die Strasse von Malakka und hat in effektiven Tonnen die USA 2015 erstmals überholt.[38]

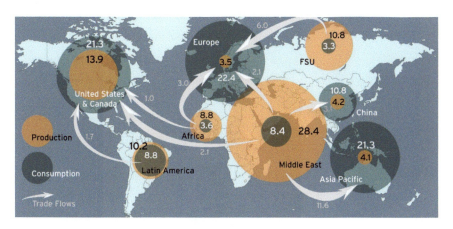

Abbildung 13: Globaler Erdölhandel[39]

Das Südchinesische Meer verdankt seine Bedeutung jedoch nicht nur den für die Region überlebenswichtigen Seehandelsrouten (ca. 50 % der weltweit verschifften Waren und Güter), sondern auch den beträchtlichen Erdöl-, Erdgas- und Erzvorkommen rund um die hart umkämpften Inselgruppen sowie den fischreichen Gebieten. Das Beispiel Vietnam zeigt auf, wie wichtig diese Vorräte für die Wirtschaft sein können. Bereits in den 1970er-Jahren hat Vietnam die Absicht erklärt, die Erdölgewinnung im Südchinesischen Meer anzukurbeln, sodass 2011 der südostasiatische Staat weltweit zum sechstgrössten Rohölproduzenten aufgestiegen ist. Und der Trend zeigt weiter nach oben, denn 2012 hat Hanoi rund 60 Erdgas- und Erdölförderungsverträge mit ausländischen Firmen abgeschlossen. Daraus ist ersichtlich, wie enorm wichtig diese Einnahmequellen sind, machen sie einen grossen Teil des erwirtschafteten BIPs des Landes aus. Dem gegenübergestellt hat China erst 2012 mit der Inbetriebnahme der ersten Ölplattform „Ocean Oil 981" sein Förderprogramm in der Region lanciert. Interessanterweise sind es unter anderem australische und US-Firmen, die Aktienbeteiligungen am chinesischen Projekt aufweisen. Die besagte Plattform wurde 2014 nämlich von der Region südlich von Hong Kong neu in der Nähe der Paracel-Inseln positioniert, ein Gebiet, welches Vietnam für sich beansprucht.[40]

38. Zhang 2011 und *eia* 04.04.2013.
39. Vgl. *The Fuse*.

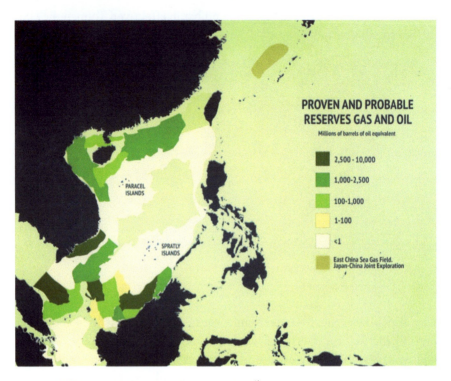

Abbildung 14: Erdgas- und Erdölvorräte im Chinesischen Meer[41]

Will China weiterhin prosperieren, muss es seine Interessen wahren und wenn nötig durchsetzen. Deshalb ist es für Beijing von grösster strategischer Bedeutung, seine exponierte Lage mit allen zur Verfügung stehenden Mitteln zu schützen und, falls nötig, zu verteidigen. Denn das Land sieht sich mit seinen Nachbarn teilweise seit Jahrzehnten in etliche territoriale Dispute verwickelt.

Eine kurze Auflistung einiger der wichtigsten Konflikte im Chinesischen Meer mit chinesischer Beteiligung:

- Südchinesisches Meer: Konflikt u. a. um die Paracel- und Spratly-Inseln[42]

---

40. Die USA als auch Australien nehmen im Südchinesischen Meer eine Anti-China-Position bezüglich Beijings wirtschaftliche und militärische Ambitionen ein. Vgl. auch Abbildung 15 „Chinas 9-Dash-Line" und *cfr* „China's Maritime Disputes".
41. Vgl. *CSIS*.
42. Insgesamt werden sieben Inselgruppen (Pratas, Paracel, Macclesfield, Scarborough, Spratly, Natuna und Anambas) in unterschiedlichen Konstellationen von sieben Staaten (Brunei, China, Indonesien, Malaysia, Philippinen, Taiwan und

- Senkaku/Diaoyu-Inseln: Konfliktpunkt zwischen Japan, China und Taiwan
- Taiwan-Frage: Der andauernde Konflikt zwischen China, Taiwan und USA
- Koreanische Halbinsel: Der Waffenstillstand zwischen Nord- und Südkorea
- Instabilität Nordkoreas: Agressor und Destabilisator in Nordostasien

Die rechtliche Durchsetzung solcher Dispute, wie das angesprochene Beispiel im Südchinesischen Meer, hat vor allem in den letzten 20 Jahren stark zugenommen. Denn die 1994 in Kraft getretenen UNCLOS III-Bestimmungen haben dazu geführt, dass die Anrainerstaaten ihre rechtmässigen Ansprüche mittlerweile in einem geregelten internationalen Kontext geltend machen können.[43]

Der Verlauf der Küstenlinien sowie die teils der Küste vorgelagerten Inseln führen jedoch dazu, dass sich beanspruchte Meereszonen teils massiv überlappen. Ausgehend von einer selbst definierten Basislinie, die sich an der Küstenlinie orientieren soll, ist ein Staat gemäss UNCLOS III ermächtigt, eine imaginäre Linie von bis zu 200 Meilen (370 km) ins offene Meer zu ziehen, welche die Hoheitsgewässer, die Anschlusszone sowie die sogenannte Ausschliessliche Wirtschaftszone (AWZ), oder besser bekannt als „Exclusive Economic Zone" (EEZ), miteinschliesst. Jede dieser Zonen ist mit unterschiedlichen Rechten und Pflichten versehen, die mit zunehmender Distanz zur Basislinie stetig abnehmen, ausgehend von einer uneingeschränkten Souveränität (innerhalb der inneren Gewässer), welche Drittstaaten nicht einmal das Recht der friedlichen Durchfahrt einräumen.

Wo sich die Konflikte vor allem abzeichnen, sind Ansprüche innerhalb der EEZ, die für viele Staaten wirtschaftlich äusserst lukrativ sind und in den strategischen Überlegungen eines angrenzenden Küstenstaates eine zentrale Stellung einnehmen. Diese Zone gewährt begrenzte souveräne Rechte und Hoheitsbefugnisse wie zum Beispiel das Recht zur wirt-

---

Vietnam) beansprucht, ohne Berücksichtigung der Zugangsstrassen wie zum Beispiel Malakka, Singapur oder Luzon, wo es teils weitere Dispute gibt.

43. Mit der fast zehn Jahre andauernden Konferenz der Seerechtsübereinkommen der UN (SRÜ oder in Englisch: UNCLOS III), von 1973–1984 und in Kraft seit 1994, kamen wichtige Bestimmungen zur Anwendung, unter anderem auch die Bestimmung von Meereszonen (Innere Gewässer und ausgehend von einer selbstbestimmten Basislinie auch Küstenmeer/Hoheitsgewässer, Anschlusszone, AWZ (EEZ), Festlandsockel und die hohe See oder internationales Gewässer.

schaftlichen Ausbeutung, einschliesslich des Fischfangs und der nicht lebenden natürlichen Ressourcen im Untergrund des Meeresbodens (Meeresbergbau). Im Rahmen seiner Hoheitsbefugnisse darf der Küstenstaat künstliche Inseln, Anlagen und Bauwerke, wie zum Beispiel Bohrinseln, errichten. In der Realität ist die Anwendung der Bestimmungen jedoch alles andere als einfach, wie die nachfolgende Karte zeigt.

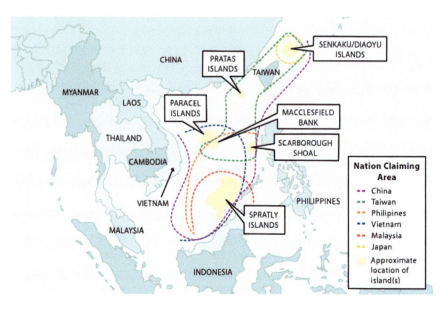

Abbildung 15: Chinas 9-Dash-Line [44]

Im Fokus der Konflikte stehen vor allem die Spratly-Inseln. Diese Inselgruppe besteht grundsätzlich aus 14 kleineren und grösseren Inseln sowie Sandbänken, die von Taiwan (1), den Philippinen (7) und Vietnam (6), teils seit den 1940er-Jahren, besetzt sind. Einige Inseln dienen als Militärbasen für die hiesigen Streitkräfte, von wo aus unter anderem die Schiffsbewegungen kontrolliert werden. Des Weiteren werden aus diesen Besetzungen verschiedenste rechtliche Ansprüche auf die im Meeresboden befindlichen Ressourcen und Fischereigebiete abgeleitet.

---

44. Vgl. *Money Morning*.

Anwendung der Szenarioplanung in der Taiwan-Frage   65

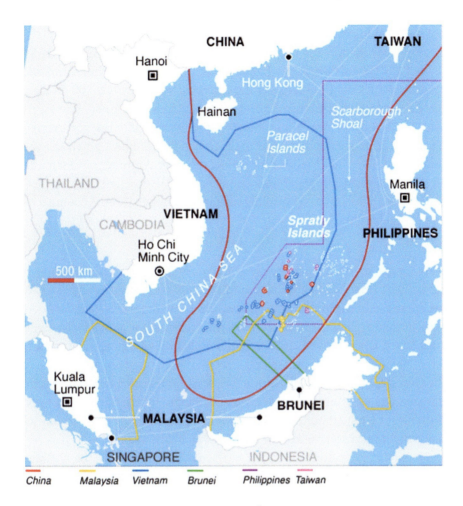

Abbildung 16: Territoriale Dispute im Südchinesischen Meer[45]

Betrachtet man die Abbildung 16, so ist ersichtlich, dass sich der grösste Teil der rechtlich umkämpften Spratly-Inseln innerhalb der durch die UNCLOS III definierten 200 Meilen und innerhalb der durch Beijing beanspruchten 9-Dash-Line (9-D-L) befinden.[46]

---

45. Vgl. *CIA Factbook*.
46. One unique claim is China's 9-Dash-Line, which depicts Beijing's claims in the South China Sea. The map originally contained 11 dashes and was issued by the Nationalist Chinese government in 1947. The Communist government adopted it when it took power in 1949, and later dropped two dashes to allow China and Vietnam to settle their claims in the Gulf of Tonkin. The Nine-Dash Line encompasses much of the South China Sea, but Beijing has not clarified whether it is making territorial claims on the land features inside this line or whether it is asserting maritime rights as well. In 2014, Beijing released a new map that featured an additional 10th dash to the east of Taiwan. Because it predates UNCLOS by several decades, the Nine-Dash Line is unrelated to an EEZ claim.

Der hängige Gerichtsstreit zwischen den Philippinen und China zielt auf diesen Widerspruch ab. Aus philippinischer Sicht sind die Ansprüche Chinas, basierend auf der 9-D-L gemäss internationalem Recht (UNCLOS III) in zweifacher Hinsicht nichtig. Erstens befindet sich die chinesische Küstenlinie jenseits der maximal vereinbarten 200 Meilen, um daraus territoriale Ansprüche geltend machen zu können, und zweitens werden diese Ansprüche nicht nur innerhalb der internationalen Gewässer gemacht, sondern viel mehr in der für die Philippinen erlaubten Nutzung der 200 Meilenzone selbst. Ähnliche Argumentationen und Reaktionen, nicht nur gegenüber chinesischen Ansprüchen, werden gleichermassen von anderen Anrainerstaaten gegenüber ihren Küstennachbarn vorgebracht.

***

Abschliessend soll festgehalten werden, dass die Region aus ökonomischer Sicht eine wichtige Rolle einnimmt, dass vor allem aber auch grosses Potenzial in der Weiterentwicklung des Binnenmarktes liegt. Um diesen voranzutreiben, benötigt es weiterhin vermehrt und verstärkt einen politischen Dialog sowie entsprechende Rahmenbedingungen auf multilateraler Ebene, die Stabilität und Prosperität garantieren können. Wie die Geschichte zeigt, ist die Region gespickt mit territorialen Konflikten, die sich aus den Interessen der verschiedenen Akteure ergeben. Auch hier nimmt China mehr und mehr eine dominante Rolle ein und sendet dabei nicht nur positive Signale an seine Nachbarn aus.

Die einstige Euphorie über den wirtschaftlichen Nutzen, die sich aus einer Partnerschaft mit China ergeben, macht einer allgemeinen Ernüchterung Platz, die mit dem vermehrt selbstbewussteren Auftreten Chinas einhergeht. Denn China braucht die Region, um weiter wachsen zu können. Dabei spielen für China die Regionen Ost- und Südostasien sowie der Pazifik auf der einen und Zentralasien auf der anderen Seite eine zentrale Rolle.

4.1.3. Der Aufstieg Chinas

Der beispiellose wirtschaftliche Aufstieg Chinas hat seinen Ursprung in den marktwirtschaftlichen Reformen unter Deng Xiaoping von 1979. Davor war das Land sehr arm und isoliert. Mit der stetigen, vor allem wirtschaftlichen Öffnung ist China in den vergangenen Jahrzehnten im

Schnitt mit über 10 % gewachsen und hat sich in eine globale Wirschaftsmacht gewandelt: China ist mittlerweile die weltweit grösste Wirtschaft, gemessen an der Kaufkraftparität, der grösste Produzent und Hersteller von Gütern sowie der grösste Warenhändler und besitzt weltweit die grössten Fremdwährungsreserven.[47] Dabei hat die Regierung in Beijing, nach aussen hin, niemals seine kommunistischen Prinzipien aus den Augen verloren und politisch rigoros am Ein-Parteien-System festgehalten, ungeachtet der wirtschaftlichen und politischen Entwicklungen im In- und Ausland. Entgegen der Erwartungen vieler China-Experten geriet das Land zum Beispiel nach den verheerenden Ereignissen auf dem Tiananmen-Platz von 1989 nicht in eine politische Isolation, sondern die chinesische Regierung verstand es vielmehr, die Wirtschaft in der Folge für Investoren weiter zu öffnen.[48] Verstärkt wurde diese Entwicklung 2001 mit dem Beitritt Chinas zur WTO – auf Drängen vieler westlicher Staaten hin, allen voran den USA –, um China den globalen Handelsregeln zu unterwerfen und um es ein Stück berechenbarer zu machen.[49]

Nach fast drei Jahrzehnten ungebrochenen Wachstums erfuhr das Land während der globalen Finanzkrise 2008 jedoch einen Dämpfer und Beijing stand vor ähnlichen ökonomischen Herausforderungen wie der Rest der Welt. Der Aufschwung verlangsamte sich und fiel in der Folge erstmals seit den Reformen auf unter 8 Prozentpunkte. Direktinvestitionen aus dem Ausland (FDI) nahmen ab und Millionen von Chinesen verloren ihre Arbeit. Als Gegenmassnahme sah sich die Regierung daher gezwungen, ein Stimuluspaket von rund 586 Millionen USD in den Wirtschaftskreislauf einzuspeisen, und sie erlaubte den Banken, wieder mehr Kredite zu vergeben, um die Abwärtstendenz zu stoppen und die Wirtschaft wieder anzukurbeln. Als Erfahrung hat gezeigt, dass Beijing sich seither vorgenommen hat, seine Wirtschaft in „normale Bahnen" zu lenken, begleitet von mehr Stabilität und nachhaltigem Wachstum. Wachstumsprognosen sollen künftig nur noch innerhalb einer zu erwartenden prozentualen Bandbreite abgegeben werden.[50]

Im Zusammenhang mit solchen und ähnlichen Kontrollmechanismen, aufgestellt durch die Zentralregierung, behauptete der renommierte China-Experte Arthur Waldron bereits vor rund 20 Jahren – zu einer

47. Morrison et al. 2015.
48. Nathan 2001; Schwarz 1999.
49. Heilmann 2004.
50. Friedman 2013.

Zeit, als der Westen weiterhin die Wirtschaftsreformen Beijings verfolgte und auf Chinas WTO-Beitritt hinarbeitete –, dass sich die chinesische Regierung in naher Zukunft eher in Richtung einer Reversierung ihrer Öffnungspolitik hinbewegen werde.[51] Folgende Trends seit 2012 sollen aufzeigen, dass er nicht ganz falsch liegen sollte:

- Im Rahmen der dritten Plenarsitzung des 18. Parteikongresses der Volksrepublik China im November 2013 veröffentlichte die KPC eine ambitionierte Reformagenda (bis 2020), mit der Absicht, den Zugang für ausländische Investoren weiter auszuweiten, und unterstrich dabei die Wichtigkeit der Marktmechanismen bei der Ressourcenverteilung sowie für das Wirtschaftswachstum. Einen detaillierten Plan haben sie jedoch bis heute nicht vorgestellt. Viele Investoren bleiben daher verunsichert und befürchten, dass sich die gegenwärtige Situation noch verschlimmern wird: diskriminierende Industrie-Policies, undurchsichtige Investitions-genehmigungsverfahren und fehlende probate administrative und rechtliche Rekursregime. Hinzu kommen nach wie vor schwache Durchsetzungsinstrumente und -institutionen im Bereich geistiges Eigentum (IPR), aufgezwungener Transfer von Technologien sowie fehlende Rechtsstaatlichkeit (rule of law).[52]
- Als Xi Jinping im November 2012 die Führung der Kommunistischen Partei Chinas übernahm, kündigte er eine weitreichende Untersuchung an, die seither als Antikorruptionskampagne für neue Schlagzeilen sorgt.Ursprünglich von politisch Aussenstehenden als begrüssenswerte und, für die Glaubwürdigkeit der Partei, längst fällige Reform verstanden, scheint für viele die Aktion mittlerweile mehr und mehr zu einer politischen Hetzkampagne zu verkommen.[53]
- Im März 2013, als Xi zusätzlich das Präsidialamt sowie den Vorsitz der mächtigen Zentralen Militärkommission (ZMK/CMC) einnahm, lancierte er schon bald eine weitere Kampagne, die Ideologiekampagne. Dabei geht es vor allem darum, den Einfluss „westlicher Werte" auf die Gesellschaft, die Studenten und die Institutionen zu verringern.[54]

---

51. Waldron 1997.
52. Vgl. *US Department of State*.
53. *New York Times* 05.12.2012.

- Darüber hinaus rangiert China im „Freedom of Net 2012"-Report der Organisation Freedom House, die globale Trends im Bereich politische Freiheit beobachtet, nach Iran und Kuba (Nordkorea ist nicht auf der Liste) als drittes „most restrictive" Land der Welt bezüglich freien Internetzugangs.[55] Mit weit über 500 Millionen regelmässigen Usern hat das Land die meisten Internetbenutzer, die zusätzlich zu den aktivsten zählen. Dabei passiert die Zensur anhand der „Great Firewall" und des „Golden Shield", ein lokales Überwachungssystem, welches 1998 durch das Ministry of Public Security eingeführt worden ist und seither über 100'000 Internetüberwacher eingestellt hat.[56]

Viele Analysten blasen mittlerweile ins gleiche Horn und betonen, dass im Vergleich zu Jiang Zemin, während den acht Jahre unter Hu Jintao Reformen wesentlich verzögert und in einigen Fällen sogar rückgängig gemacht wurden. Unter Xi scheint sich dieser Trend fortzusetzen.[57]

Der Aufstieg Chinas zu einer globalen Wirtschaftsmacht hat zweifelsohne der Regierung und seiner Bevölkerung ein erhöhtes Selbstvertrauen gegeben, ein Selbstvertrauen und eine Stellung innerhalb der internationalen Gemeinschaft, die Experten dazu veranlasst, von Beijing künftig mehr Verantwortung zu erwarten:[58]

1. China soll das internationale Handelssystems ein- und aufrechterhalten, welches den Aufstieg des Landes erst ermöglicht hat.
2. Beijing muss weitere Wirtschafts- und Handelsreformen umsetzen, damit das Land weiterhin wachsen und sich modernisieren kann. Tiefere Handelsbarrieren würden den Wettbewerb erhöhen, die Konsumentenkosten senken, die Wirtschaft effizienter gestalten und Innovation anspornen.

Dass sich Beijing jedoch freiwillig auf solche Massnahmen einlassen wird, bezweifeln viele, denn aus Sicht der internationalen Organisationen, wie zum Beispiel der WTO, ist die Liste von notwendigen Anpassungen innerhalb der chinesischen Wirtschaft lang und reicht von Reduktion von staatlichen Subventionen und Herabsetzung von Han-

---

54. *Wilson Center* 21.04.2015.
55. Freedom House ist eine US-amerikanische Watchdog-Organisation mit Fokus auf globale Freiheit.
56. *The Economist* 21.04.2013.
57. Reformen werden angekündigt, konkrete Pläne gibt es bisher jedoch keine. Morrison et al. 2015.
58. Ebd.

dels- und Investitionsbarrieren über Aufhebung von diskriminierenden Rahmenbedingungen. So kommt es nicht von ungefähr, dass Washington mit Beijing den U.S.-China Strategic and Economic Dialogue (S&ED) führt, welcher auf oberster Regierungsebene geführt wird und die langfristig wichtigsten wirtschaftlichen Themen und Herausforderungen thematisiert. Die Wichtigkeit dieses Dialogs zeigen folgende Zahlen: China ist zur wichtigsten Wirtschaftsmacht in Asien aufgestiegen und ist seit 2013 der weltweit grösste Güterhändler. Mit einem Gesamtvolumen von 4.159 Billion USD und einem Rekordhandelsüberschuss von 259 Mia. USD, das macht rund 2.8 % des chinesischen BIPs aus, ist China nun vor den USA (3.909 Billion USD), Deutschland (2.642 Billion) und Japan (1.548 Billion) platziert.[59]

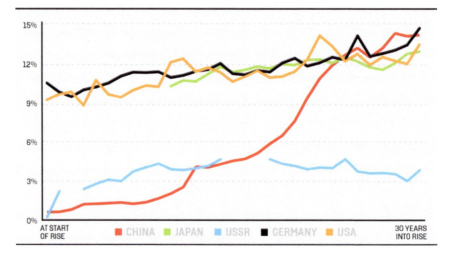

Abbildung 17: Chinas Aufstieg zur Handelsmacht[60]

Mit Blick auf die bilateralen Handelsbeziehungen ist China für die USA mittlerweile der grösste Importeur (460 Mia. USD) und viertgrösstes Exportland (122 Mia. USD) geworden mit einem US-Handelsdefizit von rund 340 Mia. USD pro Jahr.[61] Der nächste S&ED-Dialog ist für Juni 2016 angesetzt.[62]

---

59. Dabei ist Hong Kong nicht mit eingerechnet, welches allein bereits ein Gesamthandelsvolumen von 1.319 Billion USD aufweist sowie Taiwan mit 575 Mia. USD – zum Vergleich die Schweiz mit einem Handelsvolumen von 430 Mia. USD.
60. *Foreign Policy (FP).* Anteile am globalen Handel in den letzten 30 Jahren.
61. Die USA wiederum sind für China der grösste Handelspartner vor Japan, der EU, Hong Kong, Südkorea, Taiwan, Australien, Malaysia, Brasilien und Indien, vgl. *Welthandelsorganisation (WTO).*

Chinas wachsende wirtschaftliche Macht hat es zu einem weltweit unerlässlichen und einflussreichen Akteur geformt, wenn es um Fragen von globaler Bedeutung geht: internationale Wirtschaftskooperationen, Klimawandel, Nichtverbreitung von Kernwaffen oder Eindämmung Nordkoreas als Agressor und möglicher regionaler Destabilisator. China könnte künftig ein wichtiger Faktor zur Umsetzung der US-Interessen werden. Zbigniew Brzezinski, ehemaliger Sicherheitsberater von Lyndon B. Johnson und Jimmy Carter, strich bereits in seinem vielbeachteten Werk *„The Grand Chessboard: American Primacy and its Geostrategic Imperatives"* von 1997 die Wichtigkeit der Beziehungen zwischen Washington und Beijing heraus:

> „A close relationship with maritime Japan is essential for America's global policy, but a cooperative relationship with mainland China is imperative for America's Eurasian geostrategy."

Diese Sichtweise schien der Besuch von Hu Jintao, dem ehemaligen Präsidenten Chinas, im Januar 2011 zu bestätigen, als er und US-Präsident Barack Obama eine gemeinsame Erklärung abgaben über die positiv kooperativen und umfassenden Beziehungen zwischen der USA und China:

> „The United States reiterated that it welcomes a strong, prosperous and successful China that plays a greater role in the world affairs. China welcomes the United States as an Asia-Pacific nation that contributes to peace, stability and prosperity in the region."[63]

Gerade der rasche Wiederaufstieg Chinas zeichnet sich für die USA jedoch zunehmend als künftige Herausforderung ab. Zum Beispiel im 2011 veröffentlichten Weissbuch der chinesischen Regierung zu „China's Peaceful Development" – worin Beijing seine „Kerninteressen" deklariert – wird beschrieben, dass das Land einen friedlichen Weg zur Erreichung folgender Ziele einzuschlagen beabsichtigt:

---

62. Ebd. Die Meinungen unter US-Wirtschaftsexperten, wie Washington künftig mit China in Wirtschaftsfragen umgehen soll, gehen teilweise stark auseinander. Während die eine Seite eine Mischung aus Einbindung wann immer möglich und eine rigorosere Anwendung der WTO-Richtlinien zur Durchsetzung eines fairen Handels verfolgen würden, sehen konservativere Kreise (Hardliner) im Eindämmen Beijings wirtschaftlichem Einfluss gepaart mit Sanktionen (force China to play by the rules), wann immer nötig, den einzigen Weg. Vermehrte Medienberichte über chinesische Cyberangriffe auf US-Firmen zwecks Wirtschaftsspionage heizen die Stimmung weiter an und lassen auch unter der Bevölkerung vermehrt Stimmen laut werden, die ein vehementeres Durchsetzen der US-Interessen gegenüber Beijing fordern.
63. Vgl. Henry Kissinger in *Foreign Affairs* 01.03.2012.

- Staatliche Souveränität
- Nationale Sicherheit
- Territoriale Integrität und nationale Wiedervereinigung
- Chinas politisches System basierend auf der Verfassung und sozialer Stabilität
- Schutzmassnahmen für nachhaltige soziale und wirtschaftliche Entwicklung[64]

Bei der Umsetzung dieses „friedlichen Entwicklungsplans" fühlt sich Beijing von der internationalen Gemeinschaft jedoch missverstanden.[65] Die Gründe liegen, gemäss Experten wie Michael D. Swaine, vor allem in einem selbstbewussteren Auftreten Beijings vor allem gegenüber seinen Nachbarstaaten. Er nennt drei offensichtliche Gründe für Chinas nationalistische Tendenzen:[66]

- Das steigende Selbstbewusstsein des Landes kam unter anderem zum Ausdruck, als die chinesische Regierung vor rund zehn Jahren erstmals den Begriff der „Kerninteressen" für die Beschreibung der eigenen Interessen verwendete. Seither fand der Begriff seinen Weg in die offiziellen sino-amerikanischen Erklärungen, wo sie die Anerkennung und Beachtung (und Würdigung) seitens der USA erfahren hat, die Beijing stets forderte.[67]
- Beijings Kerninteressen sind, gemäss offiziellen und inoffiziellen Berichten zufolge, nicht verhandelbar. Die Art der Kommunikation und der Auftritt der Regierung, wenn es um vitale Interessen geht, werden von der internationalen Gemeinschaft daher oftmals mit Rigidität und Militanz verglichen. Diese Rigidität sehen viele Experten in der Befürchtungen Beijings ein sich in innenpolitische Angelegenheiten einmischendes Ausland begründet.
- China wird vorgeworfen, kontinuierlich neue Kontroversen auszulösen, die im Zusammenhang mit der Beschneidung ihrer eigenen Kerninteressen stehen, wie zum Beispiel die US-Waffenverkäufe an Taiwan, die diversen Treffen zwischen dem

---

64. Vgl. *China State Council*.
65. *China.org.cn* 26.08.2013.
66. Michael D. Swaine, Senior Associate Asia Program bei *Carnegie Endowment* for International, gehört zu den prominentesten Analysten rund um Chinas Sicherheitspolitik.
67. Vgl. *White House Joint Statement* 2009.

Dalai Lama und Staats- und Regierungschefs souveräner Staaten oder die territorialen Dispute vor allem im Südchinesischen Meer.[68]

Vor allem in Swaines letztem Punkt, die „territorialen Dispute", sehen viele ein Problem im neuen Selbstbewusstsein Chinas. Obwohl Beijing darauf hinweist – gemäss Swaine wohl auch zu Recht[69] –, dass die territorialen Ansprüche zum Beispiel im Südchinesischen Meer in keinster Weise im Weissbuch erwähnt werden, interpretieren viele Experten diese Grenzfragen als zu den Kerninteressen gehörend.[70] Allen voran die USA, Vietnam, die Philippinen, Taiwan oder Japan zweifeln an der Absicht Chinas, territoriale und Grenzdispute ausschliesslich auf friedlichem Weg beizulegen. Was die Situation in diesen Auseinandersetzungen für Beijings Rivalen zusätzlich prekärer macht, ist die Tatsache, dass die Nuklearmacht China numerisch über die weltweit grösste Armee verfügt, die sich aufgrund wirtschaftlicher Prosperität stetig modernisiert und aufrüstet.[71]

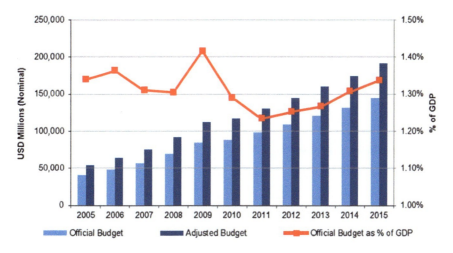

Abbildung 18: Chinas Verteidigungsausgaben in % zum BIP[72]

Während der jährlichen Tagung des NVK in Beijing wurde dieses Jahr angekündigt, dass China sein Verteidigungsetat offiziell um 10.1 % auf

---

68. *Carnegie Endowment for International Peace* 15.11.2010.
69. Ebd.
70. Ebd.
71. Cordesman/Colley 2015.
72. Vgl. *HIS Jane's 360.*

886.9 Mia. Yuan (rund 141.5 Mia. USD) aufstocken wird. Dies bedeutet, dass das Militärbudget seit 1989 jährlich im zweistelligen Prozentbereich gewachsen ist. Viele Analysen weisen darauf hin, dass die von Beijing veröffentlichten Zahlen bezüglich Militärausgaben in Tat und Wahrheit signifikant höher sind.[73]

Der Verteidigungsetat Chinas hat mittlerweile zur Weltspitze aufgeschlossen und rangiert nach den USA nun auf dem zweiten Rang.[74] Dass die chinesische Regierung in der Vergangenheit nicht abgeneigt war, auch militärisch vorzugehen, um ihre Interessen zu wahren, zeigt, dass Gewalt als Problemlösungsinstrument auch in Zukunft ein valables Mittel für Beijing sein kann.[75]

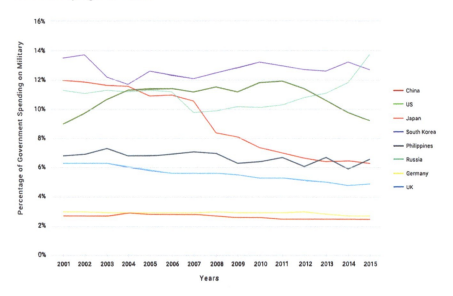

Abbildung 19: Chinas Verteidigungsausgaben im internationalen Vergleich[76]

Im Zuge des 12. Fünf-Jahresplans (2011–2015) der chinesischen Regierung erfährt die Volksbefreiungsarmee (VBA/PLA) einen technologischen Auftrieb, welcher die Armee modernisieren und die Fähigkeiten zur Landesverteidigung verbessern soll.[77] Darüber hinaus soll die Rüstungsindustrie mit zivilen Unternehmungen besser zusammenarbeiten,

---

73. Liff/Erickson 2013: 805 ff.
74. *Wallstreet Journal* 05.03.2015.
75. Johnston 1996. In acht von elf externen Auseinandersetzungen seit 1950 wurden militärische Mittel zur Krisenbewältigung angewandt, darunter: Koreakrieg, Taiwan, Vietnam und Indien.
76. Vgl. *CSIS*.
77. Gill 2007.

wonach sieben Hauptmissionen zur Implementierung definiert wurden, darunter Forschungs- und Entwicklungsaktivitäten (F&E) im Bereich militärischer Waffen(-systeme), Erhöhung der Innovation in Wissenschaft und Technologie oder Integration von zivilen und militärischen Entwicklungssystemen.[78] Des Weiteren definiert das Papier sieben strategisch wichtige Sektoren respektive Industrien, welche die Innovation des Landes und die Wirtschaft antreiben sollen. Hierzu zählen:

- Biotechnologie
- Fortgeschrittene Fertigungstechnologie
- Neue Energien
- Neue Materialien und Werkstoffe
- Energiesparender Umweltschutz
- Alternativ angetriebene Fahrzeuge
- Next-generation Informationstechnologie

Dabei soll der Sprung hin zu einer innovationsgetriebenen Wirtschaft geschafft werden *(shift from made-in-china to create-in-china)*. Das Ziel ist es, die Abhängigkeit von ausländischem Know-how zu minimieren und eigene oder indogene Innovation zu kreieren, wie das extensive Weltraumprogramm oder die Tiefsee-Expedition aufzeigen. Bis Ende 2015 sollen:

- 55 % des Wirtschaftswachstums aus fortschrittlicher S&T stammen (2011: rund 40 %),
- die Abhängigkeit von ausländischer Technologie auf unter 30 % gebracht werden (2011: rund 41 %),
- die Zahl der Patentierungen pro 10'000 Einwohner auf 3.3 % ansteigen (2011: 1.7 %),
- der Hightechsektor 18 % am gesamten Wirtschaftswachstums beitragen (2011: rund 13 %).

Dass diese Ziele höchstwahrscheinlich erreicht werden, zeigt auch die GERD-Entwicklung im „Medium and Long Term Science & Technology Development Plan (2006–2020)", welcher bis 2020 Gesamtausgaben für F&E (zurzeit bei 2.08 %) von rund 2.5 % des BIP vorsieht. Dies entspricht den weltweit zweithöchsten effektiven Ausgaben.[79]

---

78. *The Jamestown Foundation* 14.01.2011.
79. *Ministry of Science and Technology (MOST)* 10.01.2015.

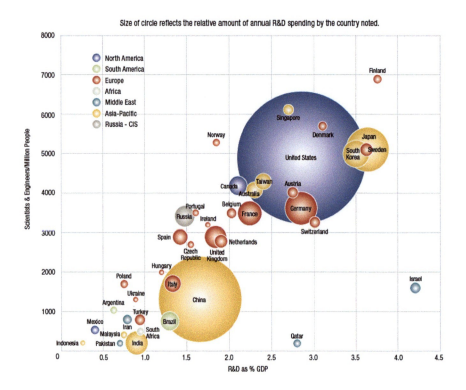

Abbildung 20: Chinas F&E-Ausgaben im internationalen Vergleich[80]

Diese aus der Sicht der chinesischen Nachbarstaaten bedenkliche Entwicklung bedarf einer kohärenten und einheitlichen Strategie zur Ausbalancierung der wachsenden chinesischen Machtposition in der Region. Allein können sich Staaten wie Vietnam oder die Philippinen mittel- bis langfristig kaum gegen China behaupten.[81] Einzig die USA haben das Potenzial, das Land auf allen Ebenen herauszufordern.

Die chinesische Regierung ist sich dieser Wahrnehmung durch seine Nachbarn durchaus bewusst und ist daher seit Längerem bemüht, die eigene Reputation im internationalen Kontext zu verbessern. Der bereits angesprochene Plan zur friedlichen Entwicklung soll hierzu die rechtliche Grundlage liefern. Darüber hinaus soll ein friedlicher Aufstieg Chinas, aus Sicht Beijings, mittelfristig seinen Nachbarn zugutekommen.[82]

---

80. Vgl. *CIA World Factbook*.
81. Siehe Cohen 1997 zur südchinesischen Auseinandersetzung.
82. Cordesman/Colley 2015.

Abbildung 21: Partizipation in multilateralen Organisationen[83]

Des Weiteren sucht China vermehrt die multilaterale Plattform, um einerseits internationales *agenda setting* zu betreiben, und andererseits um Allianzen für die Durchsetzung eigener Interessen zu schmieden. Mittlerweile partizipiert Beijing in etlichen Foren und Organisationen, die sich auf eine Vielzahl von wirtschaftlichen, politischen, sozialen sowie sicherheitspolitischen Themen konzentrieren. Anbei eine kleine Auswahl: ADB, ADMM , AIIB, ARF, ASEAN 3/ 6, BRICS, G7/8/20, IAEA, IWF, JIDD, OBOR, RIMPAC, SCO, SLD, UN, WBG, WHO, WPNS, WTO.[84]

Aber auch auf der bilateralen Ebene ist China sehr aktiv und weist mittlerweile rund 80 strategische Partnerschaften vor: darunter 27 in Asien und Ozeanien, 30 in Europa und Mittlerer Osten, 13 in Afrika sowie vier in Nordamerika, inklusive den USA. Mit Japan, den Philippi-

---

83. Vgl. *CSIS*.
84. Vgl. Abkürzungsverzeichnis.

nen, Nordkorea und der Türkei gibt es teils strategische Beziehungen auf nicht partnerschaftlicher Ebene.[85]

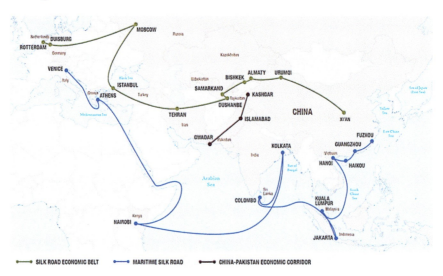

Abbildung 22: Chinas „One Belt One Road"-Initiative[86]

Eine solche Vorgehensweise macht Sinn, wenn man Xi Jinpings kürzliche Reise nach Kasachstan und Usbekistan, im Herbst 2013, berücksichtigt, wo der Präsident erstmals von einer neuen Vision sprach, eine Strategie, die unter anderem auf folgende Punkte abzielt: Förderung von neuen Handelsbeziehungen, Diversifizierung der Handelswege, Erschliessung neuer Märkte, Aufbau wichtiger Infrastrukturen sowie Minderung der Abhängigkeit von konventionellen Frachtlinien sowie von den USA kontrollierten Seerouten.[87]

Dieser Plan Xis soll, unter anderem, die chinesische Einflusssphäre durch Einsatz von *soft power* sichern und China im globalen und multilateralen Rahmen als *norm shaper* weiter Auftrieb verleihen. Diese Vision des Präsidenten ist heute bekannt als „Seidenstrasseninitiative". Die genauen Routen der Initiative mit der Bezeichnung „One Belt One Road" (OBOR) sind noch nicht bekannt, die Landroute soll via Mongolei, Zen-

---

85. Sun 2003/2004. Darüber hinaus ist China Mitglied in allen wichtigen Organisationen. Vgl. auch *Handelsministerium (MOFCOM)*. Mit den ASEAN-Staaten sowie u. a. Australien, Südkorea, Singapur und Pakistan gibt es bereits Freihandelsabkommen. Thailand und Taiwan sollen folgen.
86. Aufgrund der fehlenden Angaben seitens Beijings ist die aufgeführte Grafik ein Modell einer möglichen Ost-West-Verbindung, wie sie Xi vorschwebt. *Council Foreign Relations (cfr)* 25.05.2015.
87. Vgl. hierzu wichtige Finanzierungsinstrumente wie u. a. die von Xi initiierte AIIB.

tralasien und Russland nach Europa führen (Silk Road Economic Belt).[88] Basierend auf eine von China angestrebte engere Zusammenarbeit mit den ASEAN-Staaten, soll parallel dazu eine maritime Seidenstrasse (21st Century Maritime Silk Road) – welche von den wichtigsten chinesischen Häfen ausgehend durch das Südchinesische Meer und den Indischen Ozean weiter zum Persischen Golf führt – Asien mit Afrika und Europa verbinden. Die bereits erwähnte AIIB wird sich der Kreditvergabe für Infrastrukturprojekte im Zusammenhang mit dieser Initiative widmen. Gemäss Beijing sind bereits Gelder in der Höhe von 160 Milliarden USD für entsprechende Projekte gesprochen worden.[89]

Die aktuellen Pläne der Initiative Beijings ziehen die Strasse von Malakka mit Singapur als wichtigsten Hafen mit ein. Es gibt jedoch Indizien, dass über 400 Jahre alte Pläne wieder hervorgenommen wurden. Der Reihe nach: Zurzeit passieren rund 75 % des von China importierten Erdöls und rund 60 % des Erdgases die Strasse von Malakka, eine, wie bereits erwähnt, extrem stark befahrene und teilweise äusserst enge Passage. Nebst einem erhöhten Risiko von möglichen Tankerunfällen führt besagter Verkehr oftmals zu erheblichen Staus an den Umschlageplätzen, was wiederum Zeit und Geld kostet. Umgerechnet 10 Cent pro Tonne Erdöl werden an Gebühren fällig, bei insgesamt rund 250 Schiffen pro Tag mit diverser Fracht bilden diese Taxen eine lukrative Einnahmequelle vor allem für den Hafen von Singapur. Hinzu kommt ein erhöhtes Ausfallrisiko aufgrund der vorherrschenden Piraterie in dieser Region, trotz ausgiebiger US-Militärpräsenz vor Ort.

In diesem Zusammenhang und mit der geplanten Seidenstrasseninitiative gibt es Überlegungen, wie Beijing einerseits die Effizienz steigern und somit die Kosten senken kann und andererseits die Ausfallrisiken durch Piraterie, die Präsenz der USA oder durch einen Unfall minimieren kann. Hier spielt nun eine im 17. Jahrhundert erstmals lancierte Debatte über einen künstlich angelegten Kanal hinein, der den Golf von Thailand mit dem Andamanischen Meer und dem Bengalischen Golf verbinden soll. Aus Kostengründen und fehlender Expertise wurden die Pläne damals und auch in der Folge verworfen.

---

88. Vgl. auch „A new Eurasian Land Bridge", die unter anderem die Wirtschaftskorridore China – Mongolei – Russland, China – Zentralasien – Europa und China – Indochina/Halbinsel entwickeln soll.
89. Darüber hinaus hat Beijing den „Silk Road Fund" eingerichtet für konkrete Wirtschaftsprojekte.

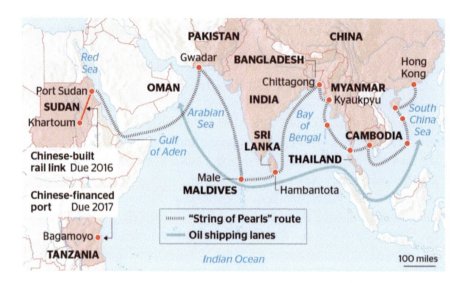

Abbildung 23: „String of Pearl"-Strategie[90]

In der heutigen Zeit ist beides vorhanden: Investitionen und fachliches Know-how, um einen solchen Kanal zu bauen. Chinas Medien haben erstmals im Mai 2015 darüber berichtet, als ein ranghoher chinesischer Beamten zitiert wurde, der dem Kanalprojekt „Kra" eine wichtige Rolle innerhalb der OBOR-Strategie einräumte. Darüber hinaus soll bereits am 15. Mai 2015 eine Absichtserklärung zwischen China und der thailändischen Infrastructure Investment Development Company in Guangzhou unterschrieben worden sein und eine Machbarkeitsstudie für ein 20 Milliarden USD Bauprojekt mit einer Bauzeit von zehn Jahren berücksichtigen.[91]

In diesem Kontext bekommt die zu Beginn angesprochene Diskussion um die „String of Pearls"-Strategie eine neue Qualität. Würden diese Pläne denn tatsächlich umgesetzt werden, so würde die Region um Myanmar (Burma) und Thailand ins Zentrum der chinesischen Expansionspläne rücken und eine enorme Aufwertung erfahren auf Kosten der Malakka-Strasse und des Stadtstaates Singapur, dem Verbündeten der USA.

---

90. Vgl. *Mizzima*.
91. Ebd. Vgl. auch *China Daily Mail* 17.05.2015.

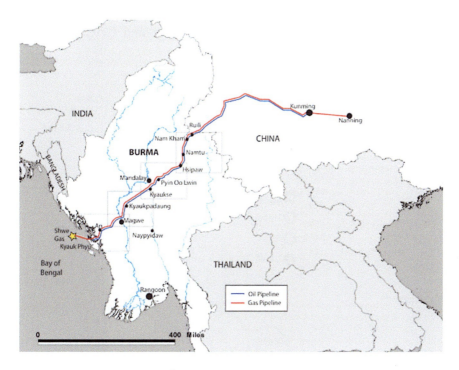

Abbildung 24: Sino-Myanmar-Pipelines[92]

Ein weiteres Indiz für Beijings mögliche Umgehungspläne des südlich gelegenen Chokepoints (*Phillip channel choke point* südlich von Singapur) verstärkt die Vermutungen bezüglich der langfristigen Rolle Myanmars in den strategischen Überlegungen seines Nachbarn. Die Sino-Myanmar-Pipelines verbinden seit 2013 die burmesische Küstenstadt Sittwe (Kyaukphyu) am Bengalischen Meer mit den chinesischen Städten Kunming (Erdöl) in der Provinz Yunnan und Nanning (Erdgas) in Guangxi.

Mit dieser Route kann dem fehlenden Sicherheitskonzept Chinas entgegengewirkt werden bei gleichzeitiger Reduktion der gegenwärtigen Abhängigkeit von der risikoreichen Strasse von Malakka. Hinzu kommen Kosten- und Zeitersparnisse sowie Erschliessung neuer Märkte durch Infrastrukturprojekte sowie Transportnetzwerke, wie zum Beispiel neue Strassen- und Eisenbahnlinien, die Südchina mit Myanmar, Thailand, Laos, Kambodscha und Vietnam verbinden werden. Dafür soll

---

92. Aufgrund der fehlenden Angaben seitens Beijings ist die aufgeführte Grafik ein Modell einer möglichen Ost-West-Verbindung, wie sie Xi vorschwebt. Vgl. *Council Foreign Relations (cfr)* 25.05.2015.

die OBOR-Initiative sorgen, die der Region kontinuierliches Wachstum bringen soll durch moderne Produktionsstätten und Gewinnung von wichtigen Ressourcen wie Eisen oder Erdgas.

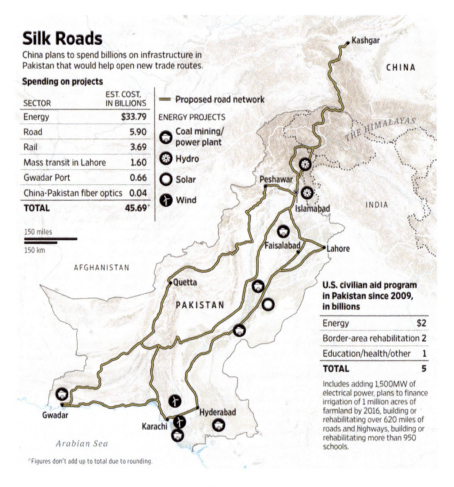

Abbildung 25: China-Pakistan Economic Corridor[93]

Während seines Pakistan-Besuchs liess Präsident XI Jinpnigs verlauten, dass China und Pakistan Pläne haben, künftig einen Wirtschaftskorridor, den „China-Pakistan Economic Corridor (CPEC)", zu errichten. Ein Megaprojekt, welches eng mit der OBOR-Initiative verbunden ist, wie es auch aus der Karte OBOR ersichtlich ist. Dabei sollen die im Arabischen Golf liegenden Hafenstädte Pakistans, Gwadar und Karachi, eine direkte

93. Vgl. *Wallstreet Journal* 21.04.2015.

Verbindung zur westchinesischen Stadt Kaschgar herstellen. Von dort aus sollen die Städte Xian, Beijing und Shanghai mit Waren und Energie versorgt werden. Im Gegenzug hat China der pakistanischen Regierung Infrastrukturinvestitionen in der Höhe von 46 Mia. USD zugesprochen.[94]

Die bestehenden, wichtigen strategischen Beziehungen Beijings zu Moskau sowie zu den zentralasiatischen Staaten (vgl. SCO) versorgen darüber hinaus China mit weiteren für das Land dringend benötigten Ressourcen (v. a. Erdöl und -gas)[95] sowie Handelsgütern.[96] Dazu wurde 2011 das letzte Teilstück der Erdölpipeline vom kasachischen Atyrau am Kaspischen Meer nach Alashankou, in der westchinesischen Provinz Xinjiang, fertiggestellt. Die rund 3000 km lange Verbindung versorgte China nach der ersten Phase im Jahr 2006 bereits jährlich mit rund 10'000 t Erdöl, was rund 15 % des chinesischen Erdölimports für 2005 ausmachte. Mittlerweile liefert die Anlage jedes Jahr das Doppelte an Erdöl. Die im Besitz der China National Petroleum Corporation (CNPC) befindliche Anlage wurde um einige Hundert Kilometer verlängert und verbindet weitere Regionen Chinas mit der wichtigen Ressource.[97]

Eine weitere wichtige Erdölversorgung aus Russland ist die ESPO-Pipeline (*Eastern Siberia-Pacific Ocean Oil Pipeline*), die unter anderem von Taischet in der Nähe Irkutsks (Sibirien) nach Daqing in der nordostchinesischen Provinz Heilongqiang führt.[98] Eine Gaspipeline soll von Ostrussland rund 4000 km südlich nach Shanghai führen. Die Arbeiten sollen 2018 fertiggestellt werden.[99] Fast zeitgleich wie die Seidenstrasseninitiative wurde die Absicht zur Errichtung der New Development Bank (NDB) der BRICS-Staaten bekanntgegeben, mit Hauptsitz in Shanghai. Die Entwicklungsbank, dessen Gründerstaaten über 40 % Bevölkerung sowie 25 % des weltweiten BIPs auf sich vereinen, wird prioritär die Förderung von Infrastrukturprojekten mit Fokus auf erneuerbare Energien zum Ziel haben, zum nachhaltigen Schutz der Umwelt.[100]

***

---

94. Dies entspricht rund 20 % des pakistanischen BIPs. Vgl. *CNN Money* 20.04.2015 und *DAWN* 20.04.2015.
95. Der Energiebedarf Chinas hat sich seit 1965 verzehnfacht und seit 2002 mehr als verdoppelt. Das Land ist mittlerweile der grösste Energiekonsument der Welt (vor den USA und der EU).
96. Gresh et al. 2006.
97. *China Daily* 30.07.2009.
98. Die zweite Projektphase wurde am 25.12.2012 initiiert und soll täglich bis zu 1.6 Mio. Barrel Erdöl transportieren, vgl. *Sputnik News* 25.12.2012.
99. *China Daily* 30.06.2015.
100. Vgl. *New Development Bank.*

Dieses Kapitel zeigt auf, dass, wenn China weiterhin wirtschaftlich wachsen will, es seine Einflusssphäre in die verschiedenen asiatischen Regionen hinausprojezieren muss. Der Expansionsweg, den China eingeschlagen hat, ist jedoch kein einfacher, da sich die USA in den für Beijing strategisch wichtigen Bereichen (geografisch, politisch, wirtschaftlich und militärisch) bereits entscheidend positioniert hat. Taiwan spielt in diesen Überlegungen für China eine zentrale Rolle, denn die Insel bildet einen natürlichen Zugang zum Pazifik und bietet dadurch mehr strategischen Spielraum. Dies führt zur Schlussfolgerung, dass der Status quo für China kein nachhaltiger ist. Diese Ansicht wird dadurch bestärkt, dass die Regierung in Beijing versucht, mit der errungenen wirtschaftlichen Macht die diplomatischen und militärischen Defizite gegenüber den USA über die Zeit wettzumachen. Es zeichnet sich somit mehr und mehr ab, dass das Reich der Mitte zusehends zu einem geostrategischen Kontrahenten der USA im asiatisch-pazifischen Raum wird.

Vor solch einem Hintergrund ist eine erfolgreiche und umfassende Kooperation, wie von Obama und Xi angestrebt, keine leichte Aufgabe. Mit einem intensiveren sino-amerikanischen Austausch auf der einen Seite ist ein signifikanter Anstieg von Kontroversen auf der anderen zu verzeichnen. Vor allem US-amerikanische Experten bezeichnen die angestrebte Zusammenarbeit jedoch als unzeitgemäss und sogar naiv, denn der Wettkampf um die Suprematie in Asien zwischen den USA und China sei längst lanciert.[101]

4.1.4. Faktorenliste

Anhand der vorliegenden Beschreibung und Analyse des Untersuchungsgegenstands können in der Folge verschiedene, für die Beschreibung von Szenarien relevante Faktoren abgeleitet werden, die in verschiedenen Experten- und Gruppengesprächen eruiert wurden. Unter den einzelnen Faktoren bedarf es, eine breit angelegte Auswahl zu treffen, um die Szenarien möglichst realitätsnah ausarbeiten zu können. Die folgende, nicht abschliessende Liste soll eine Übersicht über den Forschungsgegenstand geben und mögliche Treiber in der Taiwan-Frage auflisten, die aus chinesischer Sicht für die Herleitung der Szenarien zentral sein könnten:

---

101. Vgl. *Foreign Affairs* vom 01.03.2012.

- *Wirtschaftliche Entwicklungen*
- *Militärische Entwicklungen*
- *Politische Entwicklungen*
- *Soziale Entwicklungen*
- Allgemeine/globale Trends
- Ökonomische Faktoren
- Ökologische Faktoren
- Technologien und Waffensysteme
- Haushaltsbudget und Militärausgaben
- Faktionspolitik, Parteipolitik, Innenpolitik
- Historischer Rahmen und kulturelle Identität
- Minderheitenpolitik
- Aussenpolitik, Regionalpolitik, Machtpolitik
- Rolle Nachbarstaaten/Akteure in der Region (nebst USA, Taiwan): z. B. Indien, Indonesien, Japan, Malaysia, Mongolei, Myanmar, Nordkorea, Pakistan, Philippinen, Russland, Singapur, Südkorea, Thailand, Vietnam etc.
- Sicherheitslücken und destabilisierende Faktoren/Effekte wie zum Beispiel Terrorismus, Nuklearsprengköpfe und Cyberattacken
- Politische Systeme und Anreize
- Anreize für friedliche Wiedervereinigung zwischen China und Taiwan
- Kosten/Nutzen einer kriegerischen Auseinandersetzung/Lösung
- Unterstützung oder Ablehnung durch die globale Staatengemeinschaft oder regionale Kooperationsmechanismen
- Unterstützung oder Ablehnung durch die Bevölkerung (Proteste etc.)
- Forschung und Entwicklung
- Auswirkungen von Missverständnissen oder Fehleinschätzungen

Dies ist, wie bereits erwähnt, keine abschliessende Liste, sondern eine beliebig erweiterbare. Ausgehend von der Fragestellung und der zu untersuchenden möglichen Entwicklung, kann mit der vorliegenden Datenanalyse sowie den abgeleiteten möglichen Einflussfaktoren in einem weiteren Schritt eine Matrix erarbeitet werden zur Herleitung von verschiedenen Szenarien.

4.2. Einflussanalyse

Es gibt verschiedene Arten, wie eine Einflussanalyse dargestellt werden kann. In der Praxis werden oftmals eine Einflussmatrix sowie Vernetzungstabellen angewandt oder dann Sensitivitätsmodelle oder Netzwerkanaylsen ermittelt, wie sie zum Beispiel in der Systemtheorie angewendet werden. Dabei wird versucht, eine wechselseitige Beeinflussung der einzelnen Faktoren grafisch darzustellen. Hierbei werden die Deskriptoren einander gegenübergestellt. Im direkten Vergleich wird eruiert, welchen Einfluss (keine, mittlere, hohe Wirkung) ein Faktor auf einen anderen besitzt. Solche Darstellungen ermöglichen es, komplexe Wechselwirkungen bildlich aufzuzeigen, um anschliessend die Faktoren auf eine kleine Anzahl zu reduzieren.[102]

Im abgebildeten Sensitivitätsmodell wurden die im vorhergehenden Kapitel ermittelten Deskriptoren grafisch in Relation zueinander gesetzt. Dabei korrelieren die ausgewählten Faktoren unterschiedlich stark miteinander.

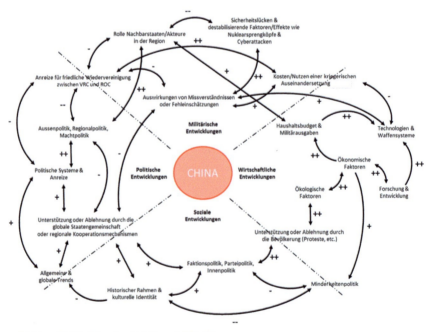

Abbildung 26: Mögliches Sensitivitätsmodell für China

---

102. Gomez/Probst 1999.

4.3. Herleitung der Szenarien

Nachdem die Faktoren ermittelt sind, gilt es, deren Ausprägungen sowie künftige Entwicklungen darzulegen. Dazu können *Kreativitätstechniken* – wie die morphologischen Analyse[103] (heuristische oder diskursive Methode) – oder alternativ *Problemlösungstechniken* (intuitive Methode) – wie zum Beispiel die progressive Abstraktion, die Analogietechnik oder das Brainstorming, welche in Wirtschaft, Politik und Bildung häufig angewandt werden – zur Erzeugung von möglichen Entwicklungen oder Visionen herbeigezogen werden.[104] Die äusserst beliebte und oft genutzte Technik des Brainstormings zur Ideengewinnung, welche auch in der vorliegenden Arbeit Anwendung fand, wurde von Alex F. Osborn entwickelt und später von Charles Hutchinson Clark verfeinert.[105] Ein bedeutender Vorteil dieser Methode ist das Ermöglichen einer innovativen Vorgehensweise, die zu kreativen Problemlösungen führen kann. Demgegenüber steht jedoch die Gefahr, dass der Fokus verloren gehen kann zuungunsten der Präzision. Das Brainstorming dient der Szenarioherleitung, um in einem weiteren Schritt die Entwicklungspotenziale anhand eines Koordinationssystems zu definieren, welche die wichtigen Treiber von *critical uncertainties* sind; zwei Ausprägungen bezüglich Wahrscheinlichkeit und Tragweite (Gewichtung) sollen entsprechende Treiber einordnen lassen.

Für diese Arbeit wurden anhand mehrer Sessionen aus chinesischer Sicht zwei Treiber untersucht, die in ihrer Ausprägung äusserst ungewiss und sehr bedeutend sind:

- Bedrohung der Wiedervereinigung (Existenzbedrohung),
- Abschreckung/Relevanz TRA.

Daraus abgeleitet, könnte ein Szenariotrichter wie folgt aussehen:

---

103. Schulte-Zurhausen 2002: 562.
104. Csikszentmihályi 1996, Runco 2007, Holm-Hadulla 2013: 293 ff.
105. Ausgehend von einer Frage- und Aufgabenstellung wird in einer Gruppe von 3–5 Personen, bestehend aus z. B. Experten, Mitarbeitern oder auch Laien, das Problem erläutert. Dabei gibt es drei Phasen: eine Vorbereitungsphase, eine Ideenfindungsphase und eine Phase der Ergebnissortierung und -bewertung.

88 Die Taiwan-Frage im Kontext des Wiederaufstiegs Chinas (2022–2035)

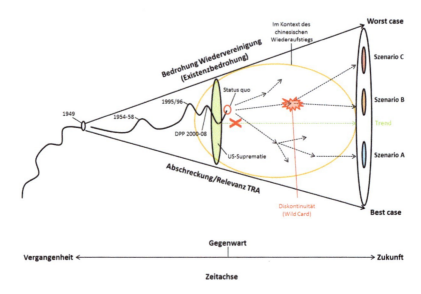

Abbildung 27: Szenariotrichter zur Taiwan-Frage

Auf eine Koordinatenachse übertragen, könnte die China-Taiwan-Beziehung wie folgt abgebildet werden:

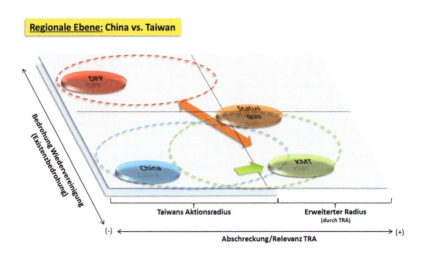

Abbildung 28: Regionales Koordinatensystem

Anhand der hergeleiteten beiden Treiber *Bedrohung der Wiedervereinigung* (oder auch Existenzbedrohung für die KPC), welche gleichgestellt werden können, denn das Schicksal Taiwans ist aus der Sicht Chinas stark mit dem der KPC verlinkt, und *Abschreckung oder Relevanz des TRAs* kann auf regionaler Ebene abgeleitet werden, dass für China die untere linke Ecke die beste Situation darstellt. „Keine Gefahr" hat auch keinen Einfluss auf eine Berücksichtigung des TRA, was zum Beispiel der Fall wäre, wenn sich Taiwans Regierung innerhalb der Bestimmungen verhält und im Idealfall sich einer friedlichen Wiedervereinigung annähert. Diese Position nimmt zurzeit die KMT ein, die sich politisch und wirtschaftlich Beijing annähert. Im Gegenzug nimmt die DPP eine aus Sicht Beijings politisch aggressivere Haltung ein und tendiert zu einer Unabhängigkeit und somit zur Gefährdung einer Wiedervereinigung. Der Status quo bewegt sich zwischen den beiden Position der KMT und DPP, teils in der Zone (gestrichelt blau), welche für China vorläufig akzeptiert wird. Der grüne Pfeil indiziert, dass die KMT eine politisch allzu nahe Position zu Beijing vermeiden muss (zum Beispiel Druck aus Bevölkerung oder Politik).

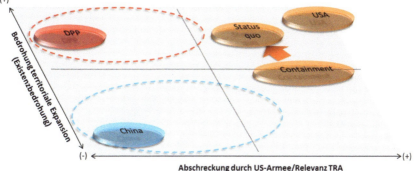

Abbildung 29: China. Koordinatensystem

Auf internationaler Ebene und aus der Sicht Chinas bleibt die Idealposition gleich. Für die USA sind eine Abschreckung durch die eigene Armee und ein möglicher Angriff durch den TRA essenziell, will sie die Stabilität und eigene Hegemonie in der Region weiterhin aufrechterhalten. Die Containment- sowie die Pivot-to-Asia-Strategie hat die Situation aus chinesischer Sicht verschärft und für Beijing unnötig verkompliziert. Die Gefahr für Beijing besteht darin, dass die USA die Interessen Chinas in der Region weiter beschneiden werden und somit den Einflussradius Beijings einschränken werden. Hinzu kommt die latente Gefahr aus der Taiwan-Ebene, eine mögliche DPP-Regierung – Wahlen auf Taiwan stehen nächstes Jahr (2016) an und die DPP scheint in vielversprechender Position zu sein –, die unverhofft eine Unabhängigkeit deklarieren könnte oder zumindest Absichten in diese Richtung andeuten könnte.

Auf internationaler Ebene und US-amerikanischer Sicht kommt die untere rechte Ecke der Idealposition der USA gleich, denn die aufgebaute Abschreckungsstrategie gegenüber China wäre intakt und China weist keine Ambitionen in Richtung Bedrohung der US-Hegemonie auf. Der Status quo bewegt sich, vor allem in den letzten Jahren, zunehmend in Richtung obere Hälfte der Matrix, also Bedrohungsszenario. Denn Chinas Wirtschaftswachstum als auch militärische Aufrüstung und Modernisierung sind für Washington klare Signale eines erhöhten Machtanspruchs Beijings im Chinesischen Meer (regionale Hegemonie). Und diese Tendenz wird sich in den kommenden Jahren nicht ent-, sondern viel mehr verschärfen. Auch aus Sicht der USA wäre eine mögliche Unabhängigkeitspolitik seitens DPP eine gefährliche Situation, da sich die USA für eine friedliche Lösung der Taiwan-Frage einsetzen, was mit einer einseitigen Unabhängigkeits durch Taiwan nicht gegeben wäre.

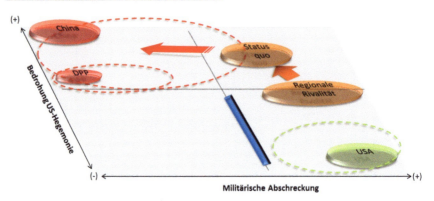

Abbildung 30: USA. Koordinatensystem

Zusammengefasst würden die beiden Ebenen wie folgt interagieren:

Anwendung der Szenarioplanung in der Taiwan-Frage 91

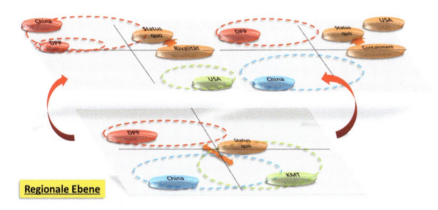

Abbildung 31: Internationales Koordinatensystem

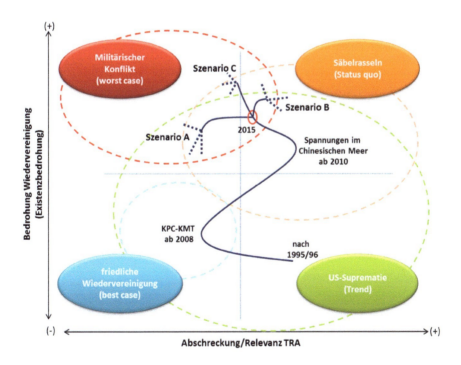

Abbildung 32: Szenarien-Matrix

Das Trendszenario (US-Vorherrschaft) beinhaltet den Status quo (SQ) der Taiwan-Frage. Dieser wiederum, als roter Kreis in Abbildung 27 (Szenariotrichter) gekennzeichnet, ergibt sich aus dem aktuellen Beziehungsdreieck der Hauptakteure China, Taiwan und USA auf den verschiedenen Ebenen und dient als Ausgangslage für die Herleitung weiterer möglicher Szenarien, angedeutet mit A–C. Im Trendszenario werden die politischen Interessen und Meinungen sowie militärischen Einschätzungen der Akteure etwas näher erläutert, basierend unter anderem auf bestehende Rahmenbedingungen, Abkommen und Strategiepapiere aus dem politischen und militärischen Umfeld. Es ist anzumerken, dass der SQ keinesfalls statisch ist, sondern dieser viel mehr zwischen den angedeuteten Idealpositionen der involvierten Akteure „wandert". Die Linie innerhalb des Bedrohung-Abschreckung-Koordinatensystems stellt, etwas vereinfacht, die Verschiebung des SQ dar, seit der 3. Taiwankrise 1995/96 von der unteren rechten Hälfte einer unangefochtenen US-Suprematie in die obere ungefähre Mitte. Seine aktuelle Position indiziert die politischen Spannungen zwischen Beijing und Washington, die auf Ereignisse im Chinesischen Meer vor allem in den letzten rund fünf Jahren zurückzuführen sind (Diaoyu-Inseln, Südchinesisches Meer, Taiwan inmitten regionaler Hegemonieansprüche).

Szenario A (Grossrepublik China) geht vom beschriebenen SQ aus und soll aufzeigen, wohin eine interdependente wirtschaftliche China-Taiwan-Beziehung führen könnte und was eine politische Annäherung der aktuellen Regierungsparteien bewirken könnte. Es berücksichtigt den für das demokratische Taiwan so wichtigen Faktor „Volk" und dessen Identitäts- und Zugehörigkeitsgefühl und versucht Entscheidungsmöglichkeiten zu präsentieren, die dem Leitmotiv einer friedlichen Lösung des Taiwan-Konflikts folgen. Darüber hinaus wird auch das sogenannte „China-Dilemma" bezüglich seiner Wiedervereinigungsbestrebungen angesprochen und warum eine rationalere und weniger emotionale chinesische Herangehensweise vielleicht sinnvoller wäre.

***

Ausgehend vom SQ, soll das Szenario B *(KPC-Implosion)* das Innere der KPC etwas tiefer ausleuchten und auf mögliche Trends und Gefahren deuten, die vor allem im Bezug auf die oberste Führung der KPC gemacht werden können. Hierzu sollen vor allem auf die 2013 lancierten Kampagnen gegen Korruption und Verbreitung westlicher Ideologien und

Werte Bezug genommen werden. Der neue politische Wind innerhalb der Partei sorgt zunehmend für Unmut, welcher auch vermehrt öffentlich ausgetragen wird. Der Kommunismus scheint mehr und mehr einem stark aufkommenden und teils geschürtem Nationalismus zu weichen, welcher als neuer ideologischer Kitt dienen soll. Was passiert jedoch, wenn dieses neue Selbstwertgefühl ausser Kontrolle gerät, wenn der Wirtschaftsaufschwung ausbleibt, wenn das korrumpierte Finanz- und Bankensystem kollabiert und die politischen Gegner (Faktionen) innerhalb der KPC eine Chance wittern? Welche Optionen würden sich dabei innerhalb der Taiwan-Frage öffnen?

***

Obwohl niemand an einen weiteren Weltkrieg glaubt, könnten sich dennoch viele Experten ein Konfliktszenario zwischen den USA und der VR China in Bezug auf Taiwan vorstellen. Das Szenario C *(US-Sino-Kollision)*, ausgehend von den aktuellen Spannungen (SQ), soll aufzeigen, wie sich die drei Hauptakteure auf eine mögliche Auseinandersetzung militärisch vorbereiten. Die Verschiebungen der US-Kräfte nach Asien (Pivot-to-Asia), die andauernden US-amerikanischen Waffenlieferungen an Taiwan und das massive Verteidigungsbudget Chinas bedeuten zumindest eine Mischung von strategischen Interessen, emotionaler Bindung und politischer Bedeutung, gepaart mit einem gefährlichen und teils undurchsichtigen Spiel rund um strategischer Ambiguität, politischen Überlebens und überdauernden Machterhalts. Für eine Eskalation braucht es wenig, wie viel braucht es jedoch, um den eingeleiteten Prozess rückgängig zu machen? Oder ist ein Konflikt zwischen den beiden Hauptakteuren letztlich unausweichlich? In der Folge sollen diese Szenarien hergeleitet und ausformuliert werden.

4.4. Mögliche Szenarien in der Taiwan-Frage

Obwohl die Methode der Szenarioplanung keiner Theorie bedarf, werden sich die abgeleiteten Szenarien zeitweise am neorealistischen Ansatz von Kenneth Waltz orientieren und Parallelen zur offensiveren neorealistischen Variante, *The Great Power Politics Theorie*, von John J. Mearsheimer aufweisen, welche besagt, dass Staaten nicht nur den Balanceakt zwischen den verschiedenen Mächten suchen, sondern auch aggressiv auftreten müssen, um ihr Überleben zu sichern.

4.4.1. US-Vorherrschaft (Trendszenario)

Der bisherige Status quo in der Taiwan-Frage ermöglicht es den USA, eine Sonderstellung einzunehmen mit entscheidenden Vorteilen innerhalb der Dreiecksbeziehung USA – China – Taiwan.[106] Die USA sind das einzige Land, welches sowohl mit China als auch mit Taiwan wirtschaftliche und politische Beziehungen führen kann, ohne Gefahr zu laufen, Sanktionen oder sonstigen Restriktionen ausgesetzt zu werden.[107]

4.4.1.1. Status quo der Taiwan-Frage: Vertragliche Rahmenbedingungen

Der erste vertragliche Baustein des heutigen Status quo in der Taiwan-Frage hat seinen Ursprung im Koreakrieg von 1950–1953. Taiwan spielte für die USA vor dem Ausbruch des Kriegs eine untergeordnete Rolle, sodass die Regierung in Washington es in Betracht zog, die Insel dem Festland zu überlassen. Damals erachtete die USA die Verteidigung Südkoreas als wichtige Voraussetzung im Kampf gegen den Kommunismus im Pazifik. Nach der Befreiung des Festlands von der Umklammerung der KMT im Oktober 1949 zögerte China in den nachfolgenden vier Jahren, die Insel zurückzuerobern und die Nationalisten endgültig zu schlagen. Als es im Koreakrieg 1953 zu einem Waffenstillstand kam, erwog Beijing, die Insel mit einem Überraschungsangriff, einer Invasion, zu überrennen. Die aggressive Haltung Chinas und die Möglichkeit einer sich neu bildenden kommunistischen Front veranlassten die USA, ihre Sichtweise und die Lage um Taiwan neu einzuschätzen. Washington erkannte die Bedeutung der dem Festland vorgelagerten Insel, die zusätzlich als Vorposten im Chinesischen Meer genutzt werden konnte. Fortan galt es, die Insel vor einem kommunistischen Angriff zu schützen. Der „Sino-American Mutual Defense Treaty" wurde im Dezember 1954 unterschrieben und trat vier Monate später in Kraft, womöglich rechtzeitig, um eine Intervention aus dem Festland zu verhindern.[108] Dieses

---

106. Trennung Taiwans vom Festland; Festhalten am TRA; Gültigkeit des Shanghai Communiqués (Ein-China-Politik); 1992 Consensus; keine Unabhängigkeitsabsichten Taiwans; Festhalten am Antisezessionsgesetz.
107. Vgl. *Federation of American Scientists (FAS) Congressional Research Service Report* 11.12.2014. Obwohl die USA keine offiziellen Beziehungen mit Taiwan führen, ist im TRA festgehalten, dass Gesetze und Bestimmungen, auf die sich Washington im Bezug zu anderen „[...] foreign countries, nations, states, governments, or similar entities [...]" bezieht, diese automatisch auch für Taiwan gelten sollen. Auf der anderen Seite übt China auf all diejenigen Staaten politischen Druck aus und droht mit wirtschaftlichen Sanktionen, die mit Taiwan diplomatische Beziehungen führen und Taiwan als eigenständigen Staat anerkennen.
108. Vgl. *Sino-American Mutual Defense Treaty* 02.12.1954.

Abkommen wurde 1979 durch den „Taiwan Relations Act" von 1979 abgelöst.

Vor dem Hintergrund der sich verschlechternden Beziehungen zwischen Beijing und Moskau kam es im Februar 1972 im Rahmen der insgesamt drei Communiqués von 1972–1982 zwischen den USA und China zu einer ersten historischen Annäherung.[109] Aus diesen Gesprächen resultiert das *Shanghai Communiqué*, worin man sich auf die Normalisierung der Beziehung, den Verzicht auf gegenseitige Hegemonieambitionen sowie die *„Ein-China-Politik"* geeinigt hat:[110]

> *„During the visit, extensive, earnest and frank discussions were held between President Nixon and Premier Chou En-lai on the **normalization of relations** between the United States of America and the People's Republic of China, as well as on other matters of interest to both sides [...]."*
> (Article 3, Shanghai Communiqué)

Und:

> *„With these principles of international relations in mind the two sides stated that:*
>
> - *Progress toward the normalization of relations between China and the US is in the interests of all countries,*
> - *Both wish to **reduce the danger of international military conflict**,*
> - ***Neither** should seek **hegemony in the Asia-Pacific region** and each is opposed to efforts by any other country or group of countries to establish such hegemony, [...] (Article 9, Shanghai Communiqué)"*

Sowie:

> *„The U.S. side declared: The United States acknowledges that all Chinese on **either side of the Taiwan Strait maintain** there is but **one China** and that **Taiwan is a part of China**. The United States Government does not challenge that position. It reaffirms its interest in a peaceful settlement of the Taiwan question by the Chinese themselves. With this pros-*

---

109. Lee 2003. Vgl. dazu die Annäherungspolitik zwischen den USA und China 1972–1979.
110. Vgl. *Shanghai Communiqué* 28.02.1972.

pect in mind, it affirms the ultimate objective of the withdrawal of all U.S. forces and military installations from Taiwan. [...]. (Article 12, Shanghai Communiqué)"

Mit diesem Bekenntnis zur „Ein-China-Politik" haben die USA zwar implizit zugestimmt, dass es beidseitig der Taiwan-Strasse nur ein China gibt und dass Taiwan Teil dieses einen Chinas ist. Jedoch wird im Text nicht weiter spezifiziert, welche Regierung über dieses eine China herrschen soll. Dies bedeutet, je nach Auslegung könnte der Text die Kommunistische Partei in Beijing als auch die Kuomintang oder jede andere regierende Partei auf Taiwan als mögliche Regierung einbeziehen. Ein Umstand, der Beijing bis heute misslich stimmt. Die Formulierung, die dem Verhandlungsgeschick des damaligen US-Aussenministers Henry Kissinger zuzuschreiben ist, widerspiegelt die bewusst gewählte amerikanische „konstruktive Ambiguität" im Zusammenhang mit der Taiwan-Frage.[111] Des Weiteren gehen aus dieser Erklärung keine konkreten Massnahmen oder Lösungsvorschläge hervor, wie diese Rückführung zu vollziehen ist. Es ist lediglich von einer friedlichen Zusammenführung die Rede, die gekoppelt mit dem „Taiwan-Relations-Act" für Stabilität in der Region und vor allem für die Sicherheit Taiwans vor einem militärischen Übergriff Chinas sorgen soll. Mit dieser Haltung in der Taiwan-Frage, als strategisch wichtiger und sensiter Punkt zwischen den USA und China, begab sich die USA in den letzten beiden Jahrzehnten auf eine Gratwanderung zwischen politischer Diplomatie und militärischer Abschreckung. Die USA beteuern, dass der Konflikt ausschliesslich durch die beiden chinesischen Regierungen zu lösen sei und diese Lösung auf friedlichem Wege gefunden werden müsse. Diese Aussage zog sich wie ein roter Faden durch die folgenden Jahre hindurch und zeigt die Bemühungen beider Seiten auf, eine militärische Konfrontation zu vermeiden.[112]

Die 1972 angekündigte Normalisierung der sino-amerikanischen Beziehungen resultierte erst sieben Jahre später in eine Aufnahme diplomatischer Beziehungen zwischen den beiden Staaten. Am 1. Januar 1979 bestärkte das zweite „Joint Communiqué on the Establishment of Diplomatic Relations" das erste Abkommen.[113] Die USA verpflichteten sich,

---

111. Keller 2012.
112. Vgl. *US-PRC Joint Communiqué* oder *3rd Communiqué* oder *August 17 Communiqué* 17.08.1982.
113. Vgl. *Joint Communiqué on the Establishment of Diplomatic Relations* 01.01.1979.

sämtliche diplomatische Beziehungen zu Taipei einzustellen. Eine Reaktion Taiwans liess nicht lange auf sich warten. Die Regierung in Taipei veröffentlichte in der Folge die „drei Neins"[114] und mobilisierte seine „China-Lobby" in den USA, um den US-Kongress zu überzeugen, Massnahmen gegen diese Entwicklung zu ergreifen. Und so wurde im April des gleichen Jahres, zur Überraschung Beijings, ein Gesetzesentwurf zum TRA durch den US-Kongress angenommen.

Wie bereits erwähnt, verhält es sich ähnlich mit dem TRA wie mit dem Shanghai Communiqué. Dieser Vertrag zwischen den USA und Taiwan soll ebenfalls für stabile Verhältnisse in der Region sorgen. Die USA sehen die Notwendigkeit des TRA in folgenden Punkten als begründet:[115]

Section 2
1. (1) to help maintain peace, security, and stability in the Western Pacific; [...]
2. (2) to declare that peace and stability in the area are in the political, security, and economic interests of the US, and are matters of international concern;
2. (3) to make clear that the US decision to establish diplomatic relations with the People's Republic of China rests upon the expectation that the future of Taiwan will be determined by peaceful means;
2. (4) o consider any effort to determine the future of Taiwan by other than peaceful means, including by boycotts or embargoes, a threat to the peace and security of the Western Pacific area and of grave concern to the US; [...].

Der erwähnte sicherheitspolitische Aspekt innerhalb des TRA ist unter anderem in Abschnitt 3 geregelt. Darin wird die Unterstützung Taiwans durch US-amerikanische Waffenlieferungen angesprochen und das Recht seines Verbündeten auf Selbstverteidigung.[116] Des Weiteren drohen die USA mit militärischen Massnahmen, sollten die unter Abschnitt 2 aufgeführten Punkte missachtet werden. Es heisst:[117]

---

114. Chang/Holt 2015. Vgl. Thee Noes: No contact, no compromise and no negotiation April 1979.
115. Vgl. *Taiwan-Relations-Act* 1979 .
116. Im Vorfeld des *August 17 Communiqués* vom 17.08.1982 zwischen den USA und China drängte Taipei auf eine Einigung mit der US-Regierung, worin sechs Garantien (The „Six Assurances" to Taiwan) im Bezug zum TRA eingefordert wurden. Darin sollte unter anderem vereinbart werden, dass die USA die im TRA gemachten Zugeständnisse nicht ändern werden und dass Washington keine Entscheidungen bezüglich der Waffenverkäufe an Taiwan treffen würde, die auf vorgängigen Gesprächen mit Beijing basieren. Der Kongress verabschiedete das Papier rund einen Monat vor dem dritten Communiqué. Vgl. *Six Assurances* 14.07.1982.
117. Ebd.

Section 3
1. In furtherance of the policy set forth in section 2 of this Act, the US will make available to Taiwan such defense articles and defense services in such quantity as may be necessary to enable Taiwan to maintain a sufficient self-defense capability.
3. The President is directed to inform the Congress promptly of any threat to the security or the social or economic system of the people on Taiwan and any danger to the interests of the US arising therefrom. The President and the Congress shall determine, in accordance with constitutional processes, appropriate action by the United States in response to any such danger.

Auch hier fällt die vage Formulierung des sicherheitspolitischen Konzepts durch die USA in Bezug auf die Taiwan-Frage auf. Der TRA ist eindeutig keine Garantie für Taiwan, dass die USA im Falle eines chinesischen Angriffs auch tatsächlich eingreifen werden. Aus dem TRA ist diesbezüglich keine Verpflichtung ableitbar.[118] Vielmehr spielt der Erklärung mit Spekulationen und Möglichkeiten zur Ergreifung angemessener, auch militärischer, Massnahmen, die ihre abschreckende Wirkung nicht verfehlen sollen. Der Spielraum, der sich daraus ergibt, ist bewusst so gewählt, das auf beiden Seiten der Taiwan-Strasse politische, militärische und wirtschaftliche Optionen offenbleiben und keine endgültigen Entscheide zugelassen werden, die im äussersten Fall in einen Konflikt ausarten könnten.[119]

Die Taiwan-Krise Mitte der 1990er-Jahre kann hierbei als Beispiel für diese mehrdeutige Auslegung der Haltung der USA herangezogen werden, als auf die chinesische Provokation die USA mit der Entsendung von zwei Flugzeugträgern antworteten.[120] Dieser Vorfall und die damit verbundenen Reaktionen waren in Bezug auf die künftige Gestaltung der Taiwan-Frage aus US-amerikanischer Sicht aus zwei Gründen bedeutend: Mit dieser Antwort Washingtons auf eine mögliche Bedrohung Taiwans und dem damit einhergehenden Stabilitätsrisiko des ostasiatisch-pazifischen Raumes war ein Bekenntnis der USA zum TRA ableitbar, dass notfalls auch militärische Mittel zur Durchsetzung ihrer Interessen genutzt würden.[121] Des Weiteren spielte Washington die Ambiguitäts-

---
118. Hickey 1997.
119. Keohane/Nye 1998.
120. Bei den Flottenverbänden handelte es sich um die beiden Flugzeugträger „USS-Independence" und „USS-Nimitz".

karte aus und zeigte der Regierung in Beijing auf, welche Interpretationsmöglichkeiten es in der Auslegung des TRA gibt.

Der wachsende innen- und aussenpolitische Druck auf die USA jedoch, sich zu einer deutlicheren Strategie zu bekennen, führte 1998 zu einer Bekräftigung der „Ein-China-Politik" durch Clinton während seines Besuchs in Shanghai:

> „We don't support independence for Taiwan, or two Chinas, or one Taiwan, one China. And we don't believe that Taiwan should be a member in any organizations for which statehood is a requirement."[122]

Die Position Chinas in der Taiwan-Frage ist hingegen eindeutig. Auf die Absicht, die Insel an das Mutterland zurückzuführen, wird bereits in der Präambel der chinesischen Verfassung verwiesen:[123]

> *Taiwan is part of the sacred territory of the People's Republic of China. It is the inviolable duty of all Chinese people, including our compatriots in Taiwan, to accomplish the great task of reunifying the motherland.*

Das Weissbuch der chinesischen Regierung zum „Ein-China-Prinzip" sowie der „Taiwan-Frage" beschreibt die Ansprüche und die sich daraus ergebenden Prinzipien, die sich aus dem historischen Kontext seit dem 19. Jahrhundert heraus ableiten lassen. Dabei wird festgehalten:[124]

> *Das „Ein China"-Prinzip hat sich in dem gerechten Kampf des chinesischen Volkes für die Souveränität und die territoriale Integrität Chinas herausgebildet, seine Grundlage ist faktisch und gesetzlich unerschütterlich.*
> *Taiwan ist ein untrennbarer Teil Chinas. Alle Tatsachen und Gesetze über Taiwan belegen, dass Taiwan ein untrennbarer Teil des chinesischen Territoriums ist.*[125]

Die Regierung in Beijing macht darin unmissverständlich klar, dass die Haltung in der Taiwan-Frage unter keinen Umständen verhandelbar ist. Des Weiteren besteht sie auf einer Einhaltung der „Ein-China-Politik" und darauf, dass die Volksrepublik alleiniger Repräsentant Chinas ist

---

121. Zhang 2002.
122. Vgl. Interview im chinesischen Staatsradio mit US-Präsident Bill Clinton vom 30. Juni 1998.
123. *Constitution of the People's Republic of China* vom 04.12.1982 (geändert am 14.03.2004).
124. *PRC White Paper – The One-China Principle and the Taiwan Issue* 21.02.2000.
125. White Paper of the People's Republic of China 05.05.2006.

und als solches durch die internationale Gemeinschaft anerkannt werden muss. Beijing betont, dass die Wiedervereinigung mit Taiwan jedoch friedlich zu erfolgen hat. Die folgenden Punkte wurden in der Zeit von 1970 bis 1990 verfasst und haben bis heute ihre Gültigkeit für die Haltung der chinesischen Regierung in der Taiwan-Frage:[126]

1. Es gibt nur ein China. Taiwan ist Teil Chinas und kann kein unabhängiger Staat werden.
2. Die Wiedervereinigung von Taiwan und China ist notwendig und unausweichlich und sollte so schnell als möglich erfolgen.
3. Die Wiedervereinigung sollte gemäss der Formel „Ein Land, zwei Systeme" gestaltet werden. Dabei wird Taiwan die Möglichkeit eingeräumt, sein politisches System beizubehalten. Im Gegenzug muss Taipei die Regierung in Beijing als die staatliche Entität Chinas anerkennen, die auch für Taiwans Verteidigung und die diplomatischen Beziehungen die Verantwortung trägt.

Das Prinzip „Ein Land, zwei Systeme" wurde von Beijing bereits im Zusammenhang mit der Rückführung Hong Kongs und Macaus zum Festland propagiert. Darunter versteht die Regierung in Beijing, dass der Sozialismus in China beibehalten wird, während in Hong Kong und Macao das kapitalistische System weitergeführt wird. Die Regierung verspricht sich davon eine positive Signalwirkung für Taiwan, dem nebst wirtschaftlichen Zugeständnissen auch sicherheitspolitische eingestanden werden. Taiwan wäre demnach die einzige Provinz Chinas, die zum Beispiel über eine eigene Armee verfügen würde.[127]

Im Text heisst es weiter:

4. Die Verhandlungen über die Wiedervereinigung können zwischen Vertretern der Nationalistischen und der Kommunistischen Partei auf gleicher Ebene geführt werden. Dies gilt jedoch nicht für Vertreter der Regierungen in Taipei und Beijing, da die taiwanesischen Autoritäten lediglich eine Provinzregierung repräsentieren.

---

126. Lee 2003; *White Papers of the People's Republic of China* 2000 (02.08.2015).
127. *Taiwan Affairs Office of the State Council*.

In dieser Forderung sehen viele Experten ein grundsätzliches Hindernis für eine friedliche Lösung des Konflikts. Indem Beijing bereits im Voraus der Regierung in Taipei ihre Legitimation abspricht und somit die Möglichkeit zur Aufnahme offizieller Verhandlungen beider Seiten auf gleicher Höhe verweigert, befinden sich die Akteure in einer Sackgasse. Taiwans Regierung hat verkündet, dass es sich nicht zu einer Provinzregierung degradieren lasse und daher auf Verhandlungen auf Augenhöhe bestehe.[128] Im Zusammenhang mit den Gesprächen von 1992 – als sich beide Seiten auf das „Ein-China-Prinzip" geeinigt haben – wurden zu diesem Zweck zwei quasi offizielle Organisationen gegründet. Künftiges Ziel war es, Gespräche zu gewährleisten, um eine allmähliche Annäherung zu erzielen.[129] Die Organisation auf der taiwanesischen Seite nennt sich Straits Exchange Foundation (SEF) unter der damaligen Leitung von Koo Chen-fu. Die chinesische Organisation nennt sich Association for Relations Across the Taiwan Straits (ARATS), welches von Wang Daohan, ehemals Mentor des früheren Staatschefs Jiang Zemin, geführt wurde.

5. Die so genannten „Drei Verbindungen"[130] (direkter Postverkehr, Schiff- und Luftverkehr, Handelsverkehr) sind notwendige Voraussetzungen für die Wiedervereinigung.

Zu Beginn der 1980er-Jahre kühlte das amerikanisch-taiwanesische Verhältnis stark ab. China hoffte, daraus Profit schlagen zu können, indem es zusätzlich eine mildere Taiwan-Politik betrieb, um so die taiwanesische Regierung und das Volk schneller zur Wiedervereinigung zu bewegen. Doch die Reaktion Taiwans fiel ganz anders aus: Der damalige Präsident Chiang Ching-kuo, Sohn Chiang Kai-sheks, setzte ein politisches Signal als Protest gegen die Annäherung zwischen den USA und China und untersagte jeglichen Kontakt Taiwans mit dem Festland. Mittlerweile wurden diese Restriktionen wieder aufgehoben.

6. Allein die Volksrepublik China vertritt das Land nach aussen. Taiwan sind lediglich kulturelle und wirtschaftliche Kontakte zu anderen Staaten erlaubt, keinesfalls jedoch diplomatische Beziehungen.

---

128. Vgl. *Mainland Affairs Council(MAC)*.
129. Vgl. *Office of the President of the Republic of China (ROC)* und *Xinhua News Agency* 05.04.2015.
130. Vgl. *Three Links across the Taiwan Strait*.

Dieser Punkt drückt aus, dass Taiwan ein innerstaatliches und rein chinesisches Problem ist. Es ist keinem anderen Land gestattet, sich in diese Auseinandersetzung einzumischen, was gegen die völkerrechtliche Souveränität gemäss internationalem Recht verstossen würde.[131]

7. Obwohl die Volksrepublik China eine friedliche Wiedervereinigung anstrebt, behält sie sich das Recht auf den Einsatz militärischer Mittel gegenüber Taiwan vor, um gegebenenfalls eine permanente Separation der Insel zu verhindern.

Was für die USA und Taiwan der TRA ist, ist für China das Antisezessionsgesetz. Diese Formulierung bildet die Grundlage des im Jahre 2005 in der chinesischen Verfassung verankerten Gesetzes. Diese verfassungsrechtliche Anpassung könnte bei künftigen Auseinandersetzungen in der Taiwan-Frage zu einem entscheidenden Faktor werden.

Es bleibt abzuwarten, wie Beijing künftige Entwicklungen (bzgl. der Taiwan-Frage) interpretieren wird. Dies wiederum wird im Zuge der Wahrung der Eigeninteressen die Wahl der Mittel (adequate response) beeinflussen.[132]

In der Vergangenheit gab es immer wieder Anzeichen, dass Taiwan sich nicht an die „Ein-China-Politik" halte und die Unabhängigkeit anstrebe. 1994 war es der Besuch des taiwanesischen Präsidenten Lee Teng-huis in den USA und die ambivalente US-amerikanische Haltung,[133] welche die anschliessende militärische Provokation Chinas auslöste und die USA zum Überdenken ihrer Taiwan-Politik bewog. Aber auch in der jüngeren Zeit, vor allem während der Präsidentschaft Chen Shui-bians, wurde die Geduld Beijings immer wieder auf die Probe gestellt. Das Resultat ist das Antisezessionsgesetz, welches der chinesischen Regierung einen schnellen militärischen Angriff ermöglichen würde.[134]

Aber auch die chinesische Taiwan-Politik erfuhr ihrerseits Mitte der 1990er-Jahre einige Anpassungen. Einerseits veröffentlichte Jiang Zemin während der dritten Taiwan-Krise das „Programm der 8 Punkte", das die bereits erwähnten Punkte nochmals unterstrich.[135] Andererseits definierte

---

131. Randelzhofer 1999.
132. Vgl. *China.org.cn* 14.03.2005 und *Xinhua News Agency* 15.03.2005.
133. Basierend auf dem TRA verkauften die USA zu diesem Zeitpunkt F-16-Kampfjets an Taiwan. Die chinesische Regierung sah darin einen Bruch des im Shanghai Communiqué vereinbarten Abbaus der US-amerikanischen Waffenlieferungen an Taiwan.
134. Vgl. *CSIS* 21.03.2005.
135. Vgl. *China.com.cn* 30.01.1995.

Beijing Ende der 1990er-Jahre eine ergänzende Strategie zur Eingrenzung der politischen Handlungsfreiheiten Taiwans. Seither sucht Beijing wieder vermehrt den Dialog mit Taiwan mit Verweis auf den Grundsatz der Nichteinmischung in die inneren Angelegenheiten eines Staates.

4.4.1.2. Status quo der Taiwan-Frage: Wirtschafts- und sicherheitspolitische Aspekte

Wie aufgezeigt, spielt der TRA im bestehenden Gefüge eine wichtige Rolle. In erster Linie dient das Abkommen als chinesische Abschreckung und soll Taiwan einen gewissen Schutz einräumen. Das Abkommen ist aber nicht nur als Sicherheitskonzept zu verstehen, sondern es regelt auch die ökonomischen, politischen und kulturellen Beziehungen zwischen den USA und Taiwan. Die USA haben in der Taiwan-Frage keine wirkliche Vermittlerrolle inne – der Konflikt soll zwischen den beiden chinesischen Akteuren gelöst werden –, dennoch sind die Beziehungen zwischen Beijing und Taipei zeitweise fragil, sodass Washington oftmals die Rolle des Mediators einnimmt. Solange die Parteien auf beiden Seiten der Taiwan-Strasse die „Ein-China-Politik" respektieren, scheint das in erster Linie vor allem den USA in die Karten zu spielen. Denn Taiwan spielt eine wichtige Rolle in den hegemonialen Überlegungen der USA im Pazifik, während gleichzeitig ökonomische Privilegien in Bezug auf die Dreiecksbeziehung mit Taiwan und China genossen werden.

	($ billions)			
	Total	Exports	Imports	Trade Balance
World	573.3	305.4	270.0	35.6
China	124.4	81.8	42.6	39.2
Japan	62.4	19.2	43.2	-24.0
United States	57.8	32.6	25.2	7.4
Hong Kong	41.1	39.4	1.7	37.7
Singapore	28.1	19.5	8.5	11.0

Abbildung 33: Taiwans wichtigste Handelspartner[136]

Taiwan ist nach wie vor ein wichtiger Handelspartner für Washington. Dies hat sich verstärkt, seitdem die Insel, mit einem Sonderstatus als separates Zollgebiet versehen, im Jahr 2002 der WTO beigetreten ist.[137] Im letzten Jahr betrug das Gesamthandelsvolumen zwischen den USA und Taiwan 67.4 Mia.

---

136. Vgl. *Federation of American Scientists (FAS) Congressional Research Service Report* 11.12.2014.
137. Vgl. *Separate Customs Territory of Taiwan, Penghu, Kinmen and Matsu (Chinese Taipei) and the WTO*.

USD, ein Wachstum von 10 % seit 2012. Dabei exportierten die USA Waren im Wert von 26.8 Mia. USD, was Taiwan zum zehntwichtigsten Wirtschaftspartner macht. Vor allem Computer und elektronische Güter (5 Mia. USD), Maschinen (4.4 Mia. USD), Chemieprodukte (3.9 Mia. USD), Transportzubehör (2.6 Mia. USD) und Landwirtschaftsprodukte (2 Mia. USD) werden eingeführt.[138]

Taiwan gehört zu den weltweit grössten Hardwareherstellern[139] und produziert mittlerweile vor allem in Südchina – z.B. gehören die Unternehmen Foxconn Asustek,[140] BenQ, TMSC oder Acer zu den grössten Investoren auf dem Festland – oder Südostasien. Es produziert qualitativ hochwertige Technologie im Bereich der Mikrochips, elektronischen Geräte und Zubehör sowie diverse Konsumgüter, die in die USA exportiert werden.[141] Die taiwanesischen Unternehmen gehören zu den weltweit bedeutendsten Zulieferern für grosse amerikanische IT-Firmen wie Dell, Apple, Hewlett-Packard oder Microsoft.[142]

Taiwan gehört zu den 20 grössten Wirtschaftsnationen mit einem Handelsvolumen von insgesamt fast 600 Mia. USD. Der grösste Handelspartner Taiwans ist mittlerweile China. Das im 2010 vereinbarte ECFA soll diese Interdependenz weiter ausbauen sowie weitere Direktinvestitionen anziehen. Dieses wirtschaftliche Näherrücken hat die bilateralen Spannungen in den letzten Jahren in der Taiwan-Strasse gelockert. Diese Entwicklung, vor allem die Investitions- und Handelsverträge sowie Vereinbarungen haben strategische und wirtschafliche Implikationen für die USA. Auch aus diesem Grund befürworten US-Wirtschaftsstrategen die Einbindung Taiwans in das Trans-Pacific-Partnership-Konzept (TPP) innerhalb der APAC-Region.[143] Ihrer Ansicht nach würde Taiwan sich sehr gut in die angedachte Struktur einfügen, von der letzlich alle Mitglieder, inklusive den USA und Taiwan, profitieren könnten. Die zwölf Mitgliedstaaten machen zurzeit etwa 25 % des taiwanesischen Exportes aus.

---

138. Vgl. *U.S.-Taiwan Connect*.
139. Vgl. *Bloomberg* 16.05.2005.
140. Die Produktionsstätten von Asustek befinden sich auf dem günstigeren chinesischen Festland. Sie stellen unter anderem Teile für Apple (iPods), Dell, Hewlett-Packard und Quanta Computer her, dem Weltmarktführer für PC-Notebooks.
141. *American Institute in Taiwan (AIT)*.
142. Vgl. *Heise Online* 20.01.2002.
143. TPP ist eine auf der Trans-Pacific Strategic Economic Partnership Agreement (TPSEP oder P4 seit 2005/06) basierende Initiative, das in ein Handelsabkommen zwischen den USA und elf weiteren Nationen aus Nord-, Mittel- und Südamerika sowie Asien transformiert werden soll: Australien, Brunei, Chile, Japan, Kanada, Malaysia, Mexiko, Neuseeland, Peru, Singapur und Vietnam. Vgl. *The Hill* 23.07.2013.

Der TRA berücksichtigt auch die Verteidigungsfähigkeit der Insel. Somit machen US-Waffenverkäufe einen grossen Teil der ökonomischen Beziehungen aus. Taiwan gehört zu den grössten Empfängern US-amerikanischer Waffenexporte und hat in den letzten 15 Jahren seine Käufe für neue Waffensyteme und -technologien erhöht. Unter US-Präsident George W. Bush wurden 2001 erstmals U-Boote sowie in der Periode von 2004–2010 Militärausrüstung im Wert von über 5 Mia. USD an die Insel geliefert. Unter der Obama-Administration wurden weitere Waffenverkäufe im Wert von 14 Mia. USD getätigt.[144]

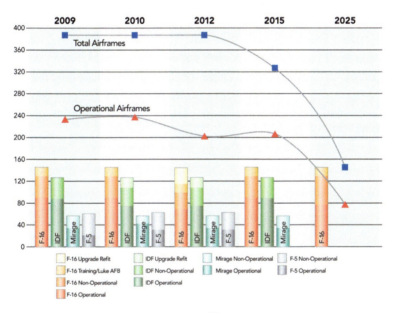

Abbildung 34: Airpower – Taiwans Einkäufe (2009–2015)[145]

Mit einer Länge von 394 km (Nord-Süd-Achse), einer Breite von 144 km (West-Ost-Ausdehnung) und einer Gesamtfläche von rund 35'800 km² ist die Insel Taiwan etwas kleiner als die Schweiz, gehört jedoch mit über 23 Mio. Einwohnern zu den am dichtesten besiedelten Regionen der Erde. Taiwan befindet sich zwischen den ressourcenreichen und strategisch wichtigen Süd- und Ostchinesische Meeren sowie inmitten der Seehandelsrouten, die westlich entlang der Taiwan-Strasse und östlich im Philippinischen Meer an

---

144. Vgl. *Federation of American Scientists (FAS) Congressional Research Service Report* 29.08.2014. Diesen Käufen gegenüber steht ein jährliches taiwanesisches Verteidigungsbudget von rund 11 Mia. USD. Vgl. auch *China Daily* 09.04.2014.
145. Vgl. *Ministry of National Defense (MND) of the Republic of China* 11.05.2010.

der Insel vorbeiführen. Die Handelsstrassen gehören zu den am meisten befahrenen weltweit und verbinden unmittelbare Märkte wie Ostasien (China, Japan, Südkorea und Russland) mit Südostasien (ASEAN) sowie Europa, Afrika und Amerika mit dem Pazifik. Es ist ein alles in allem für die Weltgemeinschaft überlebenswichtiger Wirtschaftsraum.

Die Kontrolle dieser neuralgischen Durchgangszonen, das heisst Kontrolle der *Chokepoints*, gehört zu den geostrategisch zentralen Faktoren für die Ausübung einer hegemonialen Rolle im Pazifik. In diese Überlegungen hinein spielt Taiwan für die Volksrepublik China gleichermassen eine zentrale Rolle wie für die USA. Denn Taiwan bedeutet für Beijing das Tor zum Pazifik, während die Insel für die USA eine natürliche Seeblockade darstellt. Die Nichtzugehörigkeit Tawains zum Festland ist, langfristig gesehen, für China keine befriedigende Lösung, ein Umstand, der den USA bewusst ist und welcher die Signifikanz Taiwans für die Hegemonie der USA erhöht. Für die USA ist die Wahrung des Status quo, welcher weiterhin die Stabilität und den Frieden sichert sowie die Demokratie und die wirtschaftliche Prosperität garantiert, der Schlüssel für die unangefochtene Vormachtstellung.

Abbildung 35: Geografische Lage der Taiwan-Strasse[146]

---

146. Vgl. *Stratfor*.

Diese zur heutigen globalen US-Strategie von Engagement und Containment gehörende Taiwan-Politik wurde von Joseph Nye, ehemaliger Sicherheitsberater unter Bill Clinton und vormals Dekan der John F. Kennedy School of Government an der Harvard University, nach der 3. Taiwankrise 1995/96 wie folgt auf den Punkt gebracht.[147] Demnach sollten die USA öffentlich erklären, dass:

- jegliche Art der Unterstützung einer taiwanesischen Unabhängigkeitsbestrebung oder -erklärung strikt abgelehnt wird;
- jegliche Art von militärischer Gewalt zur Rückgewinnung Taiwans nicht geduldet wird;
- der Verzicht Taiwans auf politische Unabhängigkeit eine Voraussetzung für vermehrte internationale Partizipation ist;
- Taiwan ausdrücklich auf die Unabhängigkeit verzichtet.

Nichtsdestotrotz sieht Beijing die globale Containment-Strategie der USA zunehmend gegen China gerichtet. Als Beweis werden die durch die Obama-Administration lancierte Pivot-Politik, die verstärkte Militärallianz mit Japan, die ausgeweitete strategische Kooperation mit Indien, die verbesserten Beziehungen zu Vietnam, das Umgarnen Pakistans, die Einsetzung einer pro US-Regierung in Afghanistan oder die Waffenverkäufe an Taiwan genannt.[148] Während die USA eine solche Strategie als nichtig abtun, glauben chinesische Experten in der Containment-Strategie durch die USA eine systematische Schwächung Chinas zu sehen. Ein schwaches Beijing ermöglicht die hegemoniale Stellung Washingtons in der APAC-Region aufrechtzuerhalten. Bereits 2006 definierte das Strategiepapier zur *US National Security Strategie*, China besitze das grösste Potenzial aller Staaten, um sich mit den USA auf einer militärischen Ebene zu messen, und zwar mit neuen Technologien, die mit der Zeit die Vorteile der USA ausgleichen würden. Das erklärte Ziel der USA sollte daher sein, die Machtansprüche Beijings in der Region zu verhindern.[149]

Mit Bezug auf die *Pivot-to-Asia-* oder *Rebalancing-Strategie* erklärte Hillary Clinton, damalige US-Aussenministerin, wie folgt, dass: „[...] *some believe that China on the rise, [is] by definition, an adversary [but], to contreray, we believe that the United States can benefit from and contribute to each other's success.*" Weiter: „*We see the Chinese economic relationship as essential to our*

---

147. Zhao 1999 und Nye 1998.
148. Kagan 2012.
149. Vgl. *The White House.*

own country, so we're going to consult and work in a way that will be mutually beneficial."[150] Daraus resultierte später der bereits erwähnte S&ED, welcher seit 2009 die wirtschaftlichen Beziehungen der beiden Staaten mitgestaltet. Insgesamt, so die offizielle Haltung, verfolgt Washington in seiner Pivot-to-Asia-Strategie folgende Ziele, die dem Gemeinwohl dienen: Stabilisierung der Region anhand bilateraler Sicherheitsallianzen, verstärkte Zusammenarbeit mit Wachstumsmärkten wie China, aktives Engagement in regionale multilaterale Institutionen, Erweiterung des Handels und der Investitionen. Darüber hinaus sieht der Plan jedoch auch den Aufbau einer breit angelegten Militärpräsenz sowie das Vorantreiben von Demokratie und Menschenrechten vor.[151]

Es gibt viele Experten, welche eine Gefahr der Eskalation in dieser Entwicklung sehen, die den steigenden chinesischen Nationalismus weiter antreiben und die Kooperationsmöglichkeiten mit Beijing unterminieren würden. Die regionale Situation würde China in eine internationale Spirale des geopolitischen Wettbewerbs mit den USA hineinziehen.[152] Andere wiederum sehen in der Pivot-to-Asia-Strategie die nötige Balance zwischen wirtschaftlicher und diplomatischer Einbindung Chinas und Abschreckung durch Machtpräsenz in der Region.[153] Im letzteren Punkt scheiden sich ebenfalls die Geister, die in der US-Strategie eine verfrühte Aktion sehen, da China einerseits die USA militärisch noch nicht herausfordern kann und andererseits die Situation im Mittleren Osten eine derartige Verlagerung der US-Kräfte nicht zulassen würde.[154]

Die offizielle Haltung der verschiedenen Regierungen innerhalb der APAC-Region zur Pivot-to-Asia-Strategie der USA fallen unterschiedlich aus. Die Interessen sind äusserst vielschichtig und die Beziehungsnetzwerke komplex. Zum Beispiel begrüssen US-Verbündete wie Indien oder Japan die Entwicklung grundsätzlich, denn Japan zum Beispiel sieht dem Wiedererstarken Chinas äusserst misstrauisch entgegen. Diese Meinung vertritt die Regierung in Kambodscha auf der anderen Seite nicht, die in China einen Verbündeten im territorialen Streit mit Vietnam sieht. Phnom Penh unterstützt im Gegenzug die chinesischen Ansprüche im Südchinesischen Meer. Es darf nicht vergessen werden, dass diese Staaten oftmals pluralistisch sind, sodass die offizielle Meinung der Regie-

---

150. Vgl. *Washington Post* 15.02.2009.
151. Cordesman/Colley 2015.
152. Mahadevan 2013 und Ross 2012.
153. Friedberg 2012.
154. Etzioni 2013.

rungen von der entsprechenden Bevölkerung oder den Medien nicht zwingend geteilt wird. So sieht das südkoreanische Volk, im Gegensatz zu seiner Regierung, in der diplomatischen Abhängigkeit von den USA eine Gefahr, welche die wichtigen Beziehungen zu China schaden könnte. Experten schliessen daraus, dass diese Region nicht aus einer schwarzen oder weissen Seite besteht, sondern aus lauter Grauzonen.

Von einem Wettbewerb zwischen den USA und China profitieren die einzelnen Staaten mehr, als wenn es keinen gäbe. Die Beziehungen zu den beiden Mächten werden durch die eigenen Interessen getrieben und definiert. Je nach Situation kann sich eine Haltung pro USA auszahlen oder umgekehrt. Myanmar zum Beispiel, traditionell ein Verbündeter Chinas, sieht in der Rolle der USA einen wichtigen Faktor, um die eigenen Interessen auch gegenüber China durchzusetzen. Ein kompletter Rückzug der USA würde die Regierung schwächen und diese womöglich, aufgrund politischen Drucks aus Beijing, zu einem Marionettenstaat degradieren. Umgekehrt sind die diplomatisch wirtschaftlichen Beziehungen zu China essenziell für die Entwicklung des Landes.[155] Was in diesem Zusammenhang Brzezinski schon früh bemängelte, ist, dass Asien es nicht geschafft hat, kooperative und effiziente multilaterale Netzwerke zu schaffen. Dabei beschreibt er, dass sich die Vereinigten Staaten in der Rolle des Stabilisators sehen in einer sich rasant entwickelnden Region in einem zunehmend fragilen Gefüge, welches nur wenig braucht, um in sich zusammenzufallen.[156] Auch Christopher Hemmer und Peter J. Katzenstein haben 2002 ausführlich dargelegt, warum es in Asien keine NATO gibt, und führen historische, kulturelle, politische und geografische Gründe auf. Zum geografischen Aspekt hat sich in der Vergangenheit vor allem Stephen Walt mehrmals geäussert. Sein Standpunkt ist, die geografischen Verhältnisse und Landmassen in Asien lassen eine einheitliche und kontinentübergreifende Organisation nicht zu.[157]

---

155. Vgl. *Brookings Institute* 31.01.2012.
156. Brzezinski 1997.
157. Walt 2009.

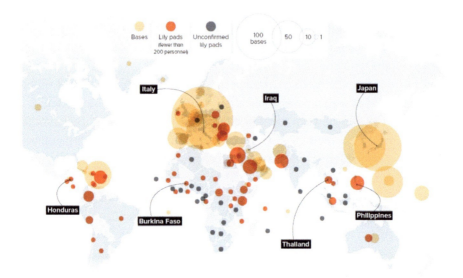

Abbildung 36: Weltweite US-Militärbasen[158]

Aus diesem Grund bedarf es nach wie vor der Rolle der USA, die als Stabilitätsfaktor innerhalb der Region agieren soll. Mit der Pivot-to-Asia-Strategie spielen die USA ihre gegenwärtige Militärdominanz aus. Das Konzept sieht eine Verstärkung und den Ausbau ihrer Militärbasen vor, wobei die Stationierungen einem Rotationsmodus zu unterstellen sind, um die Einheiten einem geringeren Angriffsrisiko auszusetzen. Insgesamt haben die USA über 400 Militärstationen in Asien. Dabei umschliessen sie das chinesische Festland mit einer militärischen Präsenz (Marine, Navy oder Air Force) unter anderem in Japan, Südkorea, den Philippinen, Australien, Singapur, Thailand und Afghanistan sowie auf Hawaii, Guam und Diego Garcia im Indischen Ozean.[159] Gemäss US-Angaben verfügt der Commander-in-Chief des U.S. Pacific Command über rund 300'000 Mann.[160] Mit der Komplettierung des Pivot-to-Asia-Konzepts werden 60 % der US-Navy in der APAC-Region stationiert sein, ein Anstieg von 10 %.[161]

---

158. *Politico* Juli/August 2015.
159. Vgl. *Politico* Juli/August 2015. Eine US-Navy-Präsenz in Hong Kong gibt es in Form eines Ship-Support-Büros zwischen der Insel Lantau und Tsing Yi (Pun Shan Shek Anchorage). Vgl. *US Militarybases*.
160. *U.S. Pacific Command*.
161. Es soll ein weiterer Flugzeugträger zusammen mit sieben Zerstörern, zehn Schiffen für die küstennahe Gefechtsführung, zwei U-Booten aufgeboten werden und zusätzlich Aufklärungseinheiten wie das EP3-Spionageflugzeug.

Dieser US-Dominanz versucht China Schritt für Schritt entgegenzuwirken. Wie bereits aufgezeigt, hat sich China zu einer wirtschaftlichen Macht entwickelt. Daraus ergeben sich in vielerlei Hinsicht neue Möglichkeiten, sich auch militärisch gegen eine von den USA angeführte Containment-Strategie mittel- bis langfristig zu erwehren, wie dies durch die militärischen Aufrüstungsbemühungen sowie Modernisierungen untermauert wird. Hinzu kommt ein wichtiger Aspekt, dass China nämlich seit 1964 eine Nuklearmacht ist und sich somit auf gleicher Ebene befindet wie die USA (1945), Russland (1949), Indien (1974), Pakistan (1998) und Nordkorea (2006).[162]

Musste Beijing in der ersten und zweiten Taiwan-Krise noch mit einem möglichen nuklearen Schlag der USA rechnen, hat sich diese Gefahr auf ein berechenbares Restrisiko reduziert. Der wirtschaftliche Aufstieg hat jedoch weitere Türen geöffnet. Wie bereits angesprochen, hat sich China in der internationalen Gemeinschaft um Anerkennung bemüht, um als Kooperationsstaat (und nicht Gefahr) wahrgenommen zu werden. Dabei hat Beijing in der ASEAN-Organisation eine wichtige Rolle eingenommen, steht für Massnahmen zum Klimaschutz ein, engagiert sich in bi- und multilateralen Krisenbewältigungs- sowie Hilfsprojekten und bekämpft den Terrorismus. Dass die Terrorismusbekämpfung in erster Linie auf eigenem Territorium passiert, passt sich nahtlos an die Kerninteressen und dem Weisspapier der friedlichen Entwicklung an, also keine Einmischung in die inneren Angelegenheiten eines souveränen Staates; eine Position, die China von anderen Regierungen einfordert, wenn es um die Taiwan-Frage geht.[163]

Die offensichtlich militärische Überlegenheit der USA hat Beijing in den vergangenen Jahren angespornt, um die eigene Verteidigungs- und Schlagkraft zu erhöhen und sein Abschreckungpotenzial auszubauen. Grössere Abschreckung bedeutet letztlich auch mehr Chancen, um die eigenen Interessen durchzusetzen, und davon hat China einige, vor allem im Chinesischen Meer. Die jedoch unmittelbar stärkste Waffe ist diejenige, die durch die wirtschaftliche Potenz Chinas ausgestrahlt wird. Die Strategie, nach der wirtschaftliche Interdepenzen geschaffen werden sollen, anhand derer Druck über Handelspartner ausgeübt werden kann, ist innerhalb der KPC eine legitimierte und stark verbreitete Vorgehens-

---

162. *Nuclear Threat Initiative (NTI)*. Fünf der insgesamt neun offiziellen und faktischen Atommächte befinden sich in Asien. Vermutet wird, dass Iran und Saudi-Arabien ebenfalls Nuklearwaffen besitzen.
163. *Constitution of the People's Republic of China*.

weise. Sie scheint sich stark an Konfuzius' Lehre „Die Kunst des Krieges" zu orientieren. Es gibt daher nicht wenige Stimmen in den USA, die behaupten, Beijing führe einen kalkulierten und kontrollierten Wirtschafts- und Handelskrieg, in erster Linie gegen Washington. Dabei hat Beijing gelernt, sich an die Umstände und die internationalen Spielregeln geschickt anzupassen. Peter Navarro, Wirtschaftsprofessor der University of California, hat in seinem Buch „Death by China" diese Thematik aus seiner Sicht dargelegt.[164]

Der WTO-Beitritt wurde von Washington stark forciert, denn die USA waren überzeugt, mit der Einbindung Chinas die eigene Agenda vorantreiben zu können, die unter anderem waren: Marktzugang für US-Firmen erschliessen, Anbindung Chinas an internationale Handelsregeln (fairer Handel), politische Öffnung des Landes, Freiheit für die chinesische Bevölkerung durch Demokratisierung und Stabilität in der Region erzielen. Nach bald 15 Jahren sieht die Realität ernüchternd aus. China ist nach wie vor weit weg, eine Demokratie zu sein und scheint sich stattdessen zu einem autoritäreren Staat zu transformieren.[165]

Was die wirtschaftlichen Vorteile angeht, so weisen die USA seit Jahren ein signifikantes Handelsdefizit mit China auf, was dazu geführt hat, dass China zum grössten Gläubiger der USA geworden ist. Dazu ist es, aus Expertensicht, in erster Linie gekommen, weil sich Beijing nicht an die WTO-Regeln hält. China wird vorgeworfen, seine Währung zu manipulieren, sich um keine Umweltrichtlinien für Firmen und Produktionsstätten zu scheren, keinen Arbeitnehmerschutz oder sonstige sozialen Leistungen zu gewähren und dass fehlende Rechtssicherheit zum Beispiel für geistiges Eigentum keine Basis für Klagen ermöglicht. Die Liste der Vorwürfe ist lang. Dadurch konnten sich chinesische Firmen einen Wettbewerbvorteil verschaffen mit staatlicher Unterstützung. Hinzu kommen direkte Subventionen durch die Regierung, die es den eigenen Unternehmungen ermöglicht, die Märkte mit Billigprodukten zu überschwemmen. Anstatt ein harte Haltung gegen solche Praktiken einzunehmen, erlaubten vor allem die US-Regierung die Verlagerung der Produktion vieler MNCs, wie Apple, Boeing, GE, Honeywell, Caterpillar, Coca Cola, Ford, IBM oder Cisco Systems nach China. Denn dort war der Wettbewerbsvorteil geringer, brauchte das Management sich genauso wenig an hinderliche Gesetze und Regeln zu halten. Dies wurde geduldet im Glauben, dass das Know-how im Land bleiben würde. Mittlerweile sind viele

---

164. Navarro/Autry 2011.
165. Bell 2015.

F&E-Anlagen ebenfalls nach China verlagert worden, womöglich mit gravierenden Folgen. Die chinesische Regierung hat angekündigt, in einigen Jahren keine Flugzeuge von Boeing oder Airbus mehr zu kaufen, sondern eigene herzustellen. Die Technologie dazu holt sich Beijing aus einer Partnerschaft mit dem US-amerikanischen Unternehmen GE.[166] Hinzu kommen Befürchtungen, wie das bekannteste Beispiel von Google zeigt, dass ausländische Firmen über kurz oder lang die Grenzen einer chinesischen Marktwirtschaft durch das kommunistische Regime aufgezeigt bekommen. Das Kreieren von unvorteilhaften Bedingungen mit protektionistischen Zügen soll bald die Norm werden. Denn der chinesische Binnenmarkt soll langfristig hauptsächlich für chinesische Unternehmen zugänglich sein, während der Profit im Land bleiben soll. Diese Entwicklung hat in den USA Spuren hinterlassen, da viele Firmen abgezogen sind und mit ihnen die Arbeitsstellen. Als Folge davon gab es etliche Firmenschliessungen und viele Arbeitslose zu beklagen. Zudem zeichnet sich mittel- bis langfristig die Gefahr ab, den technologischen Vorsprung gegenüber Ländern wie China zu verlieren. Für viele macht es den Anschein, als hätte China die USA im eigenen Spiel geschlagen.[167]

Mit dieser Meinung stehen die beiden Autoren nicht alleine da. Jedoch unabhängig davon, wie negativ das Bild Chinas auch gezeichnet wird, Fakt ist, dass die US-amerikanische Bevölkerung seit Jahren über ihren Möglichkeiten lebt, dass die Regierung rund 3 Trillionen USD Schulden angehäuft hat und dass Beijing die weltweit grössten USD-Reserven aufweisen. Allein diese Tatsachen lassen zumindest erahnen, dass sich die USA in eine kritische Lage gebracht haben, dessen Konsequenzen wohl erst in naher Zukunkft absehbar sein werden. Und sie hält weiter an, denn der wirtschaftliche Aufschwung Chinas hat weitere Schauplätze zu potenziellen Kriegszonen gemacht, zum Beispiel innerhalb der Medien, Finanzen, Kultur oder das Internet.

Diese Entwicklung macht Beijing zu einem äusserst ernst zu nehmenden Rivalen für Washington. Denn China ist das erste Land, welches ein Potenzial (Bevölkerung und Wirtschaft) aufweist, das gross genug ist, um die USA auf allen Ebenen langfristig herauszufordern. In diesem Zusammenhang hat der US-Kongress eine permanente Untersuchungskommission eingerichtet, welche die wirtschaftlichen und sicherheitspolitischen Herausforderungen durch China verfolgen und analysieren soll. Dass China die Absicht hat, den USA mehr als nur ein Bein zu stellen, zeigt

---

166. Navarro/Autry 2011.
167. Ebd.

sich nicht nur in wirtschaftlichen Belangen, sondern zunehmend auch in der militärischen Ausrichtung Beijings.[168] China hat die Militärausgaben in den letzten Jahren stark erhöht und investiert massiv in die Entwicklung neuer Technologien. Im März 1986 hat die Regierung den „State High-Tech Development Plan" oder kurz „863 Program" ins Leben gerufen. Ziel ist in erster Linie, die Abhängigkeit von ausländischen Technologien und Finanzierungen zu verringern, indem relevantes externes Know-how in die eigene Planung eingebracht wird. Gleichwie für die anderen Programme, wie das „National Basic Research Program" oder auch „973 Program" genannt, „Project 985" und „Project 211" sowie die „Fünf-Jahres-Pläne in Wissenschaft und Technologie" gibt es auch für das „863 Program" von der Regierung klare Vorgaben und jährliche Ziele, die erreicht werden müssen.[169] Dabei fliesst immer auch ein entscheidender Teil in die militärische F&E, denn viele zivil genutzte Applikationen finden spätere Anwendung in der Armee und teilweise umgekehrt. Damit schaffte es Beijing, in diesem Bereich massiv aufzuholen und eine stärkere Front aufzubauen. In diesem Zusammenhang spielen die Errungenschaften, wie folgende Beispiele zeigen, eine zentrale Rolle für die Modernisierung der Gesellschaft und der Streitkräfte:

- Harwareentwicklung/Supercomputing: schnellster Rechner der Welt
- Transport/Infrastruktur: weltweit längstes High-Speed-Eisenbahnnetz
- Digitalisierung: Made in China 2025 soll die nächste Produktionsära einläuten
- Nationales Raumfahrtprogramm: aktivste Nation mit rund 30–40 Satelliten-Launches pro Jahr
- 5. Generation Jet-Fighter: Chengdu J-20
- Tiefsee-Explorationsmission: Forcierung von Technologien für Meeresbergbau zur Erschliessung/Förderung von Bodenschätzen

Mit der stetigen Aufrüstung dank wirtschaftlicher Errungenschaften sind auch das Selbstbewusstsein und der Nationalstolz, teils von der Regierung forciert, innerhalb des Landes signifikant gestiegen.

---

168. *Wallstreet Journal* 15.08.2010.
169. Siehe auch Kapitel *4.1.2. Der Aufstieg Chinas*.

Anwendung der Szenarioplanung in der Taiwan-Frage   115

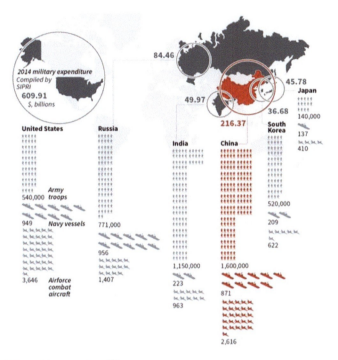

Abbildung 37: Streitkräfte im Vergleich[170]

Dies hat dazu geführt, dass die chinesische Regierung in den letzten Jahren, und vermehrt seit 2010, die Verfolgung ihrer Interessen intensiviert hat. Die diplomatische Rhetorik hat sich verstärkt, die Drohung mit wirtschaftlichen Sanktionen als Durchsetzungsmittel bewährt sich und auch militärisch schreckt Beijing nicht mehr zurück, wie verschiedene Vorfälle v.a. im Chinesischen Meer immer wieder zeigen. Die aus Sicht der USA stabilisierende Wirkung der Aufnahme Chinas in die WTO ist ebenfalls nicht eingetroffen.[171]

Wenn man die unter Abbildung 41 aufgezeigten Kerninteressen Beijings heranzieht, dann lassen sich konkrete Parallelen ziehen. Aus der 9-Dash-Line sowie der Situation im Chinesischen Meer lassen sich Chinas territoriale, wirtschaftliche sowie sicherheitspolitische Ansprüche ableiten, die Integrität, innere politische Stabilität und Souveränität festigen sollen.[172]

---

170. Vgl. *AFP/SIPRI/cfr.org*.
171. Navarro/Autry 2011.
172. Vgl. Kapitel 4.1.2 *Der Aufstieg Chinas*.

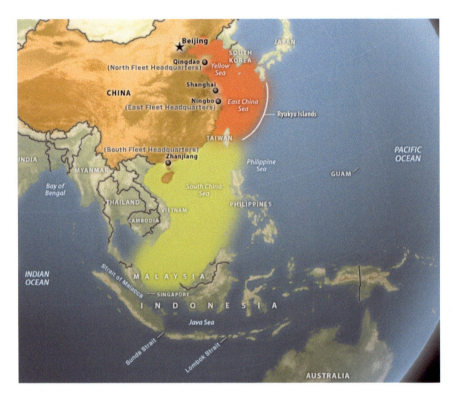

Abbildung 38: Pufferzone „Chinesisches Meer"[173]

Die Wahrung und Durchsetzung dieser vitalen Interessen widerspiegelt sich in der sicherheitspolitischen Planung der chinesischen Regierung, die Verteidigungsstrategie ihrer Marine umzusetzen. Diese Strategie zeigt sich dreiteilig und beinhaltet die Verteidigung der Küstenregionen[174] *(offshore waters protection)*, die Verteidigung nicht territorialer Gewässer sowie die sich tief in internationale Gewässer erstreckenden Gebiete *(open seas protection concept)*:

Die dritte angestrebte Verteidigungslinie dient dem Schutz der wirtschaftlich prosperierenden Ostküste des Landes, die von Tianjin, über Shanghai nach Hong Kong und der Insel Hainan reicht.

---

173. Vgl. *Stratfor* 2010 und *U.S. Naval Institute*.
174. Siehe Wang 2001/2016.

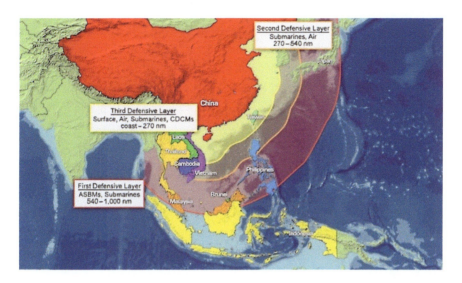

Abbildung 39: Chinas Verteidigungslinien entlang der Küste und im Pazifik[175]

Die zweite Linie berücksichtigt die für den Handel genutzten Seewege, die entlang der östlichen Küstenlinien Chinas als auch Taiwans verlaufen (bis ca. 1000 km). Wie erwähnt, ist die Sicherung dieser Handelsrouten enorm wichtig für Chinas strategische Überlegungen.

Der erste Verteidigungsring soll den maritimen Raum jenseits der Küstenlinie sowie der EZZ (rund 2000 km entfernt) schützen. Diesem Konzept folgend kommt es daher nicht von ungefähr, dass Beijing auf Basis der 9-Dash-Line fast das ganze Südchinesische Meer beansprucht sowie strategisch wichtige Stellungen im Ostchinesischen Meer, inklusive die verbindende Insel Taiwan. Um diese Ansprüche nicht nur auf dem Papier geltend zu machen, sondern konkret auch umzusetzen, hat China in den letzten Jahren seine Präsenz auf den Paracel-Inseln – die sie in einer Auseinandersetzung mit Vietnam 1974 quasi vollumfänglich annektiert haben – stetig ausgebaut. Die Inseln dienen als wichtige Versorgungs- und Umschlagplätze. Darüber hinaus hat Beijing zum Beispiel auf Woody Island, als Teil der Paracel-Inseln, eine extensive Militärbasis errichtet mit, so wird von Washington vermutet, Verteidigungstechnologien wie Bodenluftraketen des Typs HQ-9 oder mit fortschrittlichen Frühwarnsystemen des Typs 3058 AESA Acquistion Radar. Zudem hat Beijing die Positionierung von J-11-Kampfjets angekündigt. Dar-

---

175. Vgl. *Business Insider* 13.04.2015.

über hinaus hat Beijing seit 2014 mit Aufschüttungsarbeiten beim Fiery Cross Reef und Mischief Reef begonnen. Das sind zwei Riffe, die ursprünglich grösstenteils unterhalb der Wasseroberfläche lagen und sich innerhalb der Inselgruppe der Spratly befinden. Da die eigentlichen Spratly-Inseln bereits von Anrainerstaaten okkupiert sind, sah sich Beijing gezwungen, künstliche Inseln zu schaffen.

4.4.1.3. TMD-Aufrüstung Taiwans durch die USA

China befürchtet, ein unabhängiges Taiwans könnte Berücksichtigung in der verteidigungsstrategischen Planung der USA für die Region finden, ähnlich wie in den US-Eindämmungsbestrebungen gegenüber China in den 1950er-Jahren.[176] Taiwan bietet sich hervorragend an, unter anderem mit Japan und Südkorea als Teil einer westpazifischen US-Raketenabwehr zu fungieren. Diese Aufstellung wiederum würde sich in ein globales US-amerikanisches Abwehrsystem einreihen – dem TMD-Programm (Theater Missile Defense) – zur Eindämmung bestimmter Gefahren-potenziale, wie zum Beispiel China.[177] Dieses Projekt könnte die chinesische Abschreckungsmaschinerie untergraben und die Wirkung der aufgestellten chinesischen Raketendrohkulisse in Richtung Taiwan-Strasse entschärfen.[178] Das westpazifische Abwehrbollwerk der USA, welches von Südkorea aus über Okinawa (Japan) und die Philippinen[179] (erste Inselkette) weiter nach Singapur bis Thailand reicht, ermöglicht es den USA, die Containment-Zone eng entlang der Ostküste Chinas zu ziehen. In dieser ersten Inselkette könnte Taiwan mitberücksichtigt werden. Ein weiterer Ring, der sich mit Japan, Guam bis weiter nach Australien erstreckt, schränkt den Einflussradius der chinesischen Marine weiter ein.

---

176. Ross 2002: 54ff.
177. Christensen 2000. Weitere geplante TMD-Standorte sind unter anderem in Europa (Tschechien und Polen) sowie in den USA (Carlsbad/CA).
178. Vgl. Lee 2003.
179. Obwohl Ende 1992 die US-amerikanischen Militärstützpunkte Subic Bay (Marine) und Clark (Luftwaffe) auf den Philippinen geschlossen wurden, bleibt zwischen den beiden Staaten eine historisch begründete enge Verbindung als wichtigste Konstante ihrer aussenpolitischen Beziehungen. Vgl. *Stratfor* 2010.

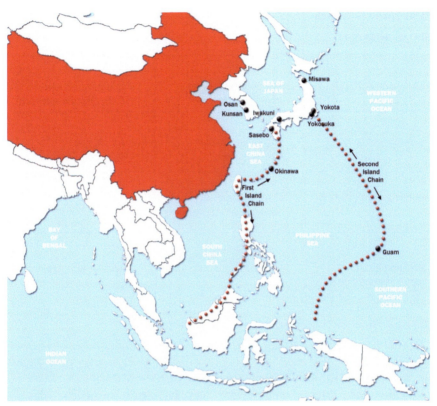

Abbildung 40: Erste und zweite US-Inselkette[180]

Westlich und südwestlich Chinas komplettieren weitere Stützpunkte und strategische Allianzen die Containment-Strategie der USA, wie zum Beispiel mit Pakistan, Afghanistan und Indien.[181] Wie erwähnt, stehen 300'000 US-Soldaten im Einsatz – Army, Navy, Air Force and Marine, aufgeteilt in drei grosse Hauptverbände mit je 100'000 Soldaten. Dies macht rund 20 % aller weltweit im Einsatz stehenden US-Kräfte aus.[182]

Diese gegenseitige Herausforderung ist irreversibel, und betrachtet man die Interessen der USA und Chinas im pazifischen Raum etwas genauer, so fällt auf, dass diese sich mehrheitlich überschneiden. Taiwan spielt dabei als eines der zentralen Elemente eine enorm wichtige Rolle.

---

180. *Stratfor* 07.03.2015.
181. Vgl. Abbildung 36 „Weltweite US-Militärbasen".
182. *U.S. Pacific Command*.

Strategische Interessensüberschneidungen	USA	China
- sicherheitspolitisch	Verteidigungsgürtel Pivot-to-Asia	Zugang zum Pazifik (US-Inselketten sprengen)
- geo-ökonomisch	u.a. Kontrolle der Chockepoints	- 9-dash-line - Kontrolle Chin. Meer
- politisch/diplomatisch	US-Cointainment Strategische Allianzen	- Territoriale Integrität - String of Pearls
- geostrategisch. regional/international	Globale Dominanz	Hegemon in Asien

Abbildung 41: Strategische Interessen der USA und Chinas im Westpazifik

1. Sicherheitspolitische Aspekte: Pivot-to-Asia-Strategie der USA und das TMD-Abwehrsystem versus Chinas Ansprüche, das Chinesische Meer zu dominieren und die beiden Inselketten zu durchbrechen (Taiwan als Tor zum Pazifik);
2. Geo-ökonomische Ziele: strategische Kontrolle der *Chokepoints* in der Region durch die USA versus der chinesische Zugang zu Häfen, Märkten, Fischereigründen, Erdöl- und Erdgasressourcen (9-D-L);
3. Politische Ambitionen: Containment-Strategie der USA und diplomatische Allianzen versus Chinas steigendes Selbstbewusstsein, Bemühungen um territoriale Integrität und String-of-Pearl-Strategie;
4. Regionale und überregionale Machtansprüche: US-Suprematie versus regionale Hegemonie durch China.

Die Tragweite dieser Interessen, mit Bezug auf die Region und auf Taiwan, für die künftige Prosperität, Integrität, Reputation und Dominanz sind für beide Staaten von existenzieller Bedeutung.

***

Alles in allem kann zusammengefasst werden, dass sich Beijing strategisch geschickt aufgestellt hat und zum Beispiel die mit dem WTO-Beitritt einhergehenden Vorgaben auf eigene Weise überdurchschnittlich gemeistert hat. Einige Kritiker behaupten, China könne sich als einseitigen WTO-Gewinner betrachten. Die Vorherrschaft der USA, so räumen auch chinesische Experten ein, ist nach wie vor gegeben. Der Vorsprung ist jedoch geschrumpft und die Zeit scheint für Beijing zu laufen. Die USA ist, militärisch gesehen, immer noch die klar dominierende Macht, doch wirtschaftlich als auch diplomatisch hat es teils Veränderungen zugunsten Beijings gegeben. Es ist zumindest erkennbar, dass der Status quo – falls Washington keine entsprechenden Massnahmen durchsetzt sowie schnelle, erfolgreiche Anpassungen vorgenommen werden – mittelfristig nicht mehr die Interessen der USA abdeckt. China ist bereits die zweitgrösste Wirtschaftsnation und aspiriert die Nummer eins zu werden. Die Herausforderungen für die USA werden im asiatischen Raum grösser mit dem Wiederaufstieg Chinas und es wird wohl nicht möglich sein, die Entwicklung rückgängig zu machen. Aus diesem Grund ist es an der Zeit, sich vom Trendszenario, dem Status quo, wie wir ihn bis anhin kannten, früher als später zu verabschieden. China fordert die USA heraus wird nicht vom Kurs weichen, mit dem Ziel der regionalen Hegemonie.

Das 21. Jahrhundert wird geprägt sein von der Qualität dieser Beziehung zwischen den USA und China. Ist diese feindselig geprägt, so werden die kommenden Jahrzehnte ebenfalls geprägt von Spannungen, Konflikten und Auseinandersetzungen sein. Beide Regierungen machen ihre Existenz von einer regionalen Dominanz in Asien abhängig. Wir befinden uns bereits in einem Krieg mit unkonventionellen Waffen, wie zum Beispiel Handelskrieg, Cyberattacken, Medienpolemik, vor allem zwischen den beiden Kontrahenten. Der Wettkampf um die Suprematie in Asien zwischen den USA und China ist im vollen Gange.

4.4.2. Grossrepublik China (Szenario A)

Ausgehend vom soeben aufgezeigten Status quo, welcher nicht statisch ruht, soll in diesem Kapitel von der Möglichkeit einer konfliktfreien

Annäherung oder Versöhnung zwischen den beiden Hauptakteuren gesprochen werden.

4.4.2.1. Wirtschaftliche Interdependenz

Aus der Geschichte wissen wir, wie ähnlich sich die beiden Staaten China und Taiwan kulturell, ethnisch und sprachlich sind. Darüber hinaus haben sich in den letzten rund 15–20 Jahren auch die wirtschaftlichen Beziehungen enorm verflechtet, sodass die Interdependenz heute eine kritische Masse überschritten hat. Im Juni 2010 haben Beijing und Taipei das „Economic Cooperation Framework Agreement (ECFA)" in Chongqing unterschrieben, welches als wichtigstes Abkommen seit 1949 erachtet wird. Darin sollen Handelstarife gesenkt werden, um den gegenseitigen wirtschaftlichen Austausch sowie Investitionen weiter zu fördern.[183] In den frühen 1990er-Jahren begann die taiwanesische Regierung damit, die Restriktionen für indirekte Investitionen nach China langsam abzubauen. Waren es 1991 etwa 14 Mio. USD, die ins Nachbarland flossen, stieg diese Zahl innerhalb von 20 Jahren auf über 14 Mia. USD. Umgekehrt stockte China seine Investitionen in Taiwan von 10 % auf 80 % auf. Taiwanesische Unternehmen wurden angelockt von den Vorteilen auf dem Festland: billige Arbeitskräfte, tiefere Landpreise und privilegierte Behandlung durch die Regierung in Beijing. Die meisten Investitionen flossen damals noch über Holdings in Hong Kong oder Bankinstitute auf karibischen Inseln (Virgin Island, Cayman Island) in das Land der Mitte. Im Jahr 2000 wurden schliesslich Direktinvestitionen erlaubt sowie weitere Sektoren geöffnet, sodass sich dieser Investitionsfluss bald besser regulieren liess.

Nicht nur das Investitionsvolumen hat sich seither vergrössert, sondern auch die Qualität respektive die Produkte und Industrien, in welche das Geld fliesst. Taiwan investiert mittlerweile über 30 % in Chinas ICT-Sektor (Information and Communication Technology), inklusive Computer, Hardware, Elektronik und Software. Zum Beispiel tätigten die ICT-Produzenten Foxconn Technology und Compal Electronics, die weltweit zu führenden ICT-Konzernen gehören, allein im 2011 Investitionen im Wert von über 1.1 Mia. USD in China.[184]

---

[183]. Vgl. „Cross-Straits Economic Cooperation Framework Agreement" der WTO.
[184]. Vgl. Chiang/Gerbier 2013.

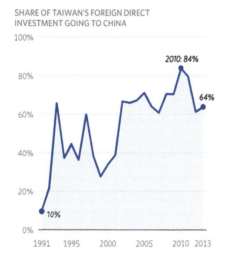 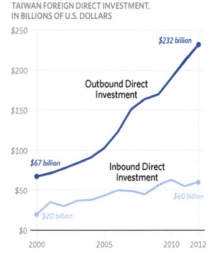

Abbildung 42: TaiwansInvestitionen in China[185]

Seit 2002 sind mindestens 60 % der gesamten Direktinvestitionen Taiwans an China gegangen (2010 waren es 84 %), was 2012 rund 140 Mio. USD ausmachte (siehe oben Abbildung). Mit Blick auf die Wirtschaftsbeziehungen hat sich China seit 2000 zum wichtigsten Handelspartner für Taiwan etabliert. Die Abhängigkeit Taiwans von Beijing hat sich seither noch vergrössert. Seit Inkrafttreten des ECFA ist der Handel um 16.7 % gestiegen auf ein Rekordniveau von 197 Mia. USD, wovon rund zwei Drittel der Insel in Form eines Überschusses zugutekommt.[186] Mittlerweile werden über 40 % der auf Taiwan produzierten Güter an den Nachbarn geliefert. Im Gegenzug haben die Exportzahlen nach Europa und Japan abgenommen, mit Ausnahme der ASEAN-Staaten. Japan bleibt nach wie vor Taiwans grösstes Importland, jedoch zeigt sich auch hier ein Negativtrend (vor vier Jahren viel der Wert erstmals unter 20 %; 2001 waren es noch rund ein Viertel).[187] Viele der grossen taiwanesischen Unternehmungen folgten dem Markt und haben Niederlassungen und Produktionsstätten vor allem in Südchina errichtet.[188] Es wird geschätzt, dass zwischen 40–80 % der taiwanesischen Güter mittlerweile in China produziert werden. Auch zieht es mehr und mehr Taiwanesen nach

---

185. *Central Bank of the Republic of China.*
186. *Die Welt* 11.02.2014.
187. Chiang/Gerbier 2013.
188. Erling 2014.

China. Vor allem Jugendliche finden besser bezahlte Arbeit auf dem Festland, weil der Stellenmarkt auf der Insel seit Jahren stagniert.

4.4.2.2. Politische Annäherung

Wie eingangs erwähnt, hat sich in den letzten Jahren der politische Austausch zwischen Beijing und Taipei intensiviert. Seit Ma Ying-jeou die politischen Geschicke der Insel führt, haben Taiwan und China insgesamt 20 Verträge unterzeichnet, welche die Beziehungen zwischen den Nachbarn normalisieren sollen, darunter die erwähnte Wiedereinführung der „Three Links" (Post, Transport und Handel). 2014 kam es in Nanjing zum bisher ranghöchsten Treffen offizieller Regierungsmitglieder, als der Vizeaussenminister Chinas, verantwortlich für das Taiwan Affairs Office (TAO), Zhang Zhijun seinen taiwanesischen Kollegen Wang Yu-chi, Minister des Mainland Affairs Council (MAC), empfing.[189] Dieser Akt der Wiederaufnahme eines direkten politischen Dialogs soll den „Austausch, Verständnis und Vertrauen" auf beiden Seiten stärken. Formal betrachtet, befinden sich beide Parteien noch im Bürgerkriegszustand, weil seit 1949 kein Friedensvertrag geschlossen werden konnte. Obwohl dieses Treffen historischen Charakter hat, haben sich sowohl Beijing als auch Taipei zurückhaltend gezeigt. Dennoch äusserten beide die Absicht, jeweils eine „politische Niederlassung" auf dem Hoheitsgebiet des anderen zu errichten. Darüber hinaus einigte man sich auf konkrete Verbesserungsvorschläge in den Bereichen Wirtschaft, Handel, Studium und Kultur.[190]

Die Beziehungen sind zurzeit auf einem Allzeithoch, was durch die Absicht Präsident Mas, am APEC-Treffen in Beijing im letzten Herbst nicht teilzunehmen, wodurch ein von vielen erwartetes Spitzentreffen mit Xi Jinping nicht zustande kam, nicht getrübt wurde. An seiner Stelle besuchte der ehemalige Vizepräsident Vincent Siew die chinesische Hauptstadt. Allein 2013 reisten rund 5.2 Millionen Taiwanesen nach China.[191] Umgekehrt waren es 2.2 Millionen Besucher vom Festland, eine beachtliche Zahl, wenn man die Einreisebeschränkungen durch die Regierung in Taipei berücksichtigt. Und der Präsident will eine Annäherung an China trotz Widerstände weiter vorantreiben. Im Juni 2013 unterschrieben beide Regierungen den „Cross-Strait Service Trade

---

189. *TAZ* 11.02.2014
190. *Die Welt* 11.02.2014.
191. *Taiwan Affairs Office of the State Council.*

Agreement (CSSTA)".[192] Dieser Pakt soll die wirtschaftliche Beziehungen erweitern und 64 Industriesektoren auf Taiwan respektive 80 in China für die jeweilige Gegenseite für Investitionen zugänglich machen, unter anderem im Bereich Finanzdienstleistung, Tourismus/Hotelerie, Kommunikationssektor und im Gesundheitswesen.[193] Das Abkommen erfuhr heftige Reaktionen sowohl aus der Politik und vor allem aus der Bevölkerung, das CCSTA gilt als Auslöser des „Sunflower Student Movement", die im März 2013 seinen Anfang fand.

4.4.2.3. Ein Land, zwei Systeme

Eine friedliche Wiedervereinigung mit Taiwan ist das erklärte Ziel für Beijing und der Best Case. Dabei gilt Hong Kong als Modell für eine solche Rückführung gemäss der Formel „Ein Land, zwei Systeme", die unter Deng Xiaoping erstmals verkündet wurde.[194] Das Prinzip sieht vor, dass Taiwan wie Hong Kong[195] sein ökonomisches und politisches System beibehalten könne – also den Kapitalismus sowie die Demokratie. Darüber hinaus würde Beijing der Insel die Weiterführung seines eigenen Militärs gewähren. Die diplomatischen Beziehungen und die Verteidigung des Landes würde jedoch alleinig der legitimierten Regierung in Beijing obliegen, der KPC. Die taiwanesische Regierung hat diesen Vorschlag stets abgelehnt und teils Gegenvorschläge angebracht wie „Ein Land, zwei Regierungen" oder „Ein Land"-im-„Ein Land, zwei Systeme"-Kontext, was wiederum Beijing als inakzeptabel abtat.[196]

Obwohl die wirtschaftliche Verflechtung stark vorangetrieben wird und die politische Annäherung als signifikant gilt, bleibt eine Frage nach wie vor offen: Sollten sich beide Lager für eine Rückführung entschliessen können, wie könnte diese aussehen? Vor allem die KMT, aber auch die Peopple First Party (PFP) und die China New Party (CNP) tendieren für eine Wiedervereinigung, für die Rückführung des Festlands an die Insel. Die Opposition zu diesem Vorhaben bildet hauptsächlich die DPP, die unter Chen Shui-bian von 2000–2008 Taiwan regierte. In seiner Amtszeit kam es immer wieder zu Spannungen zwischen Chen und der

---

192. CCSTA ist einer von zwei auf dem ECFA basierenden weiterführenden Verträgen. Der andere ist der „*Cross-Strait Goods Trade Agreement (CSGTA)*", welcher bisher noch nicht verhandelt wurde.
193. *Taipei Times* 23.06.2013.
194. Vgl. *CSIS* 16.04.1987. Deng hielt eine Rede an einer Sitzung mit Mitgliedern des Komittees, welche für die Erarbeitung des künftigen Grundgesetzes für Hong Kong verantwortlich war.
195. *Xinhua* 10.06.2014.
196. *China.org.cn*.

Regierung in Beijing, aber auch mit Washington. Die DPP verfolgt eine Politik der Unabhängigkeit, die zum Antisezessionsgesetz geführt hat, welches China 2005 erlassen hatte.

4.4.2.4. Taiwan

Taiwan sieht sich einem Dilemma ausgesetzt. Der einst vertraglich vereinbarte Status quo ist auf eine Wiedervereinigung ausgelegt. Diese Abkommen stammen teils aus einer Zeit, als nationalistische Hardliner der KMT noch an eine Vereinigung unter eigener politischer Kontrolle glaubten oder zumindest darauf hofften. Vor dem Hintergrund des wiedererstarkten Chinas präsentiert sich die heutige Situation jedoch differenzierter. Der einstig militärisch als auch wirtschaftlich rückständige Nachbar konnte seine schiere „Masse" mittlerweile nutzen, um das Land in einen überlegenen Rivalen zu transformieren. Die Aussichten auf ein China unter KMT-Herrschaft haben sich mit dem Aufstieg der Volksrepublik pulverisiert.[197] Zudem ist Taiwan seit rund 30 Jahrzehnten eine Demokratie. Diese Entwicklungen haben die bereits limitierten Möglichkeiten aufseiten Taipeis noch einmal deutlich eingeschränkt. Die jetzige Situation ist für den grössten Teil der Bevölkerung jedoch das weniger grosse Übel als eine Wiedervereinigung mit China:

Der TRA hält den politischen Fortbestand der Regierung in Taipei aufrecht, ist aber kein Freibrief für die Unabhängigkeit. Der Preis, den die Insel für diese verzwickte Situation zahlen muss, ist jedoch hoch. International befindet sie sich im Abseits, mit Ausnahme der Anerkennung durch einige wenige „politische Leichtgewichte", unter anderem Swasiland, Tuvalu und der Vatikan.[198] Das Ausbrechen aus dieser Isolation und die Anerkennung durch die UN widersprechen dem Grundsatz des Shanghaier Communiqués (Ein-China-Prinzip), an dem China als auch die USA festhalten. Zudem herrscht auf Taiwan die latente Angst vor einem chinesischen Angriff. In regelmässigen Abständen werden daher unangekündigte Evakuationsübungen im ganzen Land ausgeführt, die den Ernstfall simulieren sollen. Die Angst wird zusätzlich durch China geschürt, das trotz wirtschaftlicher Annäherung mit Taiwan

---

197. Die KMT hat 1991 die KPC-Regierung auf dem Festland anerkannt und ihre ursprüngliche Position (Ansprüche) mittlerweile aufgegeben, die wurde in der Verfassung jedoch (noch) nicht angepasst. Dort heisst es nach wie vor, dass das Festland eine „special area under ROC" ist. Vgl. Wang 2001/2016.
198. Insgesamt sind es noch 24 Staaten, die diplomatische Beziehungen mit Taiwan führen. Der Radius wird aber immer kleiner. Mit Costa Rica ist 2006/07 einer der bedeutendsten Verbündeten abgesprungen. Der wirtschaftliche Druck, d.h. nicht am chinesischen Markt partizipieren zu können und dadurch einen Wettbewerbsnachteil zu haben, schien für Costa Rica zu gross zu sein.

seine Militärpräsenz in der Taiwan-Strasse verstärkt. Der Unmut über diesen Umstand ist in der Bevölkerung wie auch in den politischen Reihen gross.

4.4.2.5. China

Auf der chinesischen Seite ist klar festzuhalten, dass die territoriale Integrität und somit die Wiederangliederung Taiwans an das „Mutterland" oberste Priorität geniesst. Beijing hat deutlich gemacht, dass es nicht gewillt ist, von diesem Weg abzuweichen, und wenn nötig auch Massnahmen ergreifen wird, um dieses Ziel umzusetzen. Die Aufrechterhaltung der Teilung des Landes ist für das Selbstvertrauen Chinas hinderlich, das immer noch unter der Schmach der zahlreich erlittenen Niederlagen während des 19. Jh. leidet. Das „Land der Mitte" sucht nach politischer Einheit und Integrität seines Territoriums, die nach der Wiedervereinigung im Jahr 1997 mit Hong Kong und 1999 mit Macau noch nicht abgeschlossen ist. Darüber hinaus ist aus Sicht Beijings ebenfalls klar, dass dieses eine China nur eine legitimierte Regierung haben kann, nämlich die der Kommunistischen Partei Chinas. Diese Sichtweise kommt nicht von ungefähr, würde eine gescheiterte Wiedervereinigung mit Taiwan gleichbedeutend mit dem Versagen des kommunistischen Systems und dessen Regierung gleichgesetzt. Dies würde gemäss vielen Experten wohl den Untergang der kommunistischen Partei in China einleiten.

Nebst der „nationalistisch-historischen" Komponente sind mit der Rückführung Taiwans weitere territoriale Ansprüche von nicht minderer Bedeutung verknüpft. Die Insel grenzt im Norden an die Diaoyu-Inseln, die sowohl von China als auch Japan und Taiwan gleichermassen beansprucht werden. In der jüngsten Vergangenheit kam es zu ernsthaften Spannungen zwischen Beijing und Tokyo über die Zugehörigkeit der Inselgruppe. Auslöser der Krise war der Beschluss Japans vom 10. September 2012, vier der fünf Inseln im Ostchinesischen Meer zu kaufen. Ausschlaggebend für diesen Entscheid war die Aussage des ehemaligen Gouverneurs von Tokyo, Shintaro Ishihara, die Inseln dadurch vor einer chinesischen Übernahme schützen zu wollen. Die politischen Spannungen hielten an bis im Sommer 2013 und lösten vor allem in China heftige Proteste und antijapanische Reaktionen aus. Die Regierung in Beijing hielt klar fest, dass sie sich nicht mehr aus der Region vertreiben lassen würde und erhöhte in der Folge ihre Militärpräsenz rund um die Inseln.[199] Mit der Hoheit über die Diaoyu-Inseln qualifiziert sich Beijing zum einen für

---

199. *Washington Post* 13.05.2013.

die Anwendung der „Exclusive Economic Zone (EEZ)" der entsprechenden UN-Konvention,[200] was den Zugang zu den reichen Erdöl- und Erdgasfeldern nordöstlich der Inselgruppe sichern würde. Zudem würde China eine Beobachtungsplattform der US-amerikanischen wie japanischen Militäraktivitäten im 400 km entfernten Okinawa erhalten.[201]

4.4.2.6. Demokratisierung

In der Taiwan-Frage gibt es immer wieder Diskurse um Faktoren, Gegebenheiten und Absichten, die eine friedliche Wiedervereinigung ermöglichen könnten. Ein gewagter und erst kürzlich verfasster Ansatz dazu ist die Abhandlung von Vincent Wie-cheng Wang, Professor für Politikwissenschaften und Dekan der School of Arts and Sciences der University of Richmond. Geboren und aufgewachsen auf Taiwan und früh ausgewandert, ist seine Ansicht bezüglich der Vorgaben und Bedingungen für eine mögliche „Versöhnung" eine sehr von westlichen Denkweisen geprägte. In seinem Papier beschreibt er zu Beginn die beiden divergierenden Entwicklungen Chinas (Nationalismus) und Taiwans (Demokratie), die sich einerseits aus dem wirtschaftlichen Aufstieg herleiten lassen und andererseits den Status quo oder eine de jure Unabhängigkeit unterstützen würden.[202] Er berücksichtigt und verweist auf die Komplexität des Gegenstands und die historischen Gegebenheiten, die letztlich zu dieser Situation geführt haben. Ein wichtiger Aspekt für Wang ist die Bevölkerung Taiwans, der mit Blick auf das künftige Schicksal ein demokratisches Mitspracherecht zugesprochen wird und die gemäss einer Umfrage durch die renommierte National Cheng-Chi University (NCCU), welche dieses Jahr durchgeführt wurde, zum Schluss kommt, dass sich mittlerweile die Mehrheit der Inselbevölkerung ausschliesslich als „Taiwanesen" (2015: 59 % / 1992: 17.6 % / 41.4 %) betrachtet, rund ein Drittel als beides, „Chinesen und Taiwanesen" (33.7 % / 46.4 % / − 12.7 %) sehen und lediglich 3.3 % (25.5 % / − 22.2 %) als reine Chinesen definieren würden.

---

200. Vgl. *UN-Convention on the Law of Sea*.
201. Kleine-Ahlbrandt 2013.
202. Wang 2001/2016.

Anwendung der Szenarioplanung in der Taiwan-Frage 129

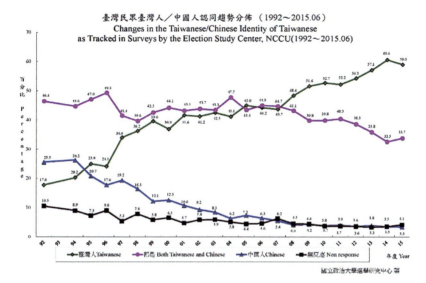

Abbildung 43: Taiwans neue Identität[203]

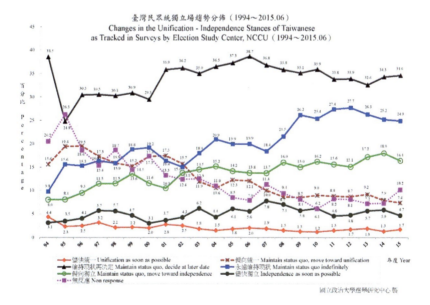

Abbildung 44: Status quo vs. Wiedervereinigung vs. Unabhängigkeit[204]

203. Ebd. 24.
204. Ebd. 24.

Darüber hinaus zeigt die gleiche Umfrage auf, dass die Mehrheit der Inselbewohner keine rasche Entscheidung suchen, weder in die eine (Unabhängigkeit 4.7 %) noch in die andere Richtung (Wiedervereinigung 1.7 %). Kurz- bis mittelfristig wollen kummuliert 83.3 % den Status quo bewahren. Ein Viertel der Bevölkerung will diesen Status quo auf unbestimmte Zeit halten und nur gerade 7.4 % können sich eine spätere Wiedervereinigung vorstellen.[205]

Nach einem Vergleich der Taiwan-Frage (China versus Taiwan) mit anderen Fällen von „getrennten Staaten" wie früher Deutschland (BRD versus DDR) und Korea in Nord und Süd – zeigt auf, welche Lehren vor allem von der deutschen Wiedervereinigung gezogen werden können – macht er sich an die eigentliche Konzeptualisierung der Taiwan-Frage und der Beziehung zwischen China und Taiwan. Er definiert drei Faktoren, die für seine Analyse einer möglichen Versöhnung zentral sind: nukleare Abschreckung, wirtschaftliche Interdependenz und Demokratie als Staatsform.

Das Konzept der nuklearen Abschreckung, um den Frieden zu wahren, trifft gemäss Wang nicht auf die Beziehungen zwischen China und Taiwan zu, da Taiwan nicht im Besitz von solchen Waffen ist. Die USA, als vertraglich Verbündete, wird in diesem Zusammenhang nicht genannt. Im Gegensatz dazu besteht die *Interdependenz* im ökonomischen Sinn, wie bereits aufgezeigt, und kann zur Friedensstiftung dienen, ist jedoch kein hunderprozentiger Garant, wie das Beispiel von Deutschland und Grossbritannien vor dem Ersten Weltkrieg zeigt. In Zusammenhang mit Variablen wie Demokratie kann die Interdependenz jedoch noch gestärkt werden. Und diesen letzten Faktor führt Wang aus und beschreibt: „The third scenario is the ‚democratic peace' proposition, which states that democracies do not fight each other."[206] Es ist nach Ansicht Wangs die fehlende politische Kompatibilität, die der Taiwan-Frage den konfliktbeladenen Charakter aufzwingt. Trotz nuklearer Überlegenheit Chinas und wirtschaftlicher Abhängigkeit Taiwans ist der Ton zwischen den beiden Parteien zeitweise geprägt von Provokationen und Drohungen.

205. Ebd.
206. Ebd.

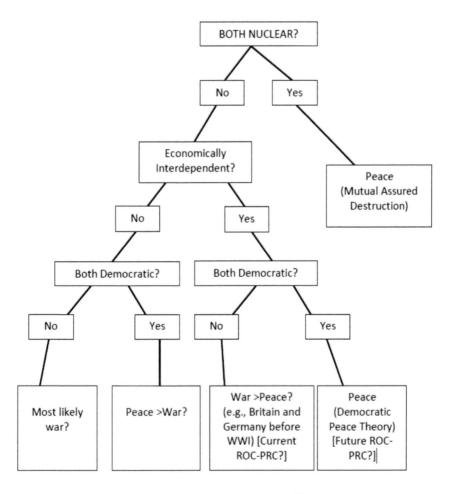

Abbildung 45: Nukleare Abschreckung vs.Interdependenz vs.Demokratie[207]

Daraus leitet das Papier, anhand vereinfachter spieltheoretischer Ansätze, verschiedene Szenarien ab, die einerseits auf einem Entscheidungsprozess aus Sicht Taiwans und andererseits aus Sicht Chinas basieren, und versieht sie mit Prioritäten respektive *payoffs*. Dabei wird unter dem Aspekt der Demokratie, die Annahme einer möglichen Demokratisierung Chinas ausgeleuchtet.

207. Ebd. 25.

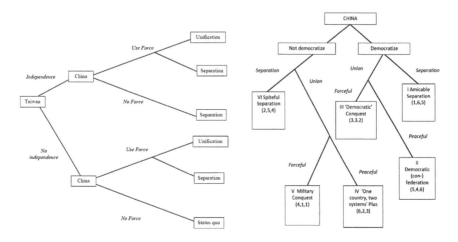

Abbildung 46: Entscheidungsbäume[208]

Die Schlussfolgerung aus den beiden abgebildeten Entscheidungsprozessen ist eine demokratische (Kon-)Föderation,[209] die gemäss Wang die vielversprechendsten Ergebnisse liefern würde (höchste Punktzahl/*payoff*). Diese Erklärung würde sich mit den Reaktionen der führenden Politiker (KPC, KMT und DPP) decken, die Signale in Richtung einer konföderalen Lösung des Taiwan-Problems gesendet haben.[210]

4.4.2.7. Szenario

So abwegig die Idee Wangs eines demokratisierten Chinas auch klingen mag, so verlockend wäre ein Szenario einer Versöhnung, keine Wiedervereinigung, auf der Basis einer demokratischen Föderation sowohl für Taiwan als auch für die USA. Demokratie ist in der chinesischen Gesellschaft wie auch innerhalb der chinesischen Führung nicht gänzlich ein Fremdwort. In der Geschichte der Neuzeit hat man auf dem chinesischen Festland bereits einmal eine demokratische Wahl abgehalten, und zwar unmittelbar nach dem Sturz der Qing-Dynastie 1912/13. Damals wurde der Wahlsieger, Song Jiaoren, jedoch Opfer eines Mordanschlags und das Land stürzte in der Folge ins Chaos und letztlich in einen Bürgerkrieg.[211]

---

208. Ebd. 26–27.
209. Wang führt aus, dass eine Konföderation kein Equilibrium darstellt, sondern früher oder später zu einer Föderation oder einem commonwealth-ähnlichen Konstrukt führen wird.
210. Er bezieht sich dabei unter anderem auf die Aussagen Chen Shui-bians „political integration", Ma Ying-jeous „one China, each side with ist own interpretation" und Chinas „one China that includes both the mainland and Taiwan".

Mao Zedong war es denn auch, der den Begriff in seine Lehren und in Chinas Verfassung inkorporierte und folgenden Ausdruck prägte: „People's democratic dictatorship".[212] Das Verständnis von demokratisch wird allerdings nicht wie im westlichen Sinn verstanden, sondern orientiert sich einem sozialistischen Verständnis oder Definition, kurz: Die Partei repräsentiert das Volk. Der westliche Ansatz, so Xi Jinping, ist für China keine Option und dies wurde spätestens klar, als er im Rahmen der Ideologiekampagne reihenweise Anwälte und Intellektuelle wegsperrte, welche versuchten, verfassungsrechtliche Reformen einzuführen. Es gibt dennoch Gelehrte, welche sich ein demokratisches China nach dem Vorbild Singapurs vorstellen könnten, mit offiziellen Wahlen aber einer dominierenden Partei.[213]

Einer der prominentesten Experten, wenn es um China und dessen Demokratisierung geht, ist Minxin Pei, Tom and Margot Pritzker '72 Professor of Government and George R. Roberts Fellow am Claremont McKenna College, Director of the George Keck Center for International and Strategic Studies und non-resident senior fellow at the German Marshall Fund of the United States. Seiner Ansicht nach besteht eine hohe Wahrscheinlichkeit, dass China sich in den kommenden 10–15 Jahren demokratisieren könnte. Dabei nennt er vor allem zwei mögliche Faktoren, die dazu führen könnten: Logik des Zerfalls eines autoritären Regimes und sozioökonomische Veränderungen. Mit dem ersten Faktor bezieht er sich auf die zeitliche Begrenzung, die autoritäre Regime begleiten. Historisch gesehen, entfremden sich im Verlauf der Jahre die Machthaber von der ursprünglichen Idee oder Doktrin des Regimes, sodass sich eine opportunistische Kultur etabliert, die zu Interessenkämpfen, Korruption, Gewinnmaximierung führen und letztlich die Strukturen des Regimes aufbrechen. Dabei verweist er auf historische Beispiele, wo solche Entwicklungen beobachtbar waren, wie in der ehemaligen Sowjetunion, in Mexiko und auf Taiwan.[214]

Der zweite Faktor bezieht sich auf die mit einer sozioökonomischen Veränderung einhergehenden Auswirkungen auf die Gesellschaft. Dabei spielen steigende Löhne, Alphabetisierungs- und Urbanisierungsraten eine wichtige Rolle. Verbesserte und effizientere Kommunikationskanäle verringern den *„collective action"*-Effekt und führen zu einem Delegiti-

---
211. *The Economist* 25.11.2014.
212. Vgl. *Constitution of the People's Republic of China.*
213. *The Economist* 25.11.2014.
214. *The Diplomat* 05.02.2013.

mierungsprozess autoritärer Regime. Statistisch gesehen, so Pei, werden solche Regime unstabiler, je höher das Einkommen gemessen an der Kaufkraftparität (KKP/PPP) ist. Demnach beginnt die kritische Hürde eines jährlichen Einkommens bereits bei 1000 USD, dessen Überschreitung eine mögliche Transformation zu einer Demokratie auslösen könnte, und je höher das Einkommen steigt, desto wahrscheinlicher wird es, dass solche Kräfte ausgelöst werden. China weist zurzeit ein KKP-Einkommen von rund 10'000 USD auf und befindet sich somit in der „Transformationszone". In Kombination mit einer über 60-prozentigen Urbanisierungsrate besteht für Pei eine grosse Wahrscheinlichkeit einer Demokratisierung Chinas in den kommenden Jahren. Er fügt an, dass sich in den letzten vier Jahrzehnten rund 80 Regime zu einer Demokratie geformt haben.[215] Ein weiterer wichtiger Aspekt, der diese Theorie unterstützen könnte, ist, dass rund 40 % der ost- und südostasiatischen Staaten (7 von 17) bereits demokratisch sind.[216]

Fakt ist, dass Beijing es in den Jahrzehnten nicht geschafft hat, die taiwanesische Bevölkerung vom „Ein Land, zwei Systeme"-Modell zu überzeugen, und dass die Bedenken auf Taiwan mit der „Umbrella-Revolution" in Hong Kong sogar noch gestiegen sind. Dem besagten Plan mangelt es, langfristig gesehen, an politischer Glaubwürdigkeit und Vertrauen. Zudem ist Taiwan keine britische Kolonie, wie es Hong Kong noch bis 1997 war, und daher gibt es innerhalb der SAR-Bevölkerung auch kein wirkliches Demokratiegefühl, wie es sich auf Taiwan in den letzten drei Jahrzehnten aufgebaut hat. Die Regierung Taiwans, ob KMT oder DPP, sieht keinen Grund und hat keinen Anreiz, sich freiwillig zu einer regionalen Regierung degradieren zu lassen. Hinzu kommt, dass eine Erhöhung des Drucks sowohl auf die Bevölkerung Taiwans und dessen Regierung durch Beijing nur Kontraproduktivität auslösen wird, wie in der Vergangenheit oftmals beobachtet werden konnte. Aber auch militärisch konnte sich China bis anhin nicht so positionieren, dass es Taiwan schnell und unblutig einnehmen konnte, der wachsenden militärischen Aufrüstung und Modernisierung zum Trotz.

Eine friedliche Wiedervereinigung scheint nur in Reichweite zu sein, wenn Beijing die Regierung auf Taiwan mit einem Minimum an Respekt und Gleichheit beggnen kann. Ein demokratisches China, was zurzeit zumindest noch undenkbar ist, gemäss Experten jedoch dafür viele

---

215. Ebd.
216. *The Atlantic* 24.01.2012.

Anzeichen bestehen, könnte den Prozess beschleunigen.[217] Die Akzeptanz auf Taiwan und Bereitschaft für einen Schritt in Richtung Versöhnung und lose politische Gemeinschaft mit China wären grundsätzlich vorhanden, sowohl auf der Ebene der Regierung als auch der Bevölkerung. Wenn der Aspekt der Entwicklung der Identität der Taiwanesen berücksichtigt wird, dann kann davon ausgegangen werden, dass sich diese Kluft weiter vergrössern wird. Somit läuft die Zeit für eine friedliche Wiedervereinigung, wie es sich Beijing vorstellt, ab und der Moment einer entscheidenden Annäherung könnte verpasst werden. Das Dilemma für China scheint noch grösser zu sein, als dass die Demokratisierung weitere Kräfte für eine mögliche, definitive Abspaltung Taiwans vom Festland mobilisieren könnte.

Für eine militärische Lösung ist Beijing zum jetzigen Zeitpunkt nicht bereit und das Risiko, dass ein von China verschuldeter Konflikt die USA ins Geschehen miteinbeziehen würde, wäre durch einen Angriff auf Taiwan sehr gross. Eine Niederlage hätte nicht nur zur Folge, dass Taiwan wohl endgültig verloren gehen würde. Auch die Legitimation der KPC innerhalb der eigenen Bevölkerung wäre, wenn nicht verloren, dann zumindest stark angeschlagen und mittelfristig wohl nicht mehr aufrechtzuerhalten. Um die Worte Sun Tzus zu verwenden: „Zerstöre nichts, was du nicht auch für dich gewinnen kannst." Vielleicht wäre es an der Zeit, dass Beijing sich einer Idee der Versöhnung in Form einer Konföderation mit Taiwan, zum Beispiel die Grossrepublik China, gewöhnt oder zumindest in Betracht zieht.[218]

4.4.3. KPC-Implosion (Szenario B)

„In China anything less than 6% growth is a recession meaning that it also causes financial problems and it is disruptive and it is a problem."
— *Ray Dalio* —[219]

Die unglaubliche Geschichte der chinesischen industriellen Revolution werden in der Öffentlichkeit und in den Medien genau so oft gepriesen wie die Tatsache, dass das Land vor ebenso grossen Herausforderungen

---

217. Bell 2015.
218. Tzu 2000.
219. Ray Dalio ist ein äusserst erfolgreicher Investor, Hedgefundmanager und Gründer von Bridgewater Associates. Er zählt zu den einflussreichsten und reichsten Managern der Welt. Vgl. *Business Insider* 21.09.2012.

steht, von denen viele als Produkt des schnellen Aufstiegs gesehen werden. Dazu gehören unter anderem die massiven Umweltbelastungen, die signifikanten Einkommensunterschiede und die Abhängigkeit von fossilen Brennstoffen sowie Wasserknappheit vor allem im Norden des Landes. Darüber hinaus zeichnen sich weitere Störfaktoren ab, die mit zunehmendem wirtschaftlichen Fortschritt die Zukunft des Landes weiter negativ beeinflussen werden, zum Beispiel weitreichende Korruption, fehlende politische Partizipationsmöglichkeiten für die steigende Mittelklasse, flächendeckende ethnische sowie soziale Unruhen, schnell alternde Gesellschaft, Geschlechterungleichgewicht, *middle-income-trap*, erodierendes Vertrauen in die KPC-Führung und bis letztes Jahr die Ein-Kind-Politik, dessen Auswirkungen sich immer mehr zeigen.[220]

4.4.3.1. Wirtschaftliche Herausforderungen

Was der Regierung in Beijing unmittelbar wohl das grösste Kopfzerbrechen bereitet, sind die ökonomischen Herausforderungen. Seit sich das Wachstum des Landes verlangsamt hat, versucht Beijing mit diversen Massnahmen, die Wirtschaft wieder zu stimulieren. Ein mittel- bis langfristiges Wirtschaftswachstum unter 6–7 % – zurzeit unter 7 % – wäre der wirtschaftlichen, sozialen und politischen Stabilität abträglich. Die Arbeitslosenquote steigt von Jahr zu Jahr, sodass ein längerfristig anhaltender Wachstumsrückgang die Zahl von unzufriedenen, vor allem Wanderarbeitern, die millionfach in Urbanisierungsgebieten nach Arbeit suchen, massiv erhöhen würde. Eine angeheizte Stimmung könnte schnell in Unruhen umschlagen und einen Aufstand hervorrufen wie letztmals 2008 in Tibet.[221]

Das Wachstum ist mit vielen Faktoren vernetzt, die zurzeit einen negativen Einfluss auf die Wirtschaftssituation Chinas ausüben: Langzeitinflation, Innovationsdruck, Energieversorgungsengpässe, Wirtschaftsblasen vor allem in der Immobilienbranche, Neujustierung der eigenen Wirtschaft[222] sowie höhere Personalkosten (Löhne und Sozialversicherungen), Reformresistenz und steigendes Misstrauen im internationalen Kontext (chinesische ADCs und Fusionen). Vor allem Letzteres, die

---

220. Vgl. *Business Insider* 05.09.2012.
221. Vgl. Dibbs/Lee 2014.
222. Vier Anpassungen: von Auslandsnachfrage zur Binnennachfrage, von investitionsangetriebenem zu konsumentenorientiertem Wachstum, von öffentlichen zu privaten Investitionen und von traditioneller zu fortgeschrittener Produktion (Industrie 4.0). Vgl. *Business Insider* 05.09.2012.

Expansionspolitik ins Ausland, soll die Überkapazität abbauen und die benötigten Ressourcen und Güter für den Wiederaufschwung der Wirtschaft sichern,[223] welche zentrale Elemente der internationalen Strategie Chinas darstellen, wie bereits in den vorhergehenden Kapiteln erläutert wurde. Eine solche Umsetzung hängt wohl sehr stark davon ab, wie Beijing künftig internationale Entwicklungen anhand von nationalen Gegebenheiten meistern wird. Anders formuliert: Wie wird die Regierung Chinas mit an sie gerichteten nationalen Anforderungen umgehen und wie werden künftige Herausforderungen im globalen Kontext definiert werden? Eine Antwort könnte im steigenden, geschürten chinesischen Nationalismus liegen, welcher innerhalb Chinas immer spürbarer wird.

Wie bereits erläutert, erlebt die internationale Gemeinschaft eine mehr und mehr selbstbewusst auftretende chinesische Führung. Dieses bestimmtere Auftreten färbt sich auch auf die eigene Bevölkerung ab, die sich mit den Errungenschaften der KPC identifiziert. Dies ist zumindest die Absicht der Regierung. Ein Grund dafür liegt möglicherweise darin, von den eigenen Problemen abzulenken und nicht der KPC zugehörige Gruppierungen oder Staaten für die Schwierigkeiten verantwortlich zu machen. Gleichzeitig soll dadurch der Rückhalt der Partei gestärkt werden. Das Szenario, welches Niall Ferguson in „China: Triumph and Turmoil" wiedergibt, vertritt diese Sichtweise. Gemäss seinen Ausführungen wird China weiter wachsen müssen, jedoch wird sich das wirtschaftliche Wachstum weiter verlangsamen, was die internen Probleme wie die bestehenden Umweltbelastungen, die demografischen Missstände sowie die sozialen Unruhen weiter verstärken werden. Um diesen Entwicklungen entgegenzuwirken, wird Beijing weiterhin ins Ausland expandieren sowie den Export und die Investitionen forcieren müssen, gezielte Emigrationspolitik betreiben und technologische Innovation noch mehr antreiben müssen. Um dem steigenden Demokratisierungsdruck standzuhalten, wird die chinesische Regierung sich den aufkommenden Nationalismus zu Nutzen machen. Dies wird zu einem Alptraumszenario führen. Chinas Wirtschaft kommt ins Stocken, was zu landesweiten Aufständen führen wird, Aufstände, die das Land in seiner langen Geschichte mehrfach erlebt hat. Die Regierung wird diese negative Entwicklung mit Nationalismus beggnen und den Westen für die Probleme verantwortlich machen, was zu einer aggressiveren Aussenpolitik führen wird. China wäre nicht die erste aufsteigende Macht, die ein solches

---

223. Siehe Chinas Expansionspolitik unter anderem in Afrika (z. B. Kupferproduktion in Sambia).

Ablenkungsmanöver anwenden würde, um eigene politische Reformen zu umgehen. Er schliesst damit ab, dass schnelles Wachstum sowie innenpolitische Instabilität und aufkommender Nationalismus, Expansionsdruck und eine aggressivere aussenpolitische Haltung stark an das Deutsche Reich (1871–1918) erinnern würden, welches den Ersten Weltkrieg auslöste.[224]

Seine Darstellung und der Vergleich zum Deutschen Kaiserreich scheinen zu diesem Zeitpunkt etwas weit hergeholt zu sein. Worin mit ihm übereingestimmt werden kann, ist die Tatsache, dass das Wachstum essenziell für die Stabilität des Landes ist und dass mittel- bis langfristig eine stagnierende oder gar rückläufige Entwicklung ein erhöhtes Riskio für Unruhen und Aufstände bedeuten würde. Des Weiteren sind Tendenzen sichtbar, wie die Regierung den Nationalimus innenpolitisch zu instrumentalisieren versucht zwecks Festigung des Rückhalts der Partei in der Bevölkerung.[225]

4.4.3.2. Politische Herausforderungen

Als Parteistaat (Staat, Militär und Gesellschaft) wird China von der Kommunistischen Partei Chinas geführt, die mit geschätzten 82 Millionen Mitgliedern mehr Menschen zählt wie die gesamte Bevölkerung Deutschlands. Die Struktur der Partei und des Staates entsprechen sich, wobei das Staatssystem auf allen Ebenen von der KPC durchdrungen wird – horizontale Struktur mit Partei, Staat und Militär versus vertikale mit Partei, Staatsrat, Ministerien, Provinzen bis hin zur Gemeinde- und Dorfebene. Oberste Parteiführung ist der Ständige Ausschuss innerhalb des Politbüros des Zentralkomitees (oder -ausschusses), zurzeit bestehend aus sieben Mitgliedern. Weitere wichtige Institutionen sind einerseits der NVK, das höchste Staatsorgan und quasi das Parlament, der Staatsrat, die vollziehende Behörde mit dem Premier an der Spitze, und die eher repräsentative Position des Staatspräsidenten. Eine der wichtigsten Funktionen ist diejenige des Vorsitzenden der ZMK, des Oberbefehlshabers der VBA. Die Parteistatuten stehen über denjenigen der Verfassung, welche die Doppelfunktionen innerhalb der Partei definieren und somit Parteikader entprechende Positionen innerhalb der Regierung zuordnen. Folglich ist der mächtigste Mann innerhalb der

---

224. Fergusson 2012.
225. Heazle/Knight 2007 und *McClatchy* 15.09.2012.

KPC Xi Jinping, welcher die zwei wichtigsten Positionen innehat, Parteichef der KPC sowie Vorsitzender der ZMK. Darüber hinaus bekleidet er die symbolisch oberste Instanz des Staatspräsidenten. Die Nummer zwei innerhalb der Partei ist gleichzeitig der amtierende Premier in Person von Li Keqiang. Die Nummer drei in der KPC, Zhang Dejiang, ist zudem Vorsitzender des NVK.

Xi gilt seit Deng Xiaoping, manche behaupten seit Mao, als stärkste Führungspersönlichkeit. Sein Führungsstil unterscheidet sich von jenem seiner beiden Vorgänger – Jiag Zemin und Hu Jintao – insofern, als Xi seit seinem Amtsantritt 2012 (Parteivorsitz) respektive 2013 (Staatspräsidentschaft und ZMK-Vorsitz), die Zügel fester in seiner Hand hält. Dies macht sich vor allem bemerkbar anhand der von ihm angekündigten, und teils noch andauernden, Reformen wie zum Beispiel die erwähnte Antikorruptionskampagne, die Prozesse gegen politische Kontrahenten wie Zhou Yongkang und Bo Xilai, ambitionierte Wirtschaftsreformen, die Einführung sozialistischer Rechtsstaatlichkeit (*rule of law*) sowie jüngst grundlegende Militärreformen. Diese Aktionen gehen durch Mark und Bein der bestehenden Partei- und Staatsstrukturen und schaffen ihm nicht nur Freunde. Solch ambitiöse und eher ungewöhnlich direkte Massnahmen benötigen einen starken Rückhalt auf oberster Parteiebene sowie innerhalb der Schlüsselpositionen. Die parteiinternen Strukturen sind jedoch – wohl bewusst – so intransparent und komplex gehalten, wie seinerzeit undurchsichtige Seilschaften Bestandteil der verschiedenen Dynastien waren. Es gibt einige Versuche, solche Gruppierungen und Netzwerke innerhalb der KPC zu lokalisieren und zu qualifizieren. Trotz Komplexität gehen viele Experten von gewissen Faktionen innerhalb der Partei aus.[226]

Der Einfachheit halber werden in der Folge die zwei bedeutendsten Faktionsfronten kurz vorgestellt, um die Vielschichtigkeit, Relevanz und Zweckmässigkeit solcher innerparteilichen Dynamiken anzudeuten. Es wird grundsätzlich zwischen der Shaanxi Gang und der Shanghai Gang sowie zwischen den Prinzlingen und der Tuanpai, oder auch Youth League Faction (YLF) genannt, unterschieden.[227] Dabei ist es möglich, dass ein Mitglied einer Gang gleichzeitig auch ein Prinzling oder Ange-

---

226. Zu den bekanntesten Experten mit Spezialisierung auf Netzwerkanalysen innerhalb der KPC gehören Cheng Li, Direktor des John L. Thornton China Center und Senior Fellow für Foreign Policy am Brookings Institute, sowie Jude Blanchette, Associate Engagement Director des The Conference Board's China Center for Economics and Business in Beijing.
227. Weitere Faktionen können sich zum Beispiel anhand von universitären Laufbahn der KPC-Mitglieder orientieren wie die Tsinghua Gang, zu der sowohl der amtierende Präsident Xi Jinping als auch sein Vorgänger Hu Jintao angehören.

höriger der YLF ist und umgekehrt. Diese zwei Fronten respektive vier Faktionen üben die wohl stärksten Zugehörigkeitsgefühle aus, da sie entweder der Abstammung sowie traditionellen Familienbanden entspringen oder aufgrund langjähriger Jugendfreundschaften entstanden sind.

Die Shaanxi Gang wird mit Xi Jinping in Verbindung gebracht, der als Zögling von Jiang Zemin, ehemaliges Staatsoberhaupt und seinerseits Mitglied der Shanghai Gang, an die Macht gelangt ist. Genauso wie sein Patron pflegt Xi sich mit getreuen Parteifreunden zu umgeben, denn weit über seine Amtszeit hinaus übt Jiang via etablierte Machtbasis weiterhin Einfluss auf das bestehende politische Geschäft aus. Xi hat erreicht, dass vier der sieben Mitglieder des Ständigen Ausschusses des Politbüros und je ein Drittel des Zentralausschusses sowie des ZMK der Shaanxi Gang angehören. Zu seinen engsten Vertrauten gehören in erster Linie Wang Qishan, Mitglied des Ständigen Ausschusses und Nummer sechs der KPC, und Yu Zhengshen, ebenfalls im Ständigen Ausschuss des Politbüros und die Nummer vier der KPC. Aufgrund ihrer engen Beziehung werden die drei auch das „Iron Triangle" Chinas genannt. 2012 ernannte Xi seinen langjährigen Freund Wang zum Sekretär der Zentralen Kommission für Disziplinarinspektionen der KPC (Central Commission for Discipline Inspection of the CPC/CCDI) und damit zum federführenden Mann der Antikorruptionskampagne. Yu ist Vorsitzender der Politischen Konsultativkonferenz und führt das Gremium an, welches anderen Parteien, Massenorganisationen sowie Vertretern von nationalen Minderheiten symbolisch Mitwirkungsmöglichkeiten einräumt. Zusätzlich beaufsichtigt er die Politik der Zentralregierung in den problematischen Selbstverwaltungszonen Tibet und Xinjiang, wo die uighurische Minderheit beheimatet ist. Der soziale Frieden in diesen Regionen ist ein wichtiger Faktor für die Stabilität des Landes.[228]

Xi Jinpings Vater, Xi Zhongxun, war ein angesehener kommunistischer Revolutionär der ersten Stunde und trug beträchtlich zu Xis Prestige und Glaubwürdigkeit in seinen Jugendjahren bei. Dank dieser Abstammung gehört er auch der Faktion der Prinzlinge an.[229] Dieser gegenübergestellt wird die Tuanpai (zu Deutsch: Liga Faktion). Die Tuan-

---

228. Xi und Wang lernten sich während der Kulturrevolution in Shaanxi kennen, als beide Studenten zur körperlichen Arbeit aufs Land geschickt wurden. Yu war gleichwie Xi ein Zögling Jiangs und auch Deng Xiaopings. Die Familien Xi und Yu kennen sich seit mehr als sieben Dekaden.
229. Prinzlinge umfassen Kinder von Parteikadern der ersten Generation. Während der 1950er- und 1960er-Jahre haben sie ausgewählte Schulen in Beijing besucht. Dadurch konnten Bekanntschaften gemacht und Freundschaften gebildet werden und es entstand die heutige „rote Adelsklasse". Diese wird aufgrund ihrer politischen Interessen in den Bereichen Wirtschaftswachstum und Funktionalität der Märkte im englischen Sprachgebrauch auch oft als *elitist faction* bezeichnet.

pai-Faktion ist ein informelles Netzwerk aus ehemaligen Mitgliedern der Kommunistischen Jugendliga oder eben der YLF. Da ihre Mitglieder tendenziell eher bescheidenen Verhältnissen entstammen, gelten sie als populistischer.[230] Die jetzige Verteilung der sieben Sitze innerhalb des Ständigen Ausschusses beträgt sechs zu eins zugunsten der Prinzlinge. Lediglich Premier Li, die Nummer zwei, und Zögling Hu Jintaos, gehören der Tuanpai an. Der 19. Parteikongress 2017 wird diese Struktur jedoch grundlegend ändern, denn fünf der sechs Prinzlinge werden altershalber in den Ruhestand gehen müssen. Die Tuanpai wird diese Gelegenheit nutzen wollen, um ihre Kandidaten bestmöglich zu positionieren. Einzig Xi und wahrscheinlich auch Li werden für weitere fünf Jahre an der Macht bleiben, wobei Xi versuchen wird, seine Macht weiter auszubauen und dabei eigene Protegés für den Ständigen Ausschuss aufzustellen.[231]

Dass es innerhalb der Partei und sogar innerhalb der Faktionen nicht immer harmonisch zu- und hergeht, zeigen die beiden wohl prominentesten in der Öffentlichkeit ausgetragenen Kämpfe, die zu Verurteilungen von ehemaligen hochrangigen KPC-Mitgliedern führte. Zhou Yongkang war unter Präsident Hu Mitglied des Ständigen Ausschusses und bis 2012 die Nummer vier der Partei. Er hatte die Entscheidungsgewalt über Chinas weitgreifenden Sicherheitsapparat inne, was ihn zu einem der mächstigsten Politiker Chinas machte. 2014 wurde er von der Partei ausgeschlossen und 2015 wegen Korruption verurteilt. Vielen seiner Helfer und Parteifreunden erging es ähnlich, darunter auch Li Dongsheng, ehemals Vizeminister des Sicherheitsministeriums, Ji Wenlin, ehemaliger Gouverneur Hainans, oder Bo Xilai, abgesetzter Parteisekretär in Chongqing. Bo war Zhous Zögling und seinerseits Topkandidat für den Ständigen Ausschuss des Politbüros für die amtierende Regierung und galt aufgrund seines Charismas sowie seines überaus effizienten, aber auch äusserst aggressiven und streitbaren Führungsstils als Präsident Xis Hauptkonkurrent. Bo wurde 2013 ebenfalls verurteilt und soll für den Rest seines Lebens in Gefangenschaft bleiben. Ein starkes Signal an die Adresse politischer Gegner Xis sowie an die Öffentlichkeit.[232] Sowohl

---

230. Hu Jintao ist einer der prominentesten Vertreter der Tuanpai.
231. Vor solchen Ernennungen kursieren oftmals verschiedene Namen, so auch für den kommenden Parteikongress. Dabei wird spekuliert, dass auf Xis Liste wahrscheinlich Li Xi stehen könnte, welcher ebenfalls der Shaanxi Gang zugehörig ist. Ein weiterer Kandidat könnte Chen Min'er sein, welcher vier Jahre lang eng mit Xi in Zhejiang gearbeitet hat und erst kürzlich zum Parteisekretär der Provinz Guizhou ernannt worden ist.
232. Als Xi 2012 für rund eine Woche untertauchte, spekulierte man nach Bekanntwerden des Prozesses gegen Bo darüber, ob dieser den jetzigen Präsidenten umbringen lassen wollte. Kritiker behaupten denn auch, dass hinter dem Fall Bo

Zhou als auch Bo waren mächtige Vertreter der Prinzlinge und zudem Zöglinge des ebenso mächtigen Jiang Zemin. Obwohl mit diesem rigorosen Vorgehen innerhalb der breit lancierten Antikorruptionskampagne nach aussen hin ein positives Signal gesendet wurde, wird darüber spekuliert, wie fest sich die Fronten innerhalb der Partei deswegen verhärtet haben.

Was in diesem Zusammenhang auffällt, sind zwei weitere Aspekte zu Xis Machtkonsolidierung. Xi übt eine präzedenzlose Kontrolle über die wichtigen „Leading Small Groups (LSG)" aus, das sind nicht institutionelle, auf oberster Parteiebene sich befindende, supraministeriale Körperschaften, durch welche die zentralen Entscheidungsträger der Partei Politikmassnahmen und -richtlinien vorgeben. Diese Einrichtungen verfügen weder über legale Autorität noch über ein bestimmtes Budget, sondern dienen der Koordination durch Umgehung der rigiden Bürokratie der Zentralregierung. Zurzeit werden 14 LSG von jeweils einem Mitglied des Ständigen Ausschusses des Politbüros geleitet. Gemäss Experten wird die Wichtigkeit der LSG wie folgt beschrieben: „These central leading groups supersede all other governent agencies in the power structure." Somit steht die Entscheidungsgewalt einer LSG über derjenigen der korrespondierenden staatlichen Institution, wie zum Beispiel eines Ministeriums oder einer Behörde. Wer einer besagten LSG vorsteht, hält damit die Autorität über die entsprechende staatliche Struktur inne. Auf die einzelnen Mitglieder des Ständigen Ausschusses des Politbüros bezogen hat Xi insgesamt in neun von 14 LSG den Vorsitz. Zum Vergleich, Hu hatte seinerzeit drei von zwölf Vorsitze inne. Diese und weitere Entwicklungen, so befürchten Beobachter, können zu einer Kummulierung der Macht Xis und zu einem erneuten Personenkult führen, wie unter Mao und Deng, welcher die angestrebte *rule of law* durch eine *rule of man* ersetzen könnte.[233]

Der zweite Aspekt sind Xis Verbindungen innerhalb der Volksbefreiungsarmee. Diese scheinen sich ebenfalls in eine Machtkonsolidierung zu manifestieren.[234] Während Hu teilweise mit mangelnder Loyalität sei-

---

ein politischer Komplott der KPC-Führung steht, um letztlich die Gefahr eines parteiinternen Kampfes mit fatalen Folgen zu vermeiden.
233. Xi leitet folgende LSGs: Taiwan Affairs (gegründet 1980), Finance and Economy (1980), Foreign Affairs (1981), National Security (2000), Maritime Rights and Interests (2012), Comprehensively Deepening Reform (2013), Commission on National Security (2014), Cyber Security and Informatisation (2014) und United Front Work (2015). Des Weiteren führt Liu Yunshan (Nummer fünf der KPC und Mitglied des Ständigen Ausschusses des Politbüros) die LSG zu Propaganda and Ideology, Party-Building sowie die Kommission für Guiding Cultural and Ethical Progress, Premier Li die Kommission zu Institutional Organisation und Wang Qishan die LSG zu Inspection Work. Vgl. unter anderem *SCMP* 20.01.2014.

tens der Armee zu kämpfen hatte, scheint dies unter Xi nicht der Fall zu sein. Einerseits profitiert er auch hier vom Renommee seines revolutionären Vaters (Shaanxi Gang) und andererseits von seiner Position als „Mishu" (Assistent/Sekretär) für Geng Biao, der von 1979–1982 als Verteidigungsminister agierte. Die Shaanxi Gang stellt zahlreiche Generäle sowie wichtige Militärvertreter. Mit den angekündigten Armeereformen unterstreicht Xi seinen Einfluss auf diese für die Einheit zentrale Institution. Als Vorsitzender des ZMK ist er das oberste parteiliche Entscheidungsorgan des Militärs, was ihn de facto zum Armeechef (Commander in Chief) macht. Die Antikorruptionskampagne machte auch vor hohen Militärs keinen Halt. Vor allem seine beiden engen Vertrauten, General Zhang Youxia (Shaanxi) und General Liu Yuan (Prinzling) standen ihm dabei zur Seite. Diese Eingriffe sowie die angestrebten Reformen – zum Beispiel Truppenkürzungen – haben jedoch, ähnlich wie innerhalb der Partei, für sehr viel Unmut gesorgt.

Dieses, in der Geschichte der KPC einmalige Vorpreschen hat Xi in der Bevölkerung viel Anerkennung eingebracht, da seine Kampagne nicht einmal vor ranghohen Kaderleuten und Militärs Halt zu machen scheint. Gleichzeitig aber hat er sich auf eine politische Gratwanderung begeben. Zudem beschreiben Kritiker, dass die Antikorruptionskampagne eine eigentliche politische Säuberung ist und daher nicht der angestrebten Rechtsstaatlichkeit dient. Wie weit er damit die Flanken für künftige politische Angriffe geöffnet hat, hängt davon ab, wie sehr unter anderem der Einfluss grauer Eminenzen wie der seines ehemaligen Patrons Jiang Zemin auf aktuelle Parteistrukturen noch existent ist und wie stark er die Kontrolle über die Partei und das Militär weiter an sich reissen kann. Zudem hat er mit der Beaufsichtigung der LSG die volle Verantwortung übernommen und kann, bei einem Scheitern der Wirtschaft zum Beispiel, das entsprechende Verschulden keinem Parteikollegen anlasten.

Veränderungen und kleinere Richtungswechsel innerhalb der KPC haben in der Vergangenheit immer wieder Regimekritiker auf den Plan gebracht, die nicht selten Untergangsszenarien Chinas prophezeiten. Der wohl prominenteste Vertreter unter ihnen ist Gordon Chang, welcher in seinem Werk „The Coming Collaps of China" von 2001 das Ende des heutigen Chinas für das Jahr 2011 voraussagte und dann ein zweites Mal in einer darauf folgenden Ausgabe für das Jahr 2012 ankündigte. Wie wir mittlerweile wissen, ist ein solches Szenario nicht eingetroffen. Anders

---

234. Xi möchte die Loyalität der Armee gegenüber der KPC sicherstellen.

sieht es jedoch mit dem erst kürzlich im *Wallstreet Journal* erschienenen Artikel des renommierten und anerkannten China-Experten David Shambaugh aus, welcher für grosse Wellen gesorgt hat.[235] Darin bezeichnet er das chinesische politische System als „badly broken" und fügt an, dass dies niemandem bewusster sei als der KPC-Führung selbst:

> *„The endgame of Chinese communist rule has now begun, I believe, and it has progressed further than many think. [...] Communist rule in China is unlikely to end quietly. A single event is unlikely to trigger a peaceful implosion of the regime. Its demise is likely to be protracted, messy and violent. I wouldn't rule out the possibility that Mr. Xi will be deposed in a power struggle or coup d'état. With his aggressive anticorruption campaign [...] he is overplaying a weak hand and deeply aggravating key party, state, military and commercial constituencies."*

Shambaugh führt weiter aus, dass Xi Jinping ein zielstrebiger und widerstandsfähiger Regent ist mit einer überzeugenden und selbstbewussten Ausstrahlung, die jedoch über die Tatsache hinwegtäuscht, dass die Partei und das politische System im Inneren sehr schwach sind. Dabei führt er fünf Punkte auf, die seine Feststellung untermauern sollen:[236]

- Chinas Wirtschaftselite ist bereit, dem Land den Rücken zu kehren. Gemäss dem Shanghaier Hurun-Bericht 2014, welcher mit dem Forbes Magazin zu vergleichen ist, planen 64 % der „high net worth individuals", ins Ausland zu immigrieren oder haben dies bereits getan.[237] Gleichzeitig werden die Kinder zu Studienzwecken ebenfalls ins Ausland geschickt, während viele einen Schritt weitergehen und entweder Immobilien kaufen oder dann Babies im Ausland zur Welt bringen, damit eine neue Staatsangehörigkeit beantragt werden kann. Die Regierung versucht unterdessen im Ausland lebende vermeintliche Wirtschaftsflüchtige *(economic fugitives)* nach China zurückzuführen. Die meisten von ihnen sind erfolgreiche Geschäftsleute oder ehemalige Politiker, denen Korruption, Geldwäscherei oder Veruntreuung von öffentlichen Geldern vorgeworfen wird, die

---

235. Professor David Shambaugh doziert an der George Washington University und ist ein non-resident senior fellow am Brookings Institute. Sein Artikel hat intensive Debatten unter den China-Experten weltweit ausgelöst. Vgl. *Wallstreet Journal* 06.03.2015.
236. Ebd.
237. Der Report führt rund 400 Milliardäre und Millionäre auf. Vgl. unter anderem *Hurun Report* 21.06.2015 und *CNBC* 19.10.2015.

im Zuge der Antikorruptionskampagne geflüchtet sind. Zu diesem Zweck hat die CCDI jüngst eine Liste mit 100 Namen, Fotos, Sozialversicherungsnummern und weiteren Daten zu den Flüchtigen zusammengestellt und auf der eigenen Webseite veröffentlicht.[238] Shambaugh argumentiert: „When a country's elites – many of them party members – flee in such large numbers, it is a telling sign of lack of confidence in the regime and the country's future."

- Seit Xi Jinping im März 2013 die vollständige Macht übernommen hat, häufen sich einerseits Berichte über die erwähnte Antikorruptionskampagne und andererseits über die Ideologiekampagne, welche dem durch nationale und internationale Medien verbreitete „Dokument Nr. 9" zugrunde liegt. Das als parteiintern gedachte Arbeitspapier warnt davor, dass die folgenden sieben westlichen Werte zu „bedeutenden Unruhen" führen könnten und deshalb besser kontrolliert werden sollten: (1) Western constitutional democracy (2) Universal values of human rights (3) Civil society (4) Pro-market neo-liberalism (5) Media independence/west's idea (6) Historical „nihilism" (7) Questioning reform and opening.[239] Shambaugh führt aus, dass der Druck der Xi-Regierung auf die Presse, soziale Medien, Film, Kunst und Literatur, Religionen, das Internet, Intellektuelle, Minderheiten wie Tibeter und Uighuren, Dissidenten, Anwälte, NGOs, Universitäten und Studenten sowie Lehrbücher vermehrt zugenommen hat. „A more secure and confident government would not institute such a severe crackdown. It is a symptom of the party leadership's deep anxiety and insecurity."

- Der nächste Punkt bezieht sich auf das erodierende Vertrauen in die Führung der KPC und die Ermüdungserscheinungen bei Mitgliedern der KPC und der Bevölkerung gleichermassen. Er nimmt ein Beispiel zur Hand, als er an einer Konferenz eines parteinahen Thinktanks in Beijing teilnahm: „We sat through two days of mind-numbing, nonstop presentations by two dozen party scholars – but their faces were frozen, their body language was wooden, and their boredom was palpable. They feigned compliance with the party and their leader's latest man-

---

238. Vgl. *Central Commission for Discipline Inspection of the CCP (CCDIC)* 22.04.2015 und *CNN Money* 23.04.2015.
239. Vgl. *ChinaFile* 08.11.2013.

tra. But it was evident that the propaganda had lost its power, and the emperor had no clothes." Dabei bezieht er sich auf die schwindende Anziehungskraft der Partei auf ihre eigenen Mitglieder und vermehrt auch auf die Bevölkerung.[240]

- Die Antikorruptionskampagne führt Shambaugh auf, als ein partei-, militär- und gesellschaftsdurchdringender, nachhaltiger oder lang andauernder und gezielter Feldzug, den es so nicht gab und der das eigentliche Problem der Korruption nicht lösen wird: „It is stubbornly rooted in the single-party system, patron-client networks, an economy utterly lacking in transparency, a state-controlled media and the absence of the rule of law." Und weiter: „Many of its targets to date have been political clients and allies of former Chinese leader Jiang Zemin. [He] is still the godfather figure of Chinese politics. Going after Mr. Jiang's patronage network while he is still alive is highly risky for Mr. Xi [...]." Er zielt dabei auf das erhöhte Risiko innerhalb der eigenen Parteireihen ab, welches Xi sich mit seiner Kampagne selbst ausgesetzt hat. Darüber hinaus argumentiert Shambaugh, dass die Prinzlinge – „this silver-spoon generation" – in der Gesellschaft eigentlich verpönt seien.

- Schliesslich erwähnt Shambaugh die Wirtschaftsprobleme des Landes sowie die Reformträgheit der KPC. „In November 2013, Mr. Xi presided over the party's Third Plenum, which unveiled a huge package of proposed economic reforms, but so far, they are sputtering on the launchpad. Yes, consumer spending has been rising, red tape has been reduced, and some fiscal reforms have been introduced, but overall, Mr. Xi's ambitious goals have been stillborn."

Abschliessend zieht Shambaugh Vergleiche zum einstigen Kollaps der Sowjetunion und fügt an, Xi würde das gleiche Schicksal ereilen wie damals Michail Gorbatschow, wenn er nicht langsam den Griff löst, um politische Reformen umzusetzen. Dabei unterscheidet er den Führungstil Xis mit dem seiner beiden Vorgänger, die seiner Ansicht nach offener für Veränderungen waren. Er unterstellt Xi:

---

240. Er erwähnt sein Erlebnis in einem Buchladen, wo er stapelweise auf Xis Pamphlet zur „mass line" stiess, die – obwohl unentgeltlich – nicht an den Mann oder die Frau gebracht werden konnten.

„Relaxing control, in [Xi's] view, is a sure step toward the demise of the system and [the Communist Party's] own downfall. They also take the conspiratorial view that the U.S. is actively working to subvert Communist Party rule. None of this suggests that sweeping reforms are just around the corner."

Und obwohl die KPC, nach dem Nordkorea-Regime, das längste an der Macht stehende Regime ist, meint Shambaugh, dass keine Partei sich ewig halten könne.[241]

Seit dem Artikel von Shambaugh haben sich viele Stimmen dazu geäussert und ihre eigene Sichtweise der Entwicklungen gegeben, warum sie einen Kollaps in China eher weniger sehen oder anders interpretieren würden. Zwei Experten, die sich direkt zum Artikel geäussert haben, sind Xie Tao, Professor in Politikwissenschaften der School of English and International Studies an der renommierten Beijing Foreign Studies University, und Professor Bo Zhiyue, einer der führenden Experten im Bereich der chinesischen Elitepolitik, Direktor des neuseeländischen Contemporary China Research Centre sowie Professor der Politikwissenschaften an der Victoria University of Wellington.

Xie geht zwar einher mit der Meinung Shambaughs, dass Chinas Politik ein gewisses Kranheitsbild aufweist und dass, obwohl viele westliche Staaten ähnliche Symptome aufweisen – allen voran die USA, wie Francis Fukuyama in seinem Bestsellerbuch „Political Order and Political Decay" ausführt –, kein westlicher Experte deswegen den Kollaps der USA oder einer europäischen Demokratie voraussagt:

„Because many Western analysts [...] subscribe to the view that as long as political institutions are viewed as legitimate, a crisis in effectiveness (e.g., economic performance) does not pose fatal threat to a regime. [...] By contrast, if a regime is already deficient in political legitimacy, a crisis of effectiveness (such as an economic slowdown, rising inequality, or rampant corruption) would only exacerbate the legitimacy crisis. China is widely believed to be a prominent case that fits into this line argument."[242]

Er zweifelt jedoch daran, dass China sich in einer Legimitationskrise befinden würde, denn letztlich liegt dies im Auge des Betrachters respek-

---

241. Vgl. *Wallstreet Journal* 06.03.2015.
242. Vgl. *The Diplomat* 20.03.2015.

tive der Bevölkerung. Die Kulturrevolution und das Tiananmen-Massaker konnte die KPC nicht stürzen. Im Gegenteil, die Partei konnte dem Land einen wirtschaftlichen Aufstieg ermöglichen und gleichzeitig ihre Machtposition stärken. Er schliesst damit ab, dass sowohl totalitäre als auch demokratische Gesellschaften gleichermassen Veränderungen oder auf Zeit einem Untergang ausgesetzt sein können. Es komme jeweils darauf an, wie anpassungsfähig sich ein politisches System oder ein Regime präsentieren kann oder nicht, um ein entsprechendesEnde voraussagen zu können.[243]

Bo Zhiyue geht noch weiter und schreibt, dass er mit Shambaugh bezüglich seines ersten Punktes einhergeht und ein Ende des Kommunismus, wie ihn die Lehrbücher beschreiben, absehbar ist. Er zweifelt, dass China die 70 Jahre kommunistische Herrschaft in der früheren Sowjetunion um mehr als ein paar Jahre übertreffen wird.[244] Die Korruption zum Beispiel durchdringe die Partei auf allen Ebenen und daher entspräche dieser Zustand der KPC lange nicht mehr dem unsprünglichen Gedankengut der kommunistischen Ideologie, für welche die KPC eigentlich stehen würde.

Die Kritiker von Shambaugh, so Bo, stimmen ihm jedoch nicht in seinem zweiten Punkt zu. Er und vor allem weitere chinesische Experten, die sich seit der Veröffentlichung des Artikels vermehrt mit den Aussagen von Shambaugh ausseinandergesetzt haben, argumentieren, dass der Untergang der KPC wie derjenige der letzten Dynastie nicht zwingend unmittelbar anstehe:[245]

> „Instead, it might very well be in its beginning. The last dynasty, the Qing, lasted for 267 years; by that standard, CPC[KPC] rule is still in its infancy. In 1710, 66 years into the Qing Dynasty's rule in China, the country was at its peak as a prosperous and powerful nation under the wise leadership of Emperor Kangxi. The dynasty would last another 200 years."

Bo führt aus, dass China während der letzten 66 Jahre KPC-Herrschaft einem ständigen Auf und Ab ausgesetzt war. Maos Rückschläge konnte Deng aufgrund seiner Wirtschaftsreformen auffangen, während unter Hu das Land sein bis anhin stärkstes Wachstum erzielen konnte. Die KPC

---

243. Ebd.
244. Das KPC-Regime in der Sowjetunion war 73 Jahre an der Macht. Die KPC regiert seit 66 Jahren.
245. Vgl. *The Diplomat* 30.03.2015.

war somit anpassungs- und lernfähig. Jedoch konstatiert er, dass sowohl die Korruption als auch eine erhöhte Umweltbelastung nicht verhindert oder zumindest minimiert werden konnte. Unter Xi sieht Bo daher viel mehr die Gefahr darin, dass durch eine Vernachlässigung der Umweltprobleme Xi, zum Beispiel durch erhöhten Druck aus der Bevölkerung, doch der Gefahr ins Auge sehen muss, als letzter kommunistische Führer des Landes in die Geschichte eingehen zu können. Ob es Xis Ende sein könnte, und mit ihm das der KPC-Regierung, macht er jedoch von der jetzigen Führung ab und davon, was diese in den sieben verbleibenden Jahren (vor allem nach den Olympischen Winterspielen in Beijing 2022) erreichen oder nicht erreichen wird.[246]

4.4.3.3. Szenario

Hier könnte sich der Kreis wieder schliessen. Das von vielen Kritikern erwartete langsame Abwenden vom Kommunismus in China durch die KPC und das dabei entstehende Vakuum könnte, gemäss Experten, vor allem seit Xi an der Macht ist, mit dem aufkommenden und geschürten Nationalismus ausgefüllt werden. Experten, wie Kenneth Lieberthal, schreiben dazu:

> „By 2020, China may become an authoritarian, one-party system that is closely linked to domestic elites and attempts to keep the lower classes quiescent by promoting ardent nationalism.[...]."

Des Weiteren meint Roderick MacFarquhar zum von Xi gewählten Slogan „socialism with Chinese characteristics", dass dies „nonsense" sei und meint China hätte:[247]

> „[...] No ideology. No sense of what the country is about. And the only way, and it is a very dangerous way, that they can achieve some kind of unity between party, state and people, is the dangerous route of nationalism."

Auch die Medien nehmen die nationalistische Entwicklung zunehmend wahr:[248]

---

246. Ebd.
247. Vgl. Roderick MacFarquhar an der LKY School of Public Policy, National University of Singapore 17.01.2013.
248. Vgl. *The National Interest* 28.08.2015.

> „No force has been more important in Xi's power grab than nationalism. He has presided over a country that has stoked patriotic fervor as well as antagonized its neighbors and the United States. The most immediate result of stirring up national sentiment has been to strengthen Xi's power within the seven-member Politburo Standing Committee. With this backstop of popular support, Xi has steadfastly pursued a set of programs, even amid some opposition. For example, his anticorruption purge has continued even after an authority as prominent as former president Jiang Zemin warned against it becoming too ambitious."

Zeng Jinghan erläutert, dass zusätzlich zum wirtschaftlichen Wachstum und zur sozialen Stabilität in China der Nationalismus ebenfalls als ein wichtiger Faktor für die Legitimität sei:[249]

> „In addition to ecnonomic growth and social stability emphasized by the performance legitimacy approach, nationalism is also widely considered as a crucial source of legitimacy in China [...]. The leadership of the CPC [KPC] was claimed because of the CPC's patriotism in China's long struggle for national independence and prosperity not because of its Communist ideals. Patriotism rather than communism, thus, became the basis of the CPC's rule of legitimacy [...]. It is argued that Chinese nationalism has gradually replaced the marginalized communist ideals thus became the new ideological basis of the CPC."

Und tatsächlich, in den letzten rund zwei Dekaden hat unter dem Deckmantel des Kommunismus als Leitgededanke der Nationalismus, gepaart mit einem robusten Wirtschaftswachstum, die Legitimation für die Führung des Landes durch die KPC-Regierung geliefert, die zu einer „autoritären Widerstandsfähigkeit" geführt hat, wie durch Jessica Chen Weiss bezeichnet.[250]

Nationalismus hat bis anhin für Xigut funktioniert, denn er gibt ihm Rückhalt in der Bevölkerung und somit Schutz vor Parteigegnern und dem Militär. Wie sich verstärkter Nationalismus in den Strassen verschiedener chinesischer Städte auswirken kann, wenn verlinkt mit internationaler Interessenpolitik Beijings, konnte anhand der vorerst letzten grösseren anti-japanischen Proteste 2012 mitverfolgt werden.[251] Dies

---

249. Zeng 2014.
250. Chen Weiss 2014.

geschah zu einer Zeit, als die Wirtschaft des Landes ins Stocken geriet und das Regime sich, so wird vermutet, die Thematik rund um die Diaoyu-Inseln als Ventil zum kollektiven Frustabbau gewählt hatte.

Nichtsdestotrotz, Nationalismus birgt auch in China grosse Gefahren, wenn er ausser Kontrolle geraten sollte. Es sei darauf hingewiesen, dass in der Geschichte Chinas Demonstrationen und Aufstände eine zentrale Rolle spielen, da diese von den Kaisern und dem KPC-Regime gleichermassen als grösste Gefahr für Instabilität wahrgenommen wurden und werden. In nur ganz seltenen Fällen, wenn es der Regierung wie in diesem Beispiel in die eigenen aussenpolitischen Karten spielt, werden öffentliche Kundgebungen oder Demonstrationen geduldet.[252] Hierzu Chen Weiss:[253]

> „The past two Chinese governments fell to nationalist movements that accused them of failing to defend the country from foreign encroachments: the Nationalists under Chiang Kai-shek and the Manchu leaders of the Qing dynasty."

Was dies im Bezug auf die Taiwan-Frage für Folgen haben könnte, zeigt die Aussage von Ted Carpenter, der Taiwan als künftige Zielscheibe eines steigenden chinesischen Nationalismus sieht:[254]

> „[...] as communism fades as a unifying force in China. The most likely substitute unifying force would be Chinese nationalism – and Taiwan is the most important, emotionally laden, nationalist issue."

Ein solches vom Nationalismus angetriebenes Ablenkungsmanöver – innenpolitische Herausforderungen auf aussenpolitische Probleme lenken – kann sich eine KPC-Führung nur dann erlauben, wenn sie dabei die vollständige Kontrolle behält und sich gleichzeitig nicht selbst gefährdet; ein Unterfangen, dem ein grosses Risikopotenzial anhaftet, sollte der Plan nicht aufgehen. Zudem braucht eine solche Aktion die uneingeschränkte Konzentration der KPC, die wiederum nur dann gewährleistet ist, wenn sich die Partei nicht nur vordergründig, sondern auch hinter den Kulissen als mehrheitliche Einheit präsentieren kann. Unter

---

251. Dazu Weiss weiter: „History shows that Chinese officials quickly repress demonstrations about domestic issues. This is less the case with antiforeign protests, which not only can have an intrinsic, patriotic legitimacy leaders find difficult to counter, but also, as Weiss argues, can have a value for China's leaders to signal resolve in diplomacy." Weiss 2014.
252. *The National Interest* 28.08.2015.
253. Chen Weiss 2014.
254. Carpenter 2005.

Xi sind spürbar neue Zeiten angebrochen und diese machen sich nicht nur innerhalb der Partei bemerkbar, sondern, und dies ist in dieser Form einmalig, auch ausserhalb der Partei. Es überrascht daher nicht, dass viele Experten sich dazu verleiten lassen, diese Signale deuten und interpretieren zu wollen. Und solche Signale gibt es mehr als in den Jahren zuvor. Die angesprochene Antikorruptionskampagne hat definitiv für Unruhe innerhalb der Partei gesorgt und zu einem gewissen Grad auch für Unsicherheit bis oberster Ebene. Und es liegt in der Natur der Sache, dass in solch einer Situation die Elite versucht, sich bestmöglich zu schützen (zum Beispiel Flucht aus dem Land) oder dann, wenn es keinen anderen Weg gibt, sich kurz- bis mittelfristig zu verteidigen (zum Beispiel politische Front gegen Auslöser der Kampagne). Beide Phänomene wurden in der Öffentlichkeit beobachtet und lassen darauf schliessen, dass innerhalb der Partei, der Regierung sowie des Militärs eine bis anhin nicht wahrgenommene Unruhe zu verzeichnen ist. Inwiefern es sich hierbei um existenzielle Fragen rund um die KPC dreht, kann nur erahnt, aber nicht ausgeschlossen werden. Fakt ist, dass die chinesische Regierung vor immensen Herausforderungen steht, wie bereits mehrfach angesprochen. Und jedes dieser Herausforderungen würde genügend Potenzial bergen, um der KPC gefährlich zu werden oder diese sogar zum Sturz bringen.

Sollte, als Beispiel, das chinesische Bankensystem vor dem Hintergrund von bestehender Vetternwirtschaft und Korruption, fehlender Reformen und schwachem Risikomanagement[255] zu einem Zusammenbruch des Finanzsystems führen, aufgrund von massiven notleidenden faulen Krediten, die abgeschrieben werden müssen und die, gepaart mit steigender Inflation, Arbeitslosigkeit und Wachstumsrückgang,[256] zu einer technischen Staatsinsolvenz führen könnten, dann würde dies eine Kettenreaktion auslösen. Nicht bilanzierte Positionen aufgrund bestehender Schattenbankenstrukturen würden weiter Öl ins Feuer giessen und massiv erhöhte Kapitalflucht wäre eine Konsequenz davon. Eine zeitlich überaus schlecht geplante Kapitalmarktliberalisierung würde

---

255. Das Finanz- und Bankensystem Chinas weist Parallelen zum indonesischen System unter Suharto auf, welche während der Asienkrise 1997/98 letztlich zum Sturz des autoritären Regimes geführt hat, vgl. *The Diplomat* 05.02.2013.
256. China verzeichnet zurzeit eine sinkende Anzahl an *migrant workers* anhand steigender Löhne – teils ersetzt durch zum Beispiel vietnamesische Billiglöhner – und Arbeitsplätze, die nach Südostasien abwandern. Zudem werden Wirtschaftsflauten vermehrt mit Stimuluspaketen durch die Zentralregierung angekurbelt, was zu einem rasanten Anwachsen der Staatsverschuldung geführt hat (von rund 130 % auf über 260 % Verschuldungsquote zum BIP in rund zehn Jahren ist beispiellos) und den Druck auf die Regierung, griffige strukturelle Reformen in Wirtschaft und Politik umsetzen, erhöht. Vgl. *Asia Society*.

nicht nur zu einer wirtschaftlichen Stagnation führen, sondern sogar in einen Wachstumsrückgang münden. Dies würde innerhalb der Bevölkerung zu vermehrten sozialen Unruhen führen. Gemäss dem hiesigen Bildungsministerium graduieren landesweit jährlich zwischen 7–10 Millionen Studenten. Über 40 % mit einem Bachelordiplom ausgestattete Abgänger sind arbeitslos und 25 % finden keine Arbeit nach einem Masterabschluss. Diese Zahlen könnten sich bei ausstehenden Berufsperspektiven erhöhen und zusätzlich eine kritische Masse von Langzeit-Unzufriedenen kreieren, die zusätzlich durch Familien und Gesellschaftsnormen (z. B. gutes Salär, Heirat/Mitgift und Erwerb von Wohneigentum) verstärkt würden.

In einem solchen Fall wäre eine der beiden Legitimierungsstützen für das KPC-Regime, wirtschaftliche Prosperität, nicht mehr gegeben.[257] Das zweite Standbein der Regierung ist, wie aufgezeigt, der erhöhte Nationalismus. Eine politische Führung, die innenpolitisch nicht imstande ist, den Wohlstand zu sichern, und nicht fähig ist, das Land nach aussen zu stärken, verliert jeglichen Regierungsanspruch. Der natürliche Reflex eines Ablenkungsmanövers würde hier wohl ebenfalls einsetzen. Als stärkstes nationalstolzbildendes Element, weil historisch und emotional sehr bedeutend, ist die vollständige Vereinigung des chinesischen Reiches, also die Wiedereingliederung Taiwans. Angesichts der Tatsache, dass politische Krisen sehr schnell aufkommen können und häufig unerwartete Elemente bergen, untermauert die Ansicht, dass ein mögliches Unterfangen einer Wiedereingliederung von affektiven Verhalten und Entscheidungen begleitet würden, also häufig auf wenig Erfahrung und Vorbereitung treffen. Dieser Umstand, in Verbindung mit einer militärischen Invervention, könnte wohl mit politischem Selbstmord gleichgesetzt werden. Ein möglicher weniger gefährlicher Ausweg aus diesem politischen Dilemma könnte mit dem Szenario einer absichtlichen und kontrollierten Implosion der KPC in Verbindung gebracht werden. Denn die erwähnte Machtkonsolidierung Xis könnte unter solchen Vorgaben fatale Folgen für seine Person mit sich bringen. Als Zielscheibe für Unmut und Frust könnte er nicht nur sich selbst in Bedrägnis bringen, sondern die KPC mit hineinziehen. Eine graduelle Abwendung vom Kommunismus zeigt die Anpassungsfähigkeit und den Anpassungswillen des Regimes. Demnach könnte man sich theoretisch, und unter drasti-

---

257. Ein ähnliches Szenario könnte z. B. durch nicht ökonomische Herausforderungen ausgelöst werden, wie zum Beispiel weiter aufgrund ansteigender Umweltbelastungen.

schen Umständen, ein Abwenden von der aktuellen Kommunistischen Partei Chinas vorstellen, damit ein drohender Kollaps abgewendet werden kann.

Ein mögliches Beispiel könnte vorsehen, dass je nach Grad der Schwächung der KPC der Druck auf die Parteistrukturen sich erhöhen würde. Innerhalb von parteiinternen Faktionen könnten politische Gegner Xis zusammen mit Vertretern des Militärs und der Wirtschaftseliten eine schrittweise Machtergreifung einleiten, die zum Zusammenbruch der Kommunistischen Partei Chinas führen könnte – z. B. durch eine autoritäre nationalistische Partei mit nach aussen liberaleren Zügen. Eine klassische Militärdiktatur wäre eher unwahrscheinlich, obwohl die Armee für die Machtkonsolidierung in einem solchen Szenario eine zentrale Rolle spielen würde. Sie wäre der Garant dafür, dass das Land nicht in kleinere Teilstaaten auseinanderfällt, so wie es zum Beispiel nach dem Ende der Sowjetunion.

Um das eingeleitete Szenario, basierend auf einer effizienteren und dezentralisierteren Interessenpolitik, weiterzudenken, könnte als eine Konsequenz davon die Position gewisser Regionen politisch gestärkt werden, indem sie mehr Autonomie geniessen würden. Wirtschaftsstarke Provinzen und selbstverwaltete Zonen wie Guangzhou, Shenzhen und Hong Kong (Perl-River-Delta) oder Shanghai, Jiangsu und Zhejian könnten zusammenspannen und sich zu Staaten innerhalb des Staates zusammentun – historisch instabile Territorien mit einem gewissen Segregationsrisiko wie zum Beispiel der Xinjiang (Uighuren) oder Tibet wären von solchen Möglichkeiten wohl eher ausgeschlossen. In Bezug auf die Taiwan-Frage könnte das Szenario so enden, dass Taiwan über die Zeit mit vor allem südlichen Regionen rund um Guangzhou oder Shanghai sich politisch weiter annähern und eine wirtschaftliche Partnerschaft eingehen könnte, also zum Beispiel mit Mitgliedstaaten der Vereinigten Staaten Chinas (USC).

4.4.4. US-Sino-Kollision (Szenario C)

4.4.4.1. Konfliktpotenzial: Einschätzung Chinas

„*Profound changes are taking place in the international situation,as manifested in the historic changes in the balance of power, global governance structure, Asia-Pacific geostrategic landscape, and international competition in the economic, scientific and technological, and military fields. The forces for world peace are on the rise, so are the factors against war. In the foreseeable future, a world war is unlikely, and the international situation is expected to remain generally peaceful.*
There are, however, new threats from hegemonism, power politics and new-interventionism. International competition for the redistribution of power, rights and interests is tending to intensify. Terrorist activities are growing increasingly worrisome. Hotspot issues, such as ethnic, religious, border and territorial disputes, are complex and volatile. Small-scale wars, conflicts and crises are recurrent in some regions. Therefore, the world still faces both immediate and potential threats of local wars."

Dieser Ausschnitt aus dem diesjährigen Weissbuch zu Chinas passiver Militärstrategie läutet das erste Kapitel zur nationalen Sicherheitssituation ein. Das Papier führt aus, dass sich China hinsichtlich seiner künftigen Entwicklung in einer Periode „strategischer Möglichkeiten" befinde. Innerhalb Chinas habe sich der Lebensstandard der eigenen Bevölkerung beträchtlich verbessert und die chinesische Gesellschaft bleibe stabil. Es erwähnt auch die wachsende Bedeutung der Asien-Pazifik-Region hin zum globalen wirtschaftlichen und strategischen Zentrum und verweist auf die US-amerikanische Rebalancing-Strategie, die zu einer erhöhten Militärpräsenz innerhalb der Region geführt hat. Hinzu komme Japans Umgehung der Nachkriegsmechanismen durch die Überholung und Umgestaltung seiner bestehenden sicherheitspolitischen und militärischen Richtlinien. Auch die steigenden Spannungen im Südchinesischen Meer aufgrund der territorialen Dispute werden angesprochen, die durch illegale Okkupation der zu China gehörenden Inseln durch Anrainerstaaten ausgelöst wurden. Des Weiteren werden die koreanische Halbinsel sowie der internationale Terrorismus aufgeführt, die beide als unberrechenbare und instabile Faktoren für die Sicherheit der Aussengrenzen Chinas eingestuft werden.

Die Taiwan-Frage, als innenpolitische Herausforderung, bleibe zentrales Anliegen der Regierung mit Blick auf die langfristige Entwicklung hin zur Wiedervereinigung und „Verjüngung" *(rejuvenation)* der nationalen Seele. Der Vereinigungsprozess sei unausweichlich. Trotz der positiven Entwicklung der Taiwan-Frage in den letzten Jahren sei die Hauptursache und somit die grösste Gefahr für eine Instabilität nach wie vor nicht beseitigt, und zwar die separatistische Bewegung auf Taiwan.[258] China könne sich nichts vorwerfen und tue alles Mögliche, um eine Eskalation zu vermeiden.

Aus einer praktikablen politischen Sichtweise heraus heisst dies zusammengefasst, die chinesische Regierung muss sich in den kommenden Jahren vor allem auf drei Krisenherde konzentrieren, die die Spannungen mit dem potenziell stärksten Gegner im Pazifikraum, den USA, verschärfen könnten: das Südchinesische Meer, die koreanische Halbinsel und die Taiwan-Frage. In der Folge soll auf den letzten Punkt Bezug genommen werden, obwohl alle drei miteinander korrelieren.

Wie aus dem chinesischen Weissbuch zur Militärstrategie hervorgeht, besteht das Hauptziel Beijings darin, die Insel Taiwan zu einem integrierten Bestandteil des chinesischen Territoriums zu machen. Die Mittel zur Umsetzung dieses Vorhabens können sowohl friedlicher als auch militärischer Natur sein, denn Taiwan bleibt für China nach wie vor eines der potenziell grössten Gefahren. In den letzten Jahren hat Beijing vor allem auf eine erhöhte wirtschaftliche und teils kulturelle Verflechtung hingearbeitet und, teilweise erfolgreich, eine politische Annäherung gesucht. Beijing betont dabei stets die friedliche Wiedereingliederung der Insel nach dem „Ein Land, zwei Systeme"-Prinzip anzustreben.[259]

4.4.4.2. Konfliktpotenzial: Einschätzung Taiwans

Auf der Gegenseite lässt sich die 2013 veröffentlichte taiwanische Militärstrategie konsultieren. In diesem Papier erfährt verständlicherweise vor allem die Volksrepublik China grösste Aufmerksamkeit. Taiwan ist gegenüber den verbesserten Beziehungen zu China eher vorsichtig und sieht darin in unmittelbarer Zukunft nach wie vor ein erhöhtes Risiko einer direkten Konfrontation zwischen China und den USA. Der National Defense Report lässt auch einen Blick auf die Einschätzungen und

---

258. Damit ist vor allem die Demokratic Progressive Party (DPP) gemeint.
259. *12th National Defense Report*, vgl. *Ministry of National Defense (MND) of the Republic of China*.

Sichtweisen von taiwanischen Militärexperten bezüglich Chinas Strategiepapier und Armeemodernisierung zu:

> „Under the military strategy of 'active defense', the PRC emphasizes a number of 'core interests', including safeguarding its sovereignty, territorial integrity, and national unification. Besides advocating communication, cooperation and mutual benefits when dealing with sovereignty disputes in the East China Sea and South China Sea, the PRC will also continue to show its determination that it will not back down on matters concerning its territory and sovereignty.
> To reconcile the 'China Threat Theory', the PRC hopes to create a peaceful image via frequent visits by high level military and government officials and providing financial (military) aid, escpecially in the Asia-Pacific. Furthermore, the PRC uses its political and economic strength to consolidate military exchanges with Russia and India, and strengthen relations with countries in the Middle East, Latin America, and Africa, ensuring its energy and mineral resource supply, as well as stable national development during a 'stage of strategic opportunities'."[260]

Das Strategiepapier führt weiter aus, dass die massive militärische Aufrüstung und Modernisierung Chinas Streitkräfte, welche durch das starke wirtschaftliche Wachstum des Landes vorangetrieben wurde, vielen Nachbarn, inklusive Taiwan, missfallen würden. Die von der chinesischen Regierung angepriesene „World Harmony" und „Good Neighbor Diplomacy" täuschen nicht über das intransparente Verteidigungsbudget hinweg,[261] mit welcher die KPC versucht, den Argwohn der internationalen Gemeinschaft zu schmälern. Das besagte Budget lässt demnach viel Raum für Spekulationen zu. So schätzt Taipei, dass die Ausgaben Beijings über die offiziell deklarierten 116.3 Milliarden USD[262] liegen, und zwar um den Faktor 2 bis 3, also eher mit 230–350 Milliarden USD beziffert werden könnten.[263] Dabei erwirbt Beijing die Mehrheit seiner Waffensysteme und Technologie aus Russland. Taipei sieht in dieser Entwicklung, trotz verbesserter Beziehungen zu Beijing, die Absicht Chinas, im Fall eines aufkommenden Konflikts sein Abschreckungs- und/oder Verzöge-

---

260. *China's Military Strategy* May 2015, vgl. *Ministry of National Defense (MND) of the People's Republic of China.*
261. Damit sind internationale Peacekeeping-and-Anti-Piraterie-Operationen gemeint.
262. Siehe auch Abbildung 18 „Chinas Verteidigungsausgaben in % zum BIP".
263. Der Grund liege darin, dass Beijing Ausgaben für Verteidigungstechnologien, Einkommen aus Waffenverkäufen oder Ausgaben für bewaffnete Polizeikräfte nicht unter dem Verteidigungsbudget aufführt.

rungsszenario gegenüber Drittstaateninterventionen künftig effizienter gestalten zu können.

Dieser Ansicht sind grosse Teile der Inselbevölkerung Taiwans, die immer wieder nach Hong Kong schaut, welches für Beijing als das Vorzeigemodell für die Wiedereingliederung der Insel gilt. Dort haben sich vor allem im letzten Jahr unschöne Szenen abgespielt. Die „Umbrella Revolution" in Hong Kong wurde durch den Entscheid des in Beijing ansässigen Ständigen Ausschusses des Nationalen Volkskongresses (NVKSA/NPCSC) ausgelöst, welches das Wahlverfahren des Regierungschefs (oberster Verwalter der Special Administration Region/SAR Hong Kong) sowie des Parlaments reformieren soll.

Das von Beijing bei der britischen Rückgabe Hong Kongs an China eingeräumte Recht, die Bevölkerung könne ab 2017 ihren Regierungschef direkt wählen, wurde mit grosser Spannung erwartet. Gemäss dem von Beijing kürzlich veröffentlichten Dokument zum definitiven Entscheid soll demnach das SAR-Volk von der KPC vornominierte Kandidaten wählen dürfen, ein Umstand, den die Bevölkerung nicht akzeptieren will, weil dann unabhängige Kandidaten und potenzielle Kritiker der KPC zu Beginn weg bereits chancenlos wären, während regierungstreue Kandidaten sich erfolgreich zur Wahl stellen könnten.[264] Für viele Hong Konger, darunter auch Politiker, ist diese Ankündigung gleichbedeutend mit einer „falschen Demokratie", welche Beijing den Bürgern vorgaukeln würde.[265] Als Reaktion darauf gingen Hunderttausende Menschen auf die Strassen, um ihren Unmut gegenüber Beijings Vorgehen Ausdruck zu verleihen. Die Proteste dauerten mehrere Monate an.

Vor diesem Hintergrund steigt in Taiwan das Misstrauen, dass Beijing in der „Ein Land, zwei Systeme"-Formel lediglich eine Verschleierungstaktik sieht.[266] Gemäss der Inselbevölkerung baut Beijing seine gezielte Strategie der wirtschaftlichen Interdependenz weiter aus, um einen politischen Dialog mit Taipei zu forcieren und zu institutionalisieren. Diese vorsichtige Annäherung löste vor zwei Jahren ebenfalls Protestaktionen aus, vor allem innerhalb der taiwanischen Jugend, die die „Sunflower Student Movement" initiierte. Die Proteste bewog die KMT-Regierung, eine gezielte Überprüfung des ECFA-Abkommens mit Beijing anzukündigen. Die KPC-Regierung hat sich während den beiden Ereignissen auf

---

264. *Hong Kong Legal Information Institut (HLII)* 2015.
265. *The Guardian* 16.06.2015.
266. *Congressional-Executive Commission on China*.

Taiwan und Hong Kong eher zurückgehalten gezeigt und nur sporadisch kommentiert. Grundton war jedoch, dass jegliche Wiedervereinigung Taiwans mit dem Festland dem „Ein China, zwei Systeme"-Prinzip unterliegen würde.[267]

Der Verteidigungsrapport drückt denn auch die Absicht Beijings aus, wonach in der vom NVK und der politischen konsultativen Konferenz[268] – den zwei Sessionen – verabschiedeten „Resolution 2013" der „1992 Konsensus" sowie die „Richtlinien zur ein Land, zwei Systeme und friedliche Wiedervereinigung" nochmals bestärkt werden. In diesem Dokument sieht Taipei Chinas Versuch, das taiwanische Volk von dessen nicht gewaltsamen Absichten zu überzeugen, um einen Abwehrmechanismus zu verhindern. Zusätzlich, so Taipei, versucht Beijing die US-Waffenverkäufe an Taiwan graduell einzudämmen, um in naher Zukunft die Verteidigungskraft der Insel zu schwächen. Dies würden die Chancen auf eine erfolgreiche Einnahme Taiwans mit militärischen Mitteln erhöhen. Was die Situation Taiwans nach wie vor stärkt, ist, im Kontext der zunehmenden Bedeutung des Chinesischen Meeres, seine geostrategische Position sowohl für die USA als auch für Japan.

4.4.4.3. Konfliktpotenzial: US-Einschätzung

Gemäss dem vom US-Department of Defense (DoD) verfassten Papier, Military and Security Developments Involving the People's Republic of China 2015, lässt sich die Haltung der USA in der Taiwan-Frage von der „Ein-China-Politik", den drei Communiques und dem TRA ableiten. Washington duldet keine unilateralen Vorstösse und unterstützt weiterhin eine friedliche Beilegung der Differenzen zwischen Beijing und Taipei in einer Art und Weise, die für beide Parteien akzeptabel scheint:

> „Consistent with the TRA, the United States has helped to maintain peace, security, and stability in the Taiwan Strait by providing defense articles and services to enable Taiwan to maintain a sufficient self-defense capability. To this end, the United States has announced more than 12 billion USD in arms sales to Taiwan since 2010."[269]

---

267. SCMP 08.11.2014.
268. Vgl. Chinese People's Political Consultative Conference (CPPCC).
269. *Military and Security Developments Involving the People's Republic of China 2015*, vgl. *Department of Defense (DoD) of the United States of America*.

Interessant sind vor allem die verschiedenen Optionen für konkrete militärische Operationen seitens Chinas innerhalb der Taiwan-Frage, welche das DoD der VBA einräumt:

> „The PLA is capable of increasingly sophisticated military action against Taiwan. It is possible that China would first pursue a measured approach characterized by signalling its readiness to use force, followed by a deliberate buildup of force to optimize the speed of engagement over strategic deception. Another option is that China would sacrifice overt, large-scale preparations in favour of surprise to force rapid military and/or political resolution before other countries could respond. If a quick resolution is not possible, China would seek to:
>
> - *Deter potential US intervention;*
> - *Failing that, delay intervention and seek victory in an assymetric, limited, quick war; and,*
> - *Fight to a standstill and pursue a political settlement after a protracted conflict.*"[270]

Des Weiteren gibt es alternative Szenarien:

> - *[...]air blockades, missile attacks, and mining to force capitulation;*
> - *China could declare that ships en route to Taiwan must stop in mainland ports for inspection [...];*
> - *[...] attempt the equivalent of blockade by declaring exercice or missile closure areas in approaches to ports[...]. The PLA employed this method during the 1995-96 missile firings and live-fire exercises;*
> - *China might use [...] disruptive, punitive, or lethal military actions in a limited campaign against Taiwan [...] including computer network or limited kinetic attacks against Taiwan's political, military, and economic infrastructure to induce fear in Taiwan and degrade the populace's confidence in the Taiwan leadership. Similarly, PLA special operations forces could infiltrate Taiwan and conduct attacks against infrastructure or leadership targets.*[271]

Weitere Szenarien beinhalten die Invasion der Insel, *Joint Island Landing Campaign*, mit amphibischen Mitteln und einer Luft- und Seehoheit in

---

270. Ebd.
271. Ebd.: 58.

der Region. Solch eine Invasion könnte sich auf eine der Inseln wie Pratas, Itu Aba oder gar Matsu und Kinmen konzentrieren. Eine von Erfolg gekrönte Eroberung würde der taiwanischen Bevölkerung die Möglichkeiten der VBA und die Entschlossenheit der KPC demonstrieren, gleichzeitig aber auch dessen Zurückhaltung suggerieren.

4.4.4.4. Gründe für Kollisionskurs

Die Taiwan-Frage besteht seit der Flucht der Nationalisten auf die Insel und der ungefähr zeitgleichen Gründung der Volksrepublik China, die nun bald sieben Jahrzehnte zurückliegt. Während des andauernden Konflikts, welcher sich immer wieder zuspitzte und wieder abkühlte, konnte eine weitreichende Eskalation stets abgewendet werden. Dazu bedurfte es und bedarf es noch heute verschiedener Abkommen, Richtlinien und Abmachungen, die vor allem für die drei involvierten Parteien – China, Taiwan und die USA – verbindlich sind und die eine gewisse Vorhersehbarkeit und Berechenbarkeit ermöglichen. Die Regeln sind teils diplomatische Zugeständnisse und teils haben sie einen militärischen Charakter, die individuell und in ihrer Gesamtheit für die Einsetzung und Anwendung von friedlichen Mitteln plädieren. Wie die aufgezeigten individuellen Strategien der betroffenen Staaten belegen, bereiten sich jedoch sowohl Beijing, Taipei und Washington auf einen möglichen Ernstfall vor. Die letzten 20 Jahre haben tatsächlich einen Vorgeschmack darauf gegeben, in welche Richtung dieser ungelöste Disput gehen könnte, nämlich hin zu einer militärischen Auseinandersetzung. Dafür sprechen vor allem drei Entwicklungen, die alle ihren Ursprung Mitte der 1990er-Jahre haben; die amerikanische Ambivalenz (strategische Ambiguität) gegenüber China und Taiwan, Beijings Startschuss zur Modernisierung der VBA und die sich verstärkende separatistische Bewegung auf Taiwan.

Die dritte Taiwankrise 1995/96 wird von vielen chinesischen und US-Experten als das Schlüsselereignis für die Beziehungen zwischen der USA und China der Gegenwart gesehen. Jedoch gehen die Meinungen zu den aus der Krise gezogenen Schlussfolgerungen und Konsequenzen, durch die jeweilige Gegenseite, teilweise weit auseinander.

Washingtons Sichtweise der Ereignisse ist, dass Beijing mit der Entsendung von zwei Flugzeugträgerkampfgruppen an Taiwans Ostküste eingeschüchtert wurde und dass die USA ihre Bereitschaft, den TRA im Ernstfall auch einzuhalten, damit unterstrich. Denn Beijing stoppte in der Folge jegliche militärische Handlungen in der Taiwan-Strasse. Die Sichtweise einiger US-Experten ist jedoch eine etwas andere. Beijing ging von einer stillschweigenden Abmachung mit den USA aus, wonach China seinen Unmut über die Vorgänge auf der Insel militärisch kundtun würde.[272] Im Gegenzug würden die USA eine „angemessene" militärische Reaktion zeigen und beide Seiten würde es anschliessend dabei belassen. Die Situation würde sich langsam entspannen. In der Realität aber empfand die chinesische Regierung die Entsendung zweier Flugzeugträgerkampfgruppen als übertriebene und demütigende Reaktion seitens der USA. Denn die chinesische Seite hatte keine Mittel, die Positionierung der beiden Kampfgruppen zu verhindern oder zumindest zu erschweren.[273]

Dass die chinesische Einschätzung des Ereignisses im Gegenzug eine andere Situation darstellt, überrascht eher wenig. Die USA hätten China über die Entsendung einer Flugzeugträgerkampfgruppe zum Schutz Taiwans angekündigt. Das einzige in der Nähe Taiwans positionierte US-amerikanische Schiff sei jedoch ein Spionageschiff gewesen, welches sich rund 200 Meilen von der Küste Taiwans positionierte. Der besagte Flugzeugträger selbst sei hingegen rund 600 Meilen vor der Insel stationiert gewesen. Die USA hätten unter allen Umständen eine Eskalation und somit ein eventuelles Gefecht vermeiden wollen.[274]

Trotz unterschiedlicher Schlussfolgerungen sind sich beide Seiten einig, dass Beijing nach diesem Ereignis – eingeschüchtert oder nicht – die absolute Notwendigkeit einer Modernisierung seiner eigenen Luft- und Seestreitkräfte sah. Parallel dazu sollten neue Technologien angeeignet oder entwickelt werden. Eine fortschrittliche, effiziente und vor allem abschreckende Landesverteidigung sollte letztlich das Ziel sein. Diese Entwicklung, die bis heute anhält, brachte China in den letzten 20 Jahren auf Rang zwei, was das jährliche Verteidigungsbudget angeht, und ermöglichte Beijing die weltweit grösste und eine der modernsten und schlagkräftigsten Armeen aufzubauen.

Den Grund für die unterschiedlichen Einschätzungen sehen viele US-Experten in der Politik der strategischen Ambiguität Washingtons. Das Fehlen einer klaren Position und die Einräumung einer gewissen Berechenbarkeit führte ihrer Meinung nach zur besagten militärischen Auf-

---

272. Zur Erinnerung: Auf Taiwan fanden die ersten freien demokratischen Wahlen statt.
273. Siehe auch Michael D. Swaine, China-Spezialist und Senior Associate Asia Program, Carnegie Endowment for International, sowie Wang Xiangsui, Militärstratege, Chinese War College und Oberst der VBA (*BBC* 2015).
274. Ebd.

rüstung und Modernisierung Chinas Armee, eine Entwicklung, die den USA sicherlich nicht behagen dürfte. Zudem berge die Ambiguität ein latentes Risiko für Missverständnisse, welche fatale Folgen haben könnten. Für viele Kritiker ist dies eine klare Schwäche der zweigleisigen US-Politik, die anhand des Zwischenfalls von 1995/96 deutlich wurde.[275]

Wie bereits ausgeführt, sind die wachsenden militärischen Fähigkeiten Beijings Produkt der wirtschaftlichen Macht Chinas. Dies bringt nicht nur Vorteile mit sich, sondern führt auch zu grossen wirtschaftlichen Interdependenzen. Ein militärischer Wettbewerb oder eine Kooperation zwischen den USA und China müssen daher in einem grösseren Kontext gesehen werden. Geo-Wirtschaft scheint Geostrategie als dominanten Faktor überholt zu haben. Anthony H. Cordesman, Arleigh A. Burke Chair in Strategy des Center for Strategic & International Studies und Analyst für Nationale Sicherheit, führt in diesem Zusammenhang aus:

> „There is no way that any form of military victory by either China or the US, can offset the strategic cost of clash, even if it does not escalate to a major conflict. Any major confrontation – much less conflict – that triggers an arms race between China and the US is likely to be more costly than achieving some form of compromise and stability. Any major conflict would cost the 'winner' more than the victory is worth."[276]

Damit jedoch eine Kooperation eingegangen und aufrechterhalten werden kann, führt Cordesman weiter aus, bedarf es indessen Transparenz und Dialoge auf allen Ebenen und in allen Richtungen sowie die Fähigkeit, über traditionelle geopolitische Werte hinaus zu schauen. Doch Transparenz ist eine jener Grundvoraussetzungen, welche die chinesische Regierung nicht umsetzt. Während andere Staaten gesetzlich an ein bestimmtes Mass an Transparenz gebunden sind, scheint dies für Beijing nicht zu gelten. Im Gegenteil, viele Strategen der VBA und Militäranalysten sehen in Beijings Verschleierungstaktik sogar eine Notwendigkeit, die den eigenen Ambitionen dienlich sind. Diese Haltung hängt sehr stark mit der Geschichte Chinas zusammen, denn wenige Staaten haben in den letzten 200 Jahren so stark unter ausländischer Vorherrschaft gelitten wie China.[277]

---

275. Keohane/Nye 1998.
276. Cordesman/Colley 2015.
277. Ebd.

Aus diesem Grund hat China durch militärische Modernisierung seine Schlagkraft über die letzten Jahre stark erhöht. Das kürzlich publizierte Weissbuch zur Armee spricht erstmals von „Chinas Militärstrategie" – vorher war von „Chinas nationaler Verteidigung" die Rede – und basiert auf dem Weissbuch von 1998 zur „aktiven Verteidigung" (China wird über verteidigende Massnahmen nicht hinausgehen). Darin soll die Entwicklung der Armee vor allem in vier Bereichen vorangetrieben werden:[278]

- *Cyberspace: boost its cyber warfare capabilities;*
- *Outer space: take steps to defend its interests, opposed to militarization*
- *Nuclear forces: build reliable second-strike capability*
- *Oceans (sea power)*

Vor allem der letzte Punkt beunruhigt viele seiner Nachbarn, aufgrund der teilweisen Rigidität, mit welcher China im offenen Meer operiert. Die Absicht der VBA ist es, die Interessen Chinas in der Region zu wahren sowie die Verteidigung seiner Territorien und Seewege zu garantieren. Dabei soll die Feuer- und Durchschlagskraft erhöht und der Aktionsradius *(offshore waters defense to open ocean protection)* erweitert werden (vgl. Abbildung 47). Das Papier fügt hinzu, dass die Gegebenheiten und Interessen auf dem Meer sich in den letzten Jahren verändert haben, was nach einer Strategieänderung der VBA verlangt, von einer Landmacht hin zu einer (zusätzlichen) Seemacht.[279] Die erhöhte US-Militärpräsenz durch die 2011 angekündigte Rebalance-Strategie in Ostasien sowie Japans kürzlicher Reformvorstoss innerhalb seiner Sicherheitspolitik (Aufrüstung, internationale Einsätze) werden in der Strategie mitberücksichtigt. Beide Entwicklungen interpertiert Beijing als Akte der Agression, worauf Präsident Xi anfangs August dieses Jahres in einer Rede vor seinem Militärkader antwortete: Die chinesische Armee muss stärker werden.[280]

---

278. *Ministry of National Defense (MND) of the People's Republic of China* vom Mai 2015. Gemäss Weissbuch 1998 zur „aktiven Verteidigung" soll China sich für „local wars under conditions of informationization" vorbereiten, mit anderen Worten regionale Konflikte, in welchen „comand, control, communication, intelligence, reconnaissance, and surveillance (C4ISR)" eine wichtige Rolle spielen.
279. Vgl. unter anderem auch Rocha E Silva 2015.
280. China wird am 3. September 2015 erstmals den „Sieg im Zweiten Weltkrieg" über die japanische Herrschaft mit einer enormen Militärparade feiern. Dazu wurde das Datum als künftiger Feiertag bestimmt. Premierminister Shinzo Abe hat seine Partizipation in Beijing abgesagt, während taiwanesische Truppen gemeinsam mit russischen, indischen, mongolischen, aserbaidschanischen, weissrussischen, kasachischen, kirgisischen, tadschikischen und serbischen marschieren werden, vgl. *The Diplomat* 26.06.2015.

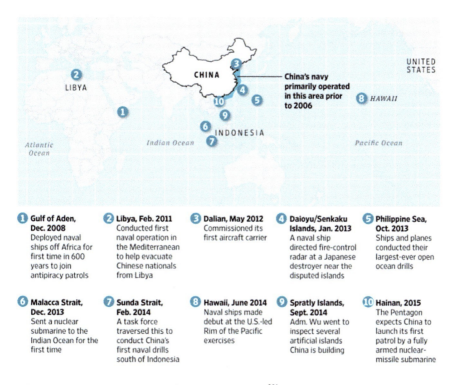

Abbildung 47: Chinas Aktionsradius in den Weltmeeren seit 2006[281]

Ein weiteres Abschreckungsinstrument sind Chinas interkontinentale ballistische Flugkörper. Mittlerweile sind zwischen 1600–2000 solcher Flugkörper auf Taiwan gerichtet.[282] Seit dem Antizsezessionsgesetz 2005 hat diese Anordnung eine ganz neue Qualität erhalten, denn gemäss Erlass könnte Beijing jederzeit und ohne Vorwarnung den Feuerbefehl auf Taiwan geben. Mit der kürzlich entwickelten Dong Feng-16 (DF-16) wurde das Arsenal der Kurzstreckenflugkörper weiter ausgebaut. Die Gesamtreichweite des interkontinentalen operativ-taktischen Systems (Dongfeng/CSS-4) deckt fast den Erdball ab, inklusive USA, welche in Reichweite der JL-2 (8000 km), DF-31 und DF-31A (7200–11'200 km, vgl. Abbildung 48) und der CSS-4 (11'900 km) liegt .

---

281. Vgl. *WLU* 31.03.2015.
282. Vgl. *Taipei Times* 04.09.2012.

166 Die Taiwan-Frage im Kontext des Wiederaufstiegs Chinas (2022–2035)

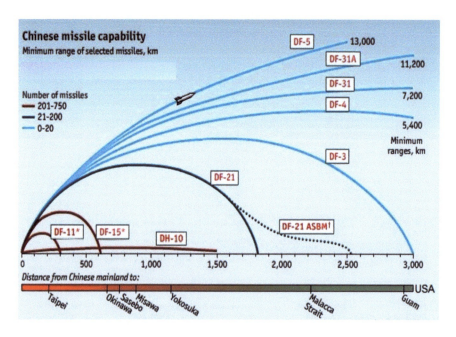

Abbildung 48: Chinas „Interkontinentale Ballistische Flugkörper"-Kapazität[283]

Mit der anhaltenden und stetigen Aufrüstung werden Chinas Streitkräfte seit 1978 kontinuierlich modernisiert (vgl. die vier Modernisierungen, initiiert von Deng Xiaoping: 1) Industrie, 2) Landwirtschaft, 3) Wissenschaft und Technologie und 4) Nationale Verteidigung).[284] Nach dem Auseinanderfallen der UdSSR Anfang der 1990er-Jahre sah sich China mit Bezug zu Taiwan der einzig verbliebenen Supermacht USA entgegen. Ein Wettrüsten mit den modernsten und schlagkräftigsten Streitkräften schien wenig sinnvoll. Daher lag der Fokus auf die Aneignung erschwinglicher assymetrischer Waffensysteme, ein Umstand, der es heute den Militärexperten erschwert, die effektive Stärke der VBA zu messen, was sich in den verschiedenen Meinungen widerspiegelt: Die eine Seite sieht in China einen aufstrebenden Rivalen in Kampf um die Vorherrschaft im APAC-Raum, während die anderen diese Aussagen als Kriegshetze abtun.[285]

283. *The Economist* 06.12.2010.
284. Ebrey 2010.
285. *The Economist* 02.12.2010.

Taiwan Strait Military Balance, Ground Forces			
	China		Taiwan
	Total	Taiwan Strait Area	Total
Personnel (Active)	1.25 million	400.000	130.000
Group Armies	18	8	3
Infantry Divisions	12	3	0
Infantry Brigades	23	6	8
Mechanized Infantry Divisions	7	3	0
Mechanized Infantry Brigades	25	7	3
Armor Divisions	1	0	0
Armor Brigades	17	8	4
Army Aviation Brigades and Regiments	11	6	3
Artillery Brigades	22	10	5
Airborne Divisions	3	3	0
Amphibious Divisions	2	2	0
Amphibious Brigades	3	3	3
Tanks	6.947	2.758	1.100
Artillery Pieces	7.953	3.891	1.600

Taiwan Strait Military Balance, Naval Forces			
	China		Taiwan
	Total	East and South Sea Fleets	Total
Aircraft Carriers	1	0	0
Destroyers	21	14	4
Frigates	52	42	22
Corvettes	15	11	1
Tank Landing Ships/Amphibious Transport Dock	29	26	12
Medium Landing Ships	28	21	4
Diesel Attack Submarines	53	34	4
Nuclear Attack Submarines	5	2	0
Coastal Patrol (Missile)	86	68	45

Taiwan Strait Military Balance, Air Forces			
	China		Taiwan
Aircraft	Total	Within range of Taiwan	Total
Fighters	1.700	330	388
Bombers/Attack	400	200	22
Transport	475	150	21
Special Mission Aircraft	115	75	10

Abbildung 49: Taiwans Armee in Zahlen[286]

Fakt bleibt, dass China in seine Modernisierung investiert und mit der Entwicklung von Flugzeugträgern das eigene Potenzial ausschöpft oder mit Partnerschaften, vor allem mit Russland, das nötige Know-how im Bereich der Militärtechnologie einkauft. Mit Russland hat China ein Abkommen über die Lieferung hochtechnologischer Waffen für die Seestreitkräfte und die Luftverteidigung abgeschlossen, welche im Ernstfall auch in der Taiwan-Frage eingesetzt werden können.[287] Des Weiteren gehören im Zeitalter der Informationstechnologie der Weltraum (Raumfahrtprogramm) und das Internet (Cyberspace) zu den absoluten Prioritäten Beijings.

Diese Aufrüstung und Modernisierung in Kontext der Taiwan-Frage ist umso prekärer, als Taiwan für China denn auch mehr als nur eine politische Angelegenheit darstellt, wie sowohl die Geschichte als auch die Gegenwart aufzeigen. Was Taiwan für China bedeutet, vergleicht Ted G. Carpenter, Vice President for Defense and Foreign Policy Studies am CATO Institute in Washington D.C., mit der Bedeutung Jerusalems für

---

286. Vgl. *CSIS* 10.10.2015.
287. *Die Welt* 19.01.2015. Vgl. auch *Ministry of Foreign Affairs of the People's Republic of China*. China hat mit Russland im Mai 2014 ein rund 400 Mia. USD schweres Abkommen (Waffenkäufe) unterzeichnet. Angedacht ist unter anderem der Ausbau der Seidenstrasse, die Errichtung einer steuerfreien Wirtschaftszone von Beijing nach Minsk, Energieversorung Chinas und Militärkooperationen (zum Beispiel gemeinsame Manöver im Pazifik). Vgl. *Popular Science* 25.04.2015.

Israel und Palästina; ein „hot button issue", der eine ganze Nation von 1.4 Milliarden Chinesen in Schrecken versetzen kann. Die Ernsthaftigkeit und Wichtigkeit, die hinter der Wiedervereinigung mit Taiwan steht, darf nicht bagatellisiert werden. Taiwan ist das letzte verbliebene Symbol chinesischer Schwäche und Abhängigkeit, die noch aus der westlichen Kolonialzeit des späten 18. respektive 19. Jahrhunderts stammen. Die Emotionalität ist für viele westliche Experten nur schwer nachvollziehbar und daher wird die Taiwan-Frage in ihrer Explosivität oftmals stark unterschätzt.[288] Hinzu kommt die Ambiguität, welche der ehemalige US-Aussenminister James A. Baker, im Zusammenhang eines möglichen Angriffs Chinas auf Taiwan, wie folgt begründet:

> *„If we said we would come to the defense of Taiwan under any and all circumstances, she [Taiwan] would declare independence and China would move – no doubt about that in my mind. If we would say we wouldn't, China would move. And so we shouldn't say under what circumstances and to what extend we will aid Taiwan, but we should make it clear, that we would view with the gravest concern any resort to the use of force."*[289]

Durch die Art und Weise, wie Baker die US-Strategie der Ambiguität darlegt, könnte der Eindruck eines US-Dilemmas entstehen Denn unabhängig davon, zu welcher Position sich die USA bekennen würden, das Endresultat wäre mit grosser Wahrscheinlichkeit ein militärischer Konflikt zwischen China und Taiwan. Die stillschweigende Ambiguität auf der anderen Seite ist jedoch ebenfalls kein Garant für eine konfliktfreie Lösung der Taiwan-Frage. Denn wie bereits aufgezeigt, birgt dieser Ansatz das Potenzial für Missverständnisse – vor dem Hintergrund eines erstarkten und selbstbewussteren Chinas –, welches von Jahr zu Jahr steigt, unabhängig von Abschreckungsfaktoren wie zum Beispiel dem TRA.

Als letzte der drei Entwicklungen ist diejenige der taiwanischen Unabhängigkeit zu berücksichtigen. Die Unabhängigkeitsbestrebungen Taiwans können bis ins Jahr 1952 zurückverfolgt werden. Der Friedensvertrag von San Francisco besiegelte damals die Rückgabe Taiwans, jedoch spezifizierte er nicht, wer die Insel künftig regieren sollte. Die einseitige Annexion Taiwans 1945 durch ROC wurde von der internationalen Gemeinschaft nicht anerkannt. Seither streiten sich die Gegner darüber,

---

288. Carpenter 2005.
289. *Washington Post* 05.07.1998.

ob Taiwan zum Festland gehört, und zwar entweder unter der Kontrolle ROCs oder der VRC, oder ob Taiwan losgelöst von KMT und KPC ein unabhängiger und eigenständiger Staat ist, wie viele der Separatisten heute behaupten.[290]

Und es ist diese separatistische Haltung, insbesondere nach der Aufhebung des Kriegszustands 1987, welche seit 1991 verstärkt durch die DPP verkörpert wird. Die Demokratisierung des Landes sowie die Einführung eines Mehrparteiensystems, die ersten freien Präsidentschaftswahlen sowie freie demokratische Parlamentswahlen ab 1995,[291] die aufkommenden taiwanesischen Bestrebungen um Unabhängigkeit, wie zum Beispiel das Gesuch um Mitgliedschaft in der UNO, kumulierten sich schliesslich zu einer heftigen Reaktion Beijings zwischen 1995 und 1996. Was der Start der dritten Taiwan-Krise in Bezug auf die Unabhängigkeitsbewegung auf der Insel bedeutete, zeigte sich wenige Jahre später: einerseits 1999 mit der vom damaligen Präsidenten Lee Deng-hui gemachten Aussage einer „besonderen Staat-zu-Staat-Beziehungen" zwischen Taiwan und China,[292] andererseits mit dem aus Sicht Beijings unglücklichen Sieg der DPP an den Präsidentschaftswahlen 2000. Mit Chen Shui-bian, ehemaliger Bürgermeister Taipeis und für seine separatistischen Aussagen bekannter Anwalt, hatte erstmals seit 1949 ein Kandidat die Präsidentschaft auf der Insel inne, der nicht der KMT angehörte. Während seiner Inaugurationsrede vom 20. März 2000 verkündete er sein Konzept der „5 Neins" respektive „die 4 Neins und 1 Ohne":

> „[...] as long as the CCP regime has no intention to use military force against Taiwan, I pledge that during my term in office,[...]
> [...] I will not declare independence,[...]
> [...] I will not change the national title,[...]
> [...] I will not push forth the inclusion of the so-called ‚state-to-state' description in the Constitution, and[...]
> [...] I will not promote a referendum to change the status quo in regard to the question of independence or unification.
> Furthermore, there is no question of abolishing the Guidelines for National Unification and the National Unification Council."[293]

---
290. Vgl. Kindermann 2001 und Wang 2001/2016.
291. Roy 2003 und Tien 1992. Nach etwas mehr als sieben Jahren seit dem „1992 Konsensus" und der Einigung auf die „Ein-China-Politik" zeigte sich Präsident Lee, aus politischer Sicht, von einer mehr souveräneren Seite, was die Zukunft Taiwans anging.
292. Lee 2003.
293. Vgl. Office of the President of the Republic of China (ROC) 20.03.2000.

Dass dies jedoch lediglich ein Lippenbekenntnis war, zeigte sich kurz nach seinem Amtsantritt. Denn bereits im Dezember 1999, einer Einladung von Professor Anthony Giddens, Leiter der London School of Economics and Political Science, folgend, hatte Chen eine Rede mit dem Titel „Der neue Mittelweg Taiwans: Eine neue politische Perspektive" gehalten und seine politische Philosophie erörtert.[294] Diese neue Sichtweise machte er zum Kernstück seiner Aussenpolitik und somit zu seiner Haltung in der Taiwan-Frage. Der „neue Mittelweg" sollte vordergründig ein Abrücken von Lees „Staat-zu-Staat-Beziehung" hin zu einer neutraleren Position Taiwans sein. Es wurde aber sehr schnell klar, dass er damit ein unabhängiges Taiwan meinte und Lees Paradigmenwechsel noch exzessiver umzusetzen gedachte. In den Folgejahren liess Chen während seiner Präsidentschaft mehrmals die Absicht verlauten, nicht weiter an dem „Ein-China-Prinzip" festzuhalten, denn was China unter „Ein Land, zwei Systeme" verstehe, würde man am Beispiel Hong Kongs nur allzu deutlich sehen. Er sah die Gründe einer Unabhängigkeit vor allem in der Andersartigkeit und Einzigartigkeit Taiwans begründet. In den letzten Jahren hätte Taiwan einen gesellschaftlichen und Wandel der Identität erfahren, dem die historische Verbindung zu China längst nicht mehr entspricht. Unterstützung fand er vor allem bei den Exil-Taiwanesen in den USA.[295] Auch in der Bevölkerung denken heute noch viele Bürger ähnlich und unterstützen Chens damaliges Vorgehen, die Frage nach der Unabhängigkeit in Form eines Referendums direkt an das Volk zu stellen: „We are equal but not the same."[296] Für Chen und seine Anhänger war klar, dass das Festhalten am „Ein-China-Prinzip" gleichbedeutend mit dem Untergang Taiwans sei.[297]

Der Kernpunkt der Taiwan-Frage schien für Chen die Frage nach dem Festhalten oder Ablehnen des „Ein-China-Prinzips" zu sein. Kurz vor dem Ende seiner zweiten Amtszeit präsentierte Chen im März 2007 während seiner Rede an einer Veranstaltung der Formosan Associaton for Public Affairs (FAPA) die „Four Wants, One Without". Demnach verlangte er für Taiwan:

> [...] independence,
> [...] the rectification of its name,

---

294. Vgl. *Formosan Associaton for Public Affairs (FAPA)*.
295. Ebd.
296. *Federation of American Scientists (FAS)* 09.04.2000.
297. Su/Chen 2002.

[...] a new constitution,
[...] development and[...]
[...] Taiwanese politics is without the question of left or right, but only the national question of unification with China or Taiwan independence.[298]

Mit dieser Forderung nach politischer Unabhängigkeit sind auch die Stimmen nach mehr internationaler Anerkennung als eigenständiges Taiwan verbunden. Vor allem die DPP wird nicht müde, für einen eigenständigen taiwanischen UN-Sitz zu werben. Dabei ist nicht immer klar, ob es um die Abspaltung vom Festland geht oder auch um die Loslösung von der ROC-Regierung geht.[299] Die Reaktion Beijings auf Chens Ambitionen von 2007 fiel verhältnismässig moderat aus, einerseits, weil ein Jahr darauf im 2008 Präsidentschaftswahlen auf Taiwan anstanden – Beijing ging von einem Wahlsieg Ma Ying-jeous (KMT) aus –, und andererseits, weil im gleichen Jahr China erstmals die Olympischen Spiele in Beijing ausrichten durfte.

Weniger harmonisch ging es jedoch zwei Jahre vorher zu und her. Im ersten Jahr seiner Wiederwahl kam es 2005 zum vorläufigen Höhepunkt der politischen Spannungen zwischen der DPP und der KPC, als nach wiederholt heftigen Provokationen Chens in Richtung Beijing China das Antisezessionsgesetz (ASG) verabschiedete. Die Warnung an die Adresse Taipeis war unmissverständlich und liess keine Zweifel an Beijings Ernsthaftigkeit zu, seinerseits an der „Ein China-Politik" festzuhalten. Im ASG droht China der Insel grundsätzlich mit einem Krieg, sollte sie formell ihre Unabhägigkeit deklarieren oder Massnahmen dahin gehend ergreifen. Das Gesetz droht Taiwan bereits mit Massnahmen, sollte es versäumen, sich an die Abmachungen mit der chinesischen Regierung zu halten:[300]

„*In the event that [...] possibilities for a peaceful reunification should be completely exhausted, the state shall employ non-peaceful means and other necessary measures to protect China's sovereignty and territorial integrity.*"

---

298. Vgl. Office of the President of the Republic of China (ROC) 04.03.2007.
299. KMT sieht sich als legitime chinesische Regierung auf der Insel und auf dem Festland.
300. Vgl. *China's Anti-Secession Law* vom 21.03.2005.

Mit anderen Worten, beide Unabhängigkeiten, de jure und de facto, das heisst inklusive Taiwans völkerrechtlicher Status quo, sind für China inakzeptabel und würden einen Krieg legitimieren. Weiter besagt das ASG aber auch:

> *„In the event of employing and executing non-peaceful means and other necessary measures [...] the state shall exert its utmost to protect the lives, property and other legitimate rights and interests of Taiwan civilians and foreign nationals in Taiwan, and to minimize losses."*

Die USA als Verfechterin der „Ein-China-Politik" unterstützen Chinas Ermahnung an Taiwan am Status quo festzuhalten, erinnerte aber auch daran, dass sie keine gewaltsame Aktionen auf beiden Seiten der Taiwan-Strasse dulden würden, die zu einem militärischen Konflikt ausarten könnten.

4.4.4.5. Szenario

Es lässt sich unzählige Literatur zu militärwissenschaftlichen Abhandlungen[301] rund um die Taiwan-Frage finden, die unter anderem detailliert verschiedene Erst- und Zweitschlagszenarien diskutieren:

> *„There are elements within the People's Liberation Army who seem willing to threaten military force – and perhaps even use military force – to resolve the Taiwan issue. So far, the civilian leadership of the Chinese Communist Party appears to be more cautious. Beijing has not yet decided to use coercion to achieve reunification, but it is equally apparent that the PRC political elite regards the use of force as a viable option if peaceful alternatives prove ineffective."*[302]

Jedoch interessieren hier viel mehr die Konstellationen, die zu einer militärischen Auseinandersetzung führen könnten. Aus einer grösseren Auswahl verschiedener Ursachen kann der einseitigen Unabhängigkeitserklärung durch Taiwan ein hohes Konfliktpotenzial attestiert werden:

> *„Any one of the number of developments could put a coercive strategy in motion: the emergency of a more hard-line PRC government, evidence*

---

301. Vgl. zum Beispiel Werke von Hans M. Kristensen und Robert S. Norris, die unter anderem die Fähigkeiten der VBA genauer ausgeleuchtet haben.
302. Carpenter 2005.

that pro-independence sentiment on Taiwan was becoming dominant, or simply frustration on the mainland with the prospect of an indefinite stalemate."[303]

Diese Gefahr einer sich verschärfenden Unabhängigkeitsbewegung aus Sicht der KPC ist umso berechtigter, als die DPP-Kräfte sich neu mobilisieren und gute Chancen haben, die nächste Präsidentschaft des Landes zu stellen. In der Zwischenzeit ist China ein militärisch ernst zu nehmender Gegner geworden, mit Fähigkeiten und militärischen Mitteln ausgestattet, um die Insel anzugreifen und gegebenfalls zu erobern. Darin sind sich allen voran die taiwanischen Militärexperten und Regierungsmitglieder einig.[304]

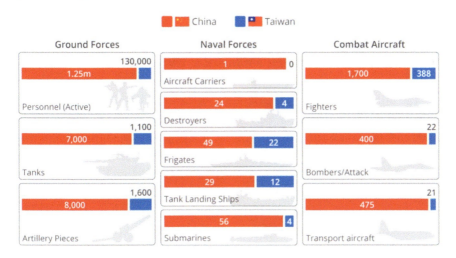

Abbildung 50: Militärisches Ungleichgewicht in der Taiwan-Strasse (2014)[305]

Der Zeitfaktor könnte zusätzlichen Druck ausüben, denn die inneren und äusseren Umstände ändern sich rasant. Die Falken innerhalb der KPC würden daher lieber heute als morgen zuschlagen. Kann eine gravierende militärische Intervention durch ein Fehlverhalten Taiwans somit ausgelöst werden? Der DoD-Rapport 2015 an Washington kommt

---

303. Ebd.
304. Siehe Chen Tan-sun, ehemaliger Präsident des Taiwan National Security Council (*BBC* 2015). Taiwan müsste Lufthoheit verteidigen, was angesichts der massiven IBM-Präsenz Chinas nur schwer zu behaupten ist. Vgl. dazu auch Stahel 1993.
305. Vgl. *DoD/CIMSEC* 2014.

zur folgenden Schlussfolgerung mit Blick auf Chinas Entschlossenheit, militärische Mittel in der Taiwan-Frage einzusetzen:

> „The Military and Security Developments Involving the People's Republic of China 2015 report stresses that the PRC is prepared to defer the use of force, as long as it believes that unification over the long term remains possible and the costs of conflict outweigh the benefits."[306]

Die Fragen, die sich hiermit nicht nur US-Experten stellen, lauten, wie sehen die Entscheidungsfindungsprozesse innerhalb der KPC-Führung aus, wie werden Krisen bewältigt, wie könnte eine Kriterienmatrix aussehen und wo setzt China die Grenzen einer friedlichen Wiedervereinigung an und wie viel darf ein Konflikt kosten. Die Sensitivität und Komplexität der Taiwan-Frage kann daher verhältnismässig schnell von einer vermeintlich friedlichen Situation zu grösseren Spannungen führen, die ihrerseits in einen militärischen Konflikt münden können.

Es wäre anzunehmen, dass ein Sieg der DPP nächstes Jahr mit einer sich über die Zeit verschärfenden und aggressiveren Unabhängigkeitspolitik durch die neue Führung gegenüber dem Festland einhergehen würde. Auf Basis des ASG würde Beijing nicht lange mit einer vehementen Gegenreaktion warten. Politische Ermahnungen aus Washington würden versuchen, die Situation zu deeskalieren, dies nur solange, wie die USA selbst an der „Ein-China-Politik" festhalten und sich an dessen Grundsätze orientieren würden. Denn auch in den USA stehen nächstes Jahr (2016) Präsidentschaftswahlen an, je nachdem könnte sich mit Hillary Clinton eine erfahrene Aussenpolitikerin an die Spitze des Weissen Hauses setzen oder dann im äussersten Fall mit Donald Trump, zurzeit führt er die Republikaner an, ein unberechenbarer und vor allem politisch unerfahrener Mann, der zeitweise mit undiplomatischen Aussagen und konkreten Drohungen gegenüber China entweder als überaus clever oder dann als eher fahrlässig und unüberlegt charakterisiert werden kann. Sollten letztere Attribute zuzuordnen sein – in Kombination mit einer ebenso forschen DPP an Taiwans Spitze –, wäre die Ära der politischen Annäherung, wie sie zwischen der KMT und KPC in den vergangenen acht Jahren zu beobachten war, definitiv vorbei. Eine Ausgangslage wäre somit geschaffen, die Beijing sicherlich alarmieren und eine Strategieanpassung nach sich ziehen würde sowie möglicherweise

---

306. Cordesman/Colley 2015.

interne Prozesse in Richtung Wiedereingliederung Taiwans (friedlich/ militärisch) an das Festland beschleunigen könnte.[307] Die Aussichten auf eine friedliche Lösung wären jedoch mit Sicherheit vom Tisch, da die DPP sich in keiner Weise auf ein solches Zugeständnis einlassen würde, würde sie doch ihre Glaubwürdigkeit gegenüber der eigenen Bevölkerung aufs Spiel setzen. In einer solchen Situation würde der TRA wohl weniger greifen und je nach Eskalationsphase aus Sicht Beijings nur noch geringes Abschreckungspotenzial ausstrahlen. Das wäre die fatale Ecke innerhalb der aufgezeichneten Matrix, in welcher die USA die chinesische Regierung eben nicht haben möchte und die von vielen Militärexperten als äusserst gefährlich eingestuft wird, da diese Situation mit dem grössten Potenzial für eine militärische Intervention versehen ist.

Wie dargelegt, versteht die KPC ihre Militärstrategie als passive Form der Verteidigung des eigenen Territoriums. Dazu gehören auch die Insel Taiwan sowie weitere Inseln im Chinesischen Meer. Eine militärische Intervention gegenüber Taiwan wäre aus Sicht Beijings infolgedessen ein legitimer Akt, wo hingegen ein Eingreifen der USA eine Aggression gegenüber China bedeuten würde, weil dies einer Einmischung in die inneren Angelegenheiten eines souveränen Staates gleichzusetzen wäre. Somit wären die USA der Auslöser chinesischer Vergeltungen und der Grund einer möglichen Eskalation. Für die USA, die in solch einem Fall wohl den Abmachungen und Verpflichtungen innerhalb des TRA nachkommen könnte, empfände ihrerseits eine entsprechende chinesische Reaktion als Angriff gegen sich selbst. Die US-amerikanische Strategie der Ambiguität als möglicher Katalysator für eine Verschärfung der Beziehungen zwischen Beijing und Taipei könnte, wie aufgezeigt, für viele ein künftiges Szenario sein.

Das weiter anschwellende Selbstbewusstsein der VBA, getragen und genährt von einer überwiegend wachsenden wirtschaftlichen (Binnen-) Nachfrage, könnte die Hemmungen vor einer Eskalation bis hin zu einem Konflikt weiter abbauen. Der emotionale Faktor darf in einer solchen Krise jedenfalls nicht ausgeklammert werden, welcher Taiwan für die Regierung in Beijing und das chinesische Volk bedeutet.[308] Obwohl die internationale Gemeinschaft etliche Mechanismen für Deeskalation und Versöhnung kennt

---

307. Gemäss der Einschätzung Taipeis dürfte China in den kommenden Jahren militärisch fähig sein, die Insel substanziell anzugreifen (vgl. *12th National Defense Report des Ministry of National Defense [MND] of the Republic of China).*
308. Carpenter 2005.

und anwendet, kam es in der Vergangenheit immer wieder zu militärischen Auseinandersetzungen zwischen verschiedenen Staaten.

In der Taiwan-Frage, wo der Fall ungleich komplexer ist und wo viele unberechenbare und unvorhersehbare Elemente mit hineinspielen, ist das Risiko umso grösser. Die beiden Hauptgründe, die von Kritikern einer solchen Auslegung ins Feld geführt werden, sind die hohe wirtschaftliche Interdependenz zwischen den USA und China und die damit einhergehenden Kosten eines militärischen Konflikts. Des Weiteren verfügen beide Staaten über Nuklearwaffen, die im Ernstfall eingesetzt werden könnten, mit verheerenden Auswirkungen.

Mit Bezug auf die Nuklearwaffen ist es zum Glück noch nicht zu solch einem Szenario gekommen. Hierzu folgender Gedanke, um zu verdeutlichen, dass das ein Konflikt zwischen Washington und Beijing eventuell doch nicht unwahrscheinlich sein könnte. Die meisten Konfliktsituationen gehen bei einer militärischen Auseinandersetzung zwischen US- und chinesischen Streitkräften von einem Nichtgebrauch von Nuklearwaffen aus, aufgrund der befürchteten Zerstörungkraft. Dies beinhaltet jedoch die Möglichkeit, dass es andere Szenarien von militärischen Konflikten geben könnte, die auch eine höhere Wahrscheinlichkeit aufweisen könnten. Die zurzeit festgefahrene Situation im Südchinesischen Meer, wo mittlerweile die höchste Anzahl von Kriegsflotten positioniert sind und wo kontinuierliche Patrouillen und Übungsmanöver durchgeführt werden, ist das Eskalations- und Konfliktpotenzial sehr hoch.[309] Dabei spielt Beijing mit seiner als invasiv und aggressiv empfundenen Haltung eine zentrale Rolle. Sollte die Diplomatie scheitern, kann es rasch eine Verschärfung der Lage geben. In diesem Kontext und in Zusammenhang mit der bereits erwähnten möglichen Verschärfung der Beziehungen zwischen Taiwan und China, der missverständlichen US-amerikanischen Politik der Ambiguität und der Pivot-to-Asia-Strategie sowie der weiteren Aufrüstung der VBA wäre Taiwan der einzig mögliche und für Chinas Führung legitime Weg, um aus dieser Umklammerung zu entkommen. Taiwan ist das so wichtige Tor für China zum Pazifik. Mit Taiwan könnte Beijing im Südchinesischen Meer auch im internationalen Kontext umstrittene Gebiete stärker einfordern. Die Einnahme der Insel würde die wirtschaftliche Abhängigkeit und militärische Verletzbarkeit verringern sowie neue geostrategische Möglichkeiten eröffnen. Chinas Wirtschaft, die Technologisierung und Modernisierung der eige-

---

309. Vgl. „Territorial Disputes in the South China Sea" (cfor).

nen Streitkräfte und somit die Sicherung der eigenen Grenzen und der wichtigen Seewege (die neuralgischen Punkte oder *Chokepoints* sind nach wie vor in festen Händen der USA) stehen hierbei im Zentrum der Überlegungen Beijings.

Ein militärischer Konflikt mit den USA wäre heute jedoch verfrüht. Auch wenn die chinesische Regierung, allen voran Präsident Xi, eine Einbindung früher als später sehen möchte, ist ein solcher Schritt unter den heutigen Umständen zu gewagt. Die innenpolitischen Herausforderungen, die Machterhaltung der KPC sowie das weitere Wirtschaftswachstum und der Ausbau der Armee haben Priorität. Zudem stehen die Olympischen Winterspiele in Beijing an. Ähnlich wie 2008 wird es für die Regierung wichtig sein, der restlichen Welt ein freundliches und offenes China zu präsentieren. Ein angehender Konflikt mit der grössten und stärksten Macht wäre verheerend. Dies schliesst jedoch nicht aus, dass die USA und China sich nicht bereits heute in einem facettenreichen Krieg befinden. Wirtschaftsspionage und Cyberattacken gehören mittlerweile fast schon zur Tagesordnung, auch wenn nur ein kleiner Teil davon an die Öffentlichkeit gelangt. Der Krieg in der virtuellen Welt ist längst ein valables Mittel geworden, um die Gegenseite so rasch und unblutig als möglich zu schädigen mit verheerendem Potenzial. Auch hier besteht jedoch die Gefahr, dass die Auseinandersetzung vom virtuellen Raum in die Realität überschwappen könnte.

Ein aufstrebendes China und eine Weltmacht USA haben, wie dargestellt,[310] diametral entgegengesetzte Interessen im Pazifik und im Indischen Ozean. Die Machtansprüche können beide Staaten geltend machen, aber nur jemand wird diese umsetzen können. Harvard-Kennedy-School-Belfer-Center-Professor Graham Allison hat den Begriff der „Thukydides-Falle" (Thucidides Trap)[311] geprägt und versucht in seiner Forschungsarbeit, die Wahrscheinlichkeit eines Konfliktes zwischen einem aufstrebenden Herausforderer und einer bereits bestehenden dominanten Macht darzulegen. Seine Schlussfolgerung ist, dass in zwölf von 16 Fällen ein militärischer Konflikt meist unausweichlich war und blutig endete.[312] Kritiker behaupten, dass die USA und die Sowjetunion zum Beispiel in keinen Krieg geschlittert sind und deshalb die Theorie nicht wirklich greift. Allison weist darauf hin, dass in den übrigen Fällen

---

310. Siehe Abbildung 41 „Strategische Interessen der USA und China im Westpazifik".
311. Thukydides war ein Athener Stratege und ein herausragender antiker griechischer Historiker, welcher das massgebende Werk „Der Peloponnesische Krieg" verfasst hat.
312. *The Atlantic* 24.09.2015.

beide Parteien teilweise grosse und schmerzhafte Zugeständnisse gemacht haben. Er führt aus, dass ein Konflikt zwischen beiden Seiten nicht nur nicht unwahrscheinlich sei, sondern viel wahrscheinlicher sei, als zurzeit angenommen wird. Nichtsdestotrotz können gemäss Allison solche Fallen erkannt und umgangen werden, wenn man frühzeitig erkennt und gewillt ist, nach gemeinsamen und adäquaten Lösungen zu suchen. Dem im Wege könnten Ängste, Überheblichkeit oder gar Missverständnisse stehen, also ein unberechenbares Risikopotenzial für Konflikte zwischen Washington und Beijing. Dazu bräuchte es nicht einmal eine besondere Situation oder Ereignisse, die zu einer Konfrontation führen könnten.[313] In eine ähnliche Richtung untersucht eine kürzlich erschienene RAND-Studie, welche von der US-Armee beauftragt wurde: „War with China: Thinking Through the Unthinkable".[314] Darin wird vor einem möglichen Konflikt mit China gewarnt: „In advising the Pentagon and the White House, the RAND Corporation paper calls for ‚rudent preparations to be able to wage a long and intense war with China'." Reaktionen zur Studie erklären, dass:

> „[...] that at a certain point, military fatalism becomes a significant contributing factor to the outbreak of war." Und weiter: „Once war is assumed to be unavoidable, the calculations of leaders and militaries change. The question is no longer whether there will or should be war, but when the war can be fought most advantageously."[315]

Ye Zicheng, prominenter chinesischer Gelehrter und Verfasser von „Inside China's Grand Strategy: The Perspective from the People's Republic", meinte in seinen Ausführungen:

> *„If China does not become a world power, the rejuvenation of the Chinese nation will be incomplete. Only when it becomes a world power can we say that the total rejuvenation of the Chinese nation has been achieved."*[316]

Dass diese Ansicht sich heftigst beisst mit den Zielen Washingtons, ist nicht von der Hand zu weisen, wie die Obama-Administration mit der Pivot-to-Asia Strategie, der US-amerikanische Exzeptionalismus vor allem unter den Republikanern[317] oder führende US-Gelehrte wie John

---

313. Ebd., vgl. auch *The Diplomat* 06.05.2015.
314. Vgl. Gompert et al. 2016.
315. Ebd.
316. Ye 2011.

Mearsheimer unterstreichen. Letzterer – Neorealist, einer der Väter der Theorie zur Abschreckungspolitik *(conventional deterence)* und Begründer des offensiven Neorealismus *(The Tragedy of Great Power Politics)* – vertritt die Meinung, dass Chinas Aufstieg nicht friedlich sein wird.[318] Sein Argument, angehängt an die Great-Power-Politics-Theorie, untermauert er mit der Geschichte der USA. Diese hat in den letzten hundert Jahren kein Land zu einem regionalen Hegemon aufsteigen lassen, weder das preussische Reich noch Nazideutschland in Europa und auch kein Japan im Pazifik oder die Sowjetunion auf globaler Ebene. Jedesmal hat die Regierung in Washington die wirtschaftlichen oder militärischen Vorteile in Siege umgemünzt. Mit China, Mearsheimer, trifft die USA zum ersten Mal auf einen Gegner, der es mit der Grösse (Landesfläche und -bevölkerung), der Wirtschaftsmasse und den militärischen Möglichkeiten mit der USA über die Zeit aufnehmen könnte. Die sich verändernden Umstände und die neuen Möglichkeiten, die sich vor allem für Beijing ergeben, ändern auch das Verhalten in neuen Situationen, wie zum Beispiel während einer Eskalationphase.

> „*A successful management of the Taiwan problem is the key to a sound U.S.-China relationship. And the door that key can open is one that leads to a better century than the last one for all concerned.*"
> — *Charles „Chas" Freeman* —[319]

Abschliessend kann gesagt werden, dass beide Seiten sich auf einen möglichen Konflikt vorbereiten. Ein militärischer Konflikt oder gar ein längerer Krieg wäre auch ohne den Einsatz von Nuklearwaffen für beide Seiten fatal. Die Geschichte lehrt jedoch, dass ein Ausbruch von Gewalt in den wenigsten Fällen kalkuliert werden kann oder zumindest besteht oftmals die Gefahr, die eigenen Fähigkeiten für einen schnellen Erfolg zu überschätzen. Ein Konflikt schliesst daher weitaus mehr Faktoren ein, die schlecht messbar oder unberechenbar sind und zu einer kriegerischen Auseinandersetzung führen können. Die Taiwan-Frage, und das ist unbestreitbar, ist ein emotionaler und lang anhaltender Konflikt. Die Insel ist für beide Seiten sehr wichtig, sodass es sich dafür zu kämpfen lohnt oder sie zumindest nicht der Gegenseite kampflos überlassen wird.

---

317. Vgl. *GOP*.
318. Vgl. John Mearsheimer am CIPS, University of Ottawa 17.10.2012.
319. Chas W. Freeman ist Kovorsitzender der U.S. China Policy Foundation (USCPF), ehemaliger US-Botschafter und von US-Präsident Richard Nixon der Dolmetscher während seines Chinabesuchs 1972.

5

Fazit

5.1. Zusammenfassung Szenarien

Um die Eingangs aufgestellte These sowie die nachgefügten Fragen rund um die Taiwan-Frage zu untersuchen, muss zunächst ein Gesamtüberblick geschaffen werden. Dabei spielen die internen Prozesse Chinas als auch externe Ereignisse, wie z. B. im Südchinesischen Meer oder die Situation in Nordkorea, eine wichtige Rolle. Eine Interdependenz zwischen all diesen und weiteren Faktoren ist mit unterschiedlicher Ausprägung gegeben. Zur Erinnerung, die angewandte Szenarioplanung in den Sozialwissenschaften ist ein Instrument, welches versucht, mögliche Szenarien anhand verschiedener Faktoren, nicht dem Trend folgend, herzuleiten. Ziel soll es sein, neben den bereits bekannten und naheliegenden Möglichkeiten auch unwahrscheinlichere oder undenkbare Entwicklungen im Sinne eines umfangreichen Portfolios von künftigen Richtungen darzulegen, in welche sich die Taiwan-Frage bewegen könnte.

Die vorliegende Arbeit hat – ausgehend vom Status quo (Trendszenario) – aufgezeigt, dass die Taiwan-Frage facettenreich und äusserst komplex ist. Es gibt daher eine fast unendliche Anzahl von Faktoren und Ereignissen, die den Ausgang des aktuellen Geschehens entscheidend beeinflussen könnten. Ausgehend vom heutigen Wissensstand wurden demnach drei Szenarien hergeleitet und ausgeführt, die einen möglichen Ausgang der Taiwan-Frage formen könnten. Wie erwähnt, gäbe es viele weitere mögliche und interessante Ansätze, die zu untersuchen sich lohnen würden und für welche die vorliegende Arbeit vielleicht eine Ausgangslage bilden könnte.

Der Standpunkt Chinas innerhalb der Taiwan-Frage ist klar, und dies schon seit der Gründung der Volksrepublik 1949, die Insel Taiwan gehört zum Festland. An dieser Meinung wird sich auch künftig nichts ändern, auch weil Taiwan für das Festland das letzte Symbol der Schmach durch die Kolonialmächte darstellt, also ein starkes emotionales Element aufweist, welches nicht heruntergespielt werden darf. Im Gegenzug sieht dies Taiwans Bevölkerung aufgrund zahlreicher Umfragen anders. Die Inselbewohner haben gemäss Statistiken in den bald 70 Jahren seit der Abspaltung vom Japanischen Kaiserreich eine neue, eigene Identität angenommen. Diese Tendenz zeigen einerseits die Demonstrationen gegen eine zu starke politische oder wirtschaftliche Annäherung mit Beijing wie auch die zahlreichen Unabhängigkeitsbewegungen, die seit den 1980er-Jahren vermehrt grossen Zulauf erfahren. Zudem stirbt die Generation langsam weg, welche noch die KMT-Regierung unter General Chiang auf dem Festland erlebt hat.

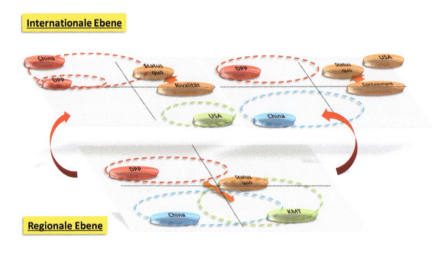

Abbildung 51: Internationales Koordinatensystem[1]

---

1. Vgl. auch Abbildung 31.

Die Politiker in Taipei ihrerseits haben mit der Einführung der Demokratie in den 1990er-Jahren ein Paradigmenwechsel vollbacht, welches für viele westliche Staaten als Vorbild für künftige Demokratisierungsbemühungen vor allem im ost- und südostasiatischen Raum dienen soll, inklusive für China. Die USA ihrerseits sind mit dem TRA von 1979 eine Verpflichtung eingegangen, von der sie sich aus politischen und teils wirtschaftlichen Gründen nicht ohne gravierende Folgen lossagen können. Die Symbolwirkung gegenüber weiteren Staaten, wie Japan oder Südkorea zum Beispiel, die den Schutz der USA geniessen, wären bei einem Rückzug der USA verheerend. Dies hat der Ausbruch des Koreakriegs nach dem Zweiten Weltkrieg deutlich aufgezeigt. Ein erstarktes und resolutes China und ein zögerliches Washington könnte zum Beispiel Japan dazu veranlassen, die sich aufklaffende Sicherheitslücke durch Aneignung eigener Nuklearwaffen zu schliessen. Umgekehrt ist Taiwan auch geostrategisch ein enorm wichtiges Element zur politischen Eindämmung Chinas respektive die Nähe zur Insel ist ein Garant für die Hegemoniestellung und Machterhaltung der USA im Westpazifik.

Ausgehend von Abbildung 51 wurden aus Sicht Beijings Szenarien hergeleitet, die sich auf verschiedenen Ebenen abspielen (innenpolitische Herausforderungen, regionale Annäherung mit Versöhnung und internationale Machtpolitik), in ihrer Gesamtheit jedoch stark miteinander korrelieren. China kann zum Beispiel die innenpolitische Stabilität aufrechterhalten, wenn es wirtschaftlich weiterhin wachsen kann und gleichzeitig Herausforderungen wie Korruption oder Umweltbelastung in den Griff bekommt. Diese Stabilität wiederum hängt davon ab, wie stark die Abhängigkeit unter anderem vom Aussenhandel ist (Import/Export), also auch von gesicherten Seewegen zu den wichtigen Absatzmärkten und Ressourcen. Diese Abhängigkeit ist zurzeit noch sehr gross, weil einerseits die Binnennachfrage verhältnismässig tief ist und weil China noch keine fortschrittliche und hochseetaugliche Seeflotte aufweisen kann, also noch vom Goodwill der USA abhängig ist.

Die USA kontrollieren durch verschiedene *Chokepoints* rund um Chinas Küstenlinie die Zu- und Abgänge und können jederzeit auf die Seestrassen, Erdöltanker und Containerschiffe – die Lebensader der chinesischen Wirtschaft – Einfluss nehmen. Dieses und weitere Beispiele zeigen die essenziellen Interessenüberschneidungen zwischen den beiden Hauptakteuren in dieser Region auf.[2] Will China sich künftig aus die-

---

2. Siehe Abbildung 41 „Strategische Interessen der USA und Chinas im Westpazifik".

ser mittel- bis langfristig unvorteilhaften Lage befreien, wird es gegen die Interessen der USA und seiner Nachbarn im Sinne der Eigeninteressen handeln müssen. Die Frage, welche Mittel dabei Beijing ins Auge fassen wird, hängt letztlich von den Möglichkeiten der KPC ab, die sich in den letzten 20 Jahren zu Beijings Gunsten verschoben haben. Die grösste Gefahr zurzeit scheint jedoch nicht von aussen zu kommen, sondern sie droht wohl eher aus den eigenen Reihen. Die KPC, seit bald sieben Jahrzehnten an der Macht, stösst gemäss vieler Experten übermässig an ihre Grenzen. Mit teils minimalen und einfachen Mitteln und wenig politischen Reformwillen konnte das Land im rasanten Tempo aus der absoluten Armut gehievt werden. Das Wirtschaftswunder hat mit der Immobilienkrise 2007/08 jedoch einen starken Dämpfer erhalten. Anhand der sich nur langsam entwickelnden, aber von der KPC hochpriorisierten Innovationskraft – u. a. um die *middle-income trap* auszuhebeln – zeigt sich, wie stark die Interdependenzen zwischen Globalisierung und strukturellen Problemen in China in Wirklichkeit sind.

5.1.1. Szenario B

Das KPC-Implosionsszenario (Szenario B) nimmt denn auch einige der vielen Zeichen und Probleme auf, welche die KPC in den letzten Jahren verstärkt herausfordern. Es gab in der Vergangenheit immer wieder Anzeichen und Gerüchte über einen möglichen Zusammenbruch der Parteistrukturen, welches das Land in ein Chaos stürzen könnte. Bis heute konnte sich die Parteiführung aber stets rehabilitieren und durch eine Anreihung von vor allem milden Wirtschaftsreformen eine Erfolgsgeschichte nach der anderen vorweisen, die nicht nur Kritiker verstummen liessen, sondern die Erwartungen vieler Optimisten teils übertrafen. Und dennoch tut sich die KPC teilweise schwer, die sich trotz wirtschaftlichen Aufschwungs auftuenden Gräben innerhalb der politischen Führung und Gesellschaft zu schliessen – oder vielleicht gerade wegen der Globalisierung und des grösseren Wohlstands im Land, zwei Merkmale des Kapitalismus. Der Kommunismus als einst tragende Ideologie lässt sich längst nicht mehr mit der Realität vereinen und so hat sich in der Gesellschaft denn auch eine in den letzen Jahren zunehmend nationalistische Gesinnung etabliert, die als Ersatzideologie zu verstehen ist und die das Land vor Segregationen bewahren soll. Dabei wird dieser Nationalismus nicht nur gegen Minderheiten eingesetzt, sondern immer wieder auch gegen äussere Einflüsse und Gefahren; ein gefährliches Spiel rund um gesellschaftliche Manipulation, staatliche Kontrolle und politische Interessen.

Seit Xi Jinping die politischen Zügel fest in der Hand hält, hat sich im Staat eine spürbare Machtkonzentration abgezeichnet. Die „Säuberungsaktionen" in der KPC, gepaart mit einem bestimmteren Auftreten Chinas auf der Weltbühne lassen erahnen, in welche Richtung sich die Regierung bewegen möchte. Dabei sind die Herausforderungen immens und vielseitig, sodass Zweifel angebracht sind, ob Xi oder auch die KPC diese in den kommenden Jahren meistern werden. Der Präsident hat sich ins Zentrum der Parteiführung gestellt und mit seiner öffentlichen Präsenz und seiner rigiden Vorgehensweise die Verantwortung fast im Alleingang übernommen. Eine erfolgreiche Umsetzung seiner „China Träume"[3] würde ihm wohl einen Platz in den Reigen eines Maos oder Dengs garantieren. Ein Scheitern wäre wohl fatal für seine Person und darüber hinaus für die gesamte KPC. Bestehende und immer neue Anzeichen sprechen dafür, dass es innerhalb der Partei grosse Grabenkämpfe bis ganz an der Spitze gibt. Der 19. Parteikongress der KPC im Herbst 2017 wird die neuen Machtkonstellationen rund um Xi Jinping aufzeigen. Es könnte ein wegweisender Moment innerhalb der Partei sein, denn die nächsten Jahre sind für die KPC und für China enorm wichtig. Wird sich Xi gegen seine Kontrahenten durchsetzen und wird er das Selbstbewusstsein das Staates, der Bevölkerung nach innen und aussen weiterhin stärken können oder wird es zum, wie von vielen Experten immer wieder prophezeiten, Kollaps der Partei kommen?

Das Szenario B geht davon aus, dass es der Parteiführung dieses Mal nicht gelingen wird, rechtzeitig adäquate und umfangreiche Reformen in dieser „Zwangswirtschaft" umzusetzen, weil die Herausforderungen tiefgründig sind und nicht, wie in der Vergangenheit mehrmals geschehen, mit Alibiübungen und eher leichten Umstrukturierungen beizukommen sind. In der Geschichte sind weitaus kleinere und weniger komplexe Staaten aufgrund fehlender Reformen und Mut zu Veränderungen gescheitert, Veränderungen, die, wie die KPC selbst nur allzu gut weiss, sich nur schwer mit aktuellen Strukturen vereinbaren lassen. Die Erwartungen an die KPC sind in den letzten Jahrzehnten stark gestiegen. Und so ist auch der Druck gestiegen. Trotz teils zurückhaltender und vorsichtiger öffentlicher Kommunikation der KPC – man gibt nur so viel

3. China dreams 2021 and 2049.

Preis wie nötig oder gesichert scheint –, können die internen Unsicherheiten und politischen Kämpfe entlang der Parteifraktionen nicht kaschiert werden. Dies spürt zunehmend auch das Volk, was sich zum Beispiel anhand unzähliger Aufstände und Demonstrationen im ganzen Land bemerkbar macht.[4]

Die Gründe sind so zahlreich wie die Herausforderungen des Landes: vergiftete Lebensmittel durch Umweltverschmutzung, schwache Regulierungen und Gesetzesvollstreckungen, schlechte öffentliche Gesundheitsversorgung und fehlende Krankenversicherungen, marodes Bildungs- und Forschungswesen mit falschen Anreizen mit teils mittelmässiger Qualität, Korruption in der Gesellschaft auf allen Ebenen, Arbeitslosigkeit und erhöhte Preisinflation (vor allem in urbaner Umgebung) und undurchsichtiges Finanz- und Bankensystem gepaart mit einem unterentwickelten Steuersystem. Dies sind einige Beispiele, die Liste könnte weitergeführt werden. Die Tragweite der Gesamtproblematik wird verstärkt, wenn man die Herausforderungen in Relation zur Grösse des Landes stellt. Ein beispielloses Unterfangen, welches ein Legitimationsrisiko für jede vergangene, aktuelle oder künftige Regierung bedeuten würde. China bräuchte nach dem Wirtschaftswunder wohl ein zweites, ein reformpolitisches Wunder.

Vielleicht kann nur ein radikales Eingreifen wie eine gezielte Transformation der KPC – und eine Implosion im chinesischen Kontext könnte wohl nur eine eigentliche politische Transformation sein – die vorübergehende Antwort auf die etlichen Herausforderungen sein. Eine dezentralere und autonomere Führung und eine von regionalen Interessen angetriebene Problemlösung und Projektumsetzung mit weniger komplexen politischen Strukturen und mit weniger Korruptionspotenzial würde eine effizientere Führung erlauben und die Staatsregierung entlasten. Obwohl das Modell der United Staates of China (USC), mit wohl autoritativen Zügen, die grundsätzlichen Absichten einer Wiedervereinigung nicht verändern, würde diese Veränderung wohl Potenzial für neue Formen der Beziehungen zwischen Taiwan und den künftigen USC mit sich bringen.

---

4. Jährlich werden landesweit rund 180'000 kleinere und grössere Aufstände mit einer Beteiligug von mindestens 50 Personen gezählt. Vgl. Dibbs/Lee 2015.

5.1.2. Szenario A

Anknüpfend an dieses Szenario könnte im Bezug zum Szenario A (Grossrepulik China) konstatiert werden, dass eine Demokratisierung Chinas nur dann möglich ist, wenn es im Inneren des Landes in erster Linie zu erheblichen politischen Veränderungen kommt. Zum jetzigen Zeitpunkt ist die Transformation Chinas in eine demokratische Gesellschaft nur schwer vorstellbar. Schützenhilfe bekommen Theorien wie die von Minxin Pei jedoch etwas unverhofft von Daniel A. Bell, welcher in seinem vielbeachteten Werk zum politischen Modell der Meritokratie in China eigentlich die Schwächen der westlichen Demokratie anprangert, aber gleichzeitig demokratische Elemente innerhalb der KPC-Systems aufzeigt: z. B. das Kollegialitätsprinzip innerhalb des Ständigen Ausschusses des Politbüros, die dezentralisierten Macht- und Entscheidungsstrukturen in den Provinzen und das demokratisierte Wahlsystem von Parteimitgliedern auf unterster politischer Ebene.[5] Nach Bells Erklärung wird die Machtpyramide der KPC demokratischer, je mehr man sich der Basis nähert. Diese vorhandenen Strukturen und die erwähnte Implosion des Regimes aufgrund bestehender Herausforderungen und Probleme (z. B. Korruption, Umwelt, Kultur), unterstützt oder sogar beschleunigt durch sozioökonomische Veränderungen, könnten die erforderlichen politischen Veränderungen herbeiführen. Wie in Szenario B aufgezeigt, könnten diese Veränderungen jedoch dazu führen, dass bestehende Eliten dieses Machtvakuum ausfüllen werden, um sich selbst an die politische Spitze des Staates zu setzen. Wahrscheinlich würde eine solche Situation in die Existenz eines neuen autoritären Regimes münden, zumal die gegenwärtige Demokratiebewegung in China zu schwach scheint, als dass sie reelle Chancen auf eine Einflussnahme auf das politische Geschehen hätte.

Daher wird erwartet, dass dieses Szenario wohl eher unwahrscheinlich ist, es letztlich aber nicht ausgeschlossen werden kann. Denn erhöhter Wohlstand und Zugang zu Informationen, unabhängig davon, ob Letztere eingeschränkt oder manipuliert sind oder nicht, sind zwei von mehreren Faktoren, die Einfluss auf den Mit- und Selbstbestimmungsdrang eines Individuums haben und in eine politische Partizipation münden

---

5. Daniel A. Bell ist einer der weltweit geachtetsten und führenden Sinologen. Er ist Dekan der School of Political Science and Public Administration der Shandong University und Professor des renommierten Schwarzman Colleges an der Tsinghua University.

könnten. Es ist nicht von der Hand zu weisen, dass die KPC einen flächendeckenden, grösseren Wohlstand für das chinesische Volk anstrebt, einen starken, fortschrittlichen und patriotischen Staat, beschützt vor „gefährlichen und bösen" externen Einflüssen. Wie im Szenario B mit Bezug zum Nationalismus birgt auch diese Entwicklung ein Gefahrenpotenzial für die KPC.

Bei einem kontinuierlich repressiveren politischen System, wie es zurzeit spürbar ist, könnte dies zu einem Überdruck innerhalb der Gesellschaft führen, welcher nicht wie 1989 einfach mit militärischer Intervention beizukommen ist, weil wohl eine solche Krise wohl flächendeckender mit überregionaler Dynamik daherkommen könnte. Mit einem erhöhten Grad an Technologisierung und Interkonnektivität hat die Gesellschaft Wege gefunden, die Zäsur zu umgehen. Der *Collective-action*-Ansatz könnte umgepolt werden und den Delegitimierungsprozess des autoritären KPC-Regimes beschleunigen. Um der Nachfrage nach mehr Partizipation und Freiheiten beizukommen, könnte als Alternative eine Entwicklung in Richtung mehr Öffnung und somit zu einer leicht verstärkten Anwendung demokratischer Elemente führen. Der Zeithorizont für solch eine Entwicklung wäre jedoch sicherlich ein längerer und von vielen Herausforderungen begleitet. Eine gänzlich friedliche politische Veränderung, wie wir sie zu Beginn der 1990er-Jahre in der ehemaligen Sowjetunion hatten, ist eher unwahrscheinlich. Dafür stünde zu viel auf dem Spiel. Es bestände für Taiwan dennoch die Möglichkeit und durchaus ein Anreiz, sich einem demokratisierten China zu einer vereinten Grossrepublik mit dem Festland zusammenzuschliessen, sollten die Umstände und die Rahmenbedingungen mit den Eigenheiten und Bedürfnissen vor allem des Inselvolkes vereinbar sein.

5.1.3. Szenario C

Wie aufgezeigt, bergen das Szenario A als auch B – beides relative Abweichungen vom Trendszenario bezüglich eines möglichen Ergebnisses – die Gefahr eines Konfliktes, der je nach Entwicklung die Taiwan-Frage tangieren könnte. Während im Szenario *Grossrepublik China* ein überwiegend vernunftbasiertes Vorgehen eine endgültige Segregation der Insel vom Festland abwendet, indem nicht ganz unfreiwillig ein Demokratisierungseffekt in China einsetzt, ist es im Szenario *KPC-Implosion* eher eine kalkulierte strategische Machtübernahme durch die Eliten, welche letztlich den Staatskollaps verhindern soll. In beiden Szenarien existiert ein inhärentes Potenzial, die Kräfte der Veränderungen anhand des Nationalismus in einen regionalen Konflikt zu lenken.

Das dritte Szenario C (US-Sino-Kollision) setzt genau bei diesem Gefahrenpotenzial an und versucht vorhandene Faktoren aufzuzeigen, die einen rationalen und weitsichtigen Umgang der Taiwan-Frage durch die KPC mittel- bis langfristig einschränken. Gemäss der aufgezeigten Matrix würde der Worst Case dann eintreten, wenn sich die KPC existenziell bedroht fühlen würde oder die Abschreckung einer Intervention durch die USA nicht mehr greift oder sogar unbedeutend würde. Wie aufgezeigt wurde, könnte unter einer Bedrohung die Unabhängigkeitserklärung Taiwans durch die hiesige Regierung verstanden werden, weil in diesem Fall eine Rückführung der Insel aus Sicht der KPC wohl ausgeschlossen werden müsste., Eine Wiedervereinigung per chinesischer Verfassung macht jedoch einen zentralen Aspekt der Legitimationsbegründung der Partei in Beijing aus. Eine weitere Bedrohung bestünde, wenn die Probleme innerhalb der KPC respektive die innerstaatlichen Herausforderungen zunehmen und eine nationalistisch motivierte Projektion ins Ausland – zum Beispiel die Waffengeschäfte zwischen Taipei und Washington – ablenken soll. Eine Bedrohung könnte aus Sicht Beijings auch durch US-amerikanisches Fehlverhalten hervorgerufen werden, wenn unter anderem Washington Taiwan aktiv in ein TMD-Szenario aufnehmen würde, sich die sino-amerikanischen Interessen mittel- bis langfristig zu stark überschneiden und die USA zum Beispiel Beijings Ambitionen im regionalen Kontext mit einer zunehmenden US-amerikanischen Eindämmungspolitik beantworten würde, um die essenzielle innere Stabilität sowie die existenzielle Expansion Chinas zu unterbinden. Handkehrum würde Beijing in einem solchen Fall dem bestehenden TRA zwangsläufig weniger Bedeutung beimessen müssen, weil das Abschreckungspotenzial sinkt. Dieses Risiko für die USA steigt weiter an vor dem Hintergrund des sich verschiebenden militärischen Kräfteverhältnisses zugunsten der VBA. In einem sich verschärfenden Umfeld wie im Südchinesischen Meer könnte bereits eine emotionale Situation, hervorgerufen zum Beispiel durch einen Vorfall während militärischer Übungen oder durch separatistische Bewegungen auf Taiwan selbst, eine drastische Intervention unumgänglich machen (vgl. das Bekenntnis der KPC zum ASG).

Das Szenario zeigt auf, welche Wichtigkeit Taiwan in den strategischen Überlegungen der KPC einnimmt und welche Rolle die Frage für die Existenz des Regimes spielt. Die erwähnten Gründe für einen möglichen Konflikt zwischen China und den USA scheinen nicht abwegig zu sein. China hat das wirtschaftliche und militärische Potenzial, die USA als Kontrahenten langfristig herauszufordern. Für China-Experten ist klar, dass Beijing in der Taiwan-Frage nicht eher Ruhe geben wird, solange die Insel nicht dem Festland angehört. Dies ist ein Versprechen, welches dem eigenen Volk gegeben wurde, und zugleich das Dilemma für alle Beteiligten, welches in der Vergangenheit und auch künftig nicht sehr viel Spielraum zulässt. Die Parameter sind klar: Die Dominanz der USA hält an, aber schwindet angesichts eines bestimmt auftretenden Chinas in der Region. Zudem kurbelt die Wirtschaft die Modernisierungsbestrebungen der VBA weiter an und beschert Beijing ein gewisses Momentum. Die Politik und Diplomatie sowie die internationalen Institutionen tragen dazu bei, dass man zurzeit noch am Tisch verhandelt und sich gegenseitig zur Vernunft ermahnt. Denn ein Krieg wäre das Letzte, was alle Beteiligten wollen, inklusive den Nachbarstaaten wie Japan, Südkorea, die Philippinen oder Vietnam. Jedoch beide Regierungen in Washington und Beijing machen ihre künftige Führungsrolle auf dem internationalen Parkett von einer regionalen Dominanz in Asien abhängig. Wie bereits erwähnt, befinden wir uns bereits in einer Art Krieg oder Konflikt mit unkonventionellen Waffen. Der Wettkampf um die Vorherrrschaft in Asien zwischen den USA und China hat bereits begonnen. Oder um es mit den Worten eines chinesischen Sprichwortes zu sagen:

„*Two tigers cannot live on the same mountain;* 一山不容二虎."[6]

Auf die Taiwan-Frage bezogen könnte das Sprichwort lauten, dass es auch künftig keinen Platz für zwei Grossmächte *auf* der Insel hat. Doch welche wird es letztlich sein?

5.2. Schlussfolgerungen

Betrachtet man die drei hergeleiteten Szenarien, dann lässt sich im Hinblick auf die in der Einleitung aufgestellten These – *Warscheinlichkeit eines*

---

6. Quelle unbekannt.

Konflikts mit militärischen Mitteln zwischen der VR China und den USA über die Kontrolle Taiwans – Folgendes aussagen:

Angefangen bei der

- US-Sino-Interessenüberschneidung in der APAC-Region;
- Unabhängigkeitsbewegungen auf der Insel;
- stark forcierte Modernisierung der VBA;
- aktive Einbindung Taiwans in das TDM-Abwehrsystem der USA;
- Verschärfung der *US-Containment*-Strategie im Pazifik;
- benachbarte Konfliktherde als Initialzündung (Diaoyu-Inseln oder Nordkorea) oder letztlich

bei einer innenpolitischen, nationalistisch getriebenen Krise in China als Auslöser – um nur einige der Faktoren aufzuzählen –, das steigende Selbstbewusstsein und die Durchsetzungskraft Chinas sind spürbar gestiegen. Dies bringt unweigerlich verschiedenste regionale Herausforderungen mit sich, in erster Linie für die Nachbarn, aber auch für die dominierende Macht, die USA. Die Tatsache, dass US-Präsident Barack Obama die aktuelle US-Aussenpolitik in den Augen vieler seiner (Militär-)Kritiker schwach und sehr konsensgetrieben prägt, hat dieses Selbstbewusstsein und Wiedererwachen des chinesischen Drachens erst ermöglicht. Trotz der Pivot-to-Asia-Strategie, die nicht abgeschlossen ist und daher nicht überall gleich erfolgreich greift und abschreckt, wurde der Wettlauf um die Vorherrschaft in Asien neu lanciert. Die Antwort Chinas mit der OBOR-Initiative, so vage sie zurzeit auch sein mag, dominiert mittlerweile bilaterale und vermehrt multilaterale Beziehungen Beijings. Vor wenigen Jahren wäre ein solches politisches Aufbegehren gar nicht denkbar gewesen – Grösse und Wirtschaftskraft sei Dank. Der momentane Höhepunkt der aussenpolitischen Errungenschaften ist die unbehelligte „fait-accompli"-Situation im Südchinesischen Meer, die durch Beijing geschaffen wurde. Die künstlichen chinesischen Inseln ermöglichen der KPC militärische Präsenz zu markieren und erlauben Beijing sowohl ressourcengetriebene Ansprüche und Forderungen zu stellen als auch die Errichtung eines wegweisenden sicherheitspolitischen Dispositivs, welches mit Blick auf die künftige Taiwan-Frage eine zentrale Rolle einnehmen könnte. Hinzu kommt, dass die politisch unschlüssigen und ökonomisch schwächelnden USA den Wiederaufstieg Chinas weiteren Nährboden geben.

Das wichtigste Instrument zur Wahrung des Status quo respektive zur Abschreckung eines chinesischen Angriffs auf Taiwan ist der TRA zwischen den USA und der ROC. Das Dilemma der USA, welches sich in den letzten rund 20 Jahren vermehrt bemerkbar macht, ist dasjenige der Ambiguität im Zusammenhang des TRA. An dieser Stelle soll nochmals die Aussage des ehemaligen US-Aussenministers James A. Baker wiedergegeben werden, der die Zwickmühle treffend beschrieben hat, wonach ein TRA-Bekenntnis Taiwan in die Unabhängigkeit treiben würde mit dem Resultat, dass China angreifen würde. Umgekehrt würde Beijing angreifen, wenn keine Garantie der USA für Taiwan anzunehmen wäre. Und daher soll durch ein Aufrechterhalten der Ambiguität der Abschreckungsmechanismus gestärkt werden, indem sich Washington zu keinem konkreten Schritt bekennt, dies natürlich nur so lange, wie eine militärische Dominanz der USA eine Abschreckung überhaupt erst ermöglicht. Noch vor zehn Jahren wäre die Antwort vieler China-Kenner ähnlich ausgefallen wie die von Robert S. Ross:

> „[Chinese] ... analyst estimated that Chinese military technology is fifteen to twenty years behind that of the United States. More important, Chinese analyses of ‚comprehensive national power', which takes into account the military, technological, educational, and economic bases of national strength, estimated in 2000 that China would catch up to the United States in 2043 if Chinese comprehensive national power grew at 3 percent per year."[7]

Ross hebt weiter hervor, dass Beijings Einschätzung über die Bereitschaft der USA, im Ernstfall einzugreifen, eine zentrale Rolle spielt und mit ihr die Glaubwürdigkeit der Abschreckungsmassnahmen durch Washington. Die Strategie der USA (Air-Sea Battle) laufe bei einem eskalierenden Konflikt in der Taiwan-Frage darauf hinaus, dass China im Falle eines Nuklearangriffs weder einen Erst- noch Zweitschlag erfolgreich ausführen kann. Er begründet dies anhand der massiven (informations-)technologischen Vorteile seitens der US-Streitkräfte.[8] Durch diese *escalation dominance* verschiebe sich der Fokus somit auf die konventionelle Schlag-

---

7. Ross is Professor am Boston College und Associate des John King Fairbank Centers for Chinese Studies der Harvard University. Vgl. Ross 2002: 81.
8. Ebd. 62.

kraft der beiden Streitkräfte. Hier würden die USA ihre Luftraumdominanz ausspielen, um entscheidende Angriffe auf das Festland starten zu können. Die künftig grösste Herausforderung für die USA wird daher sein, die Abschreckung gegenüber China – keine Gewalt gegen Taiwan anzuwenden – aufrechtzuerhalten und somit Taiwan, Demokratie und Wohlstand zu schützen, während Chinas Sicherheitsinteressen nicht angefochten werden soll.[9]

Vor dem Hintergrund der sich verschiebenden militärischen Kräfteverhältnisse und der damit einhergehenen Interventionsmöglichkeiten seitens der VBA jedoch, führt der von Baker beschriebene Mechanismus, oder mehr das Dilemma, in eine Sackgasse. Denn es ist eine Frage der Zeit und der militärischen Fähigkeiten, bis es zu einem Konflikt kommt zwischen den USA und China. Denn die von Ross beschriebene Einschätzung der Militärstärke Chinas wird längst nicht mehr geteilt. Die Technologie mag im Vergleich wohl noch relativ rückständig sein, die schiere Masse an konventionellen Waffen der VBA jedoch könnte im Ernstfall auch die fortschrittlichste Armee der Welt nicht vollends ausschalten. Denn gemäss der Einschätzung Taiwans dürfte China in rund fünf Jahren militärisch fähig sein, die Insel substanziell anzugreifen, also bereits 2020.[10] Der Report stützt sich auf eine Reihe von High-end-Waffensystemen sowie erhöhter Cyberangriffs- und Verteidigungstechnologien, welche die chinesischen *Command-and-control*-Einsätze verbessern würden.[11] Die Kombination der konventionellen Kampfstärke der VBA mit ihrer zunehmend modernen Ausrüstung zielt auf ein glaubwürdiges Abschreckungspotenzial gegenüber jeglicher Intervention einer Drittpartei ab: Die Dong Feng 21D ASBM (*anti-ship-ballistic-missile*), auch *aircraft carrier-killer* genannt, würde gemäss Cheng Yun-peng, Generaldirektor der Abteilung für strategische Planung des taiwanesischen Verteidigungsministeriums, gegen die US-Flugzeugträger eingesetzt werden. Angesichts der militärischen Überlegenheit Chinas sucht die Insel nach internationaler Unterstützung, entwickelt jedoch gleichzeitig ihre eigenen Raketenabwehrsysteme, wie die Hsiung Feng III, welche einen chinesischen Amphibienangriff vereiteln soll.[12] Zudem erfährt die bestehende taiwanesische F-16A/Bs-Flotte eine Aufrüstung durch die USA.[13] Asien-Sicherheitsexperte und China-Kenner Robert Cliff, Non-

---

9. Ebd. 67 und 84.
10. Vgl. *12th National Defense Report des Ministry of National Defense (MND) of the Republic of China.*
11. Amphibische Operationen gestützt auf russischer Technologie.
12. Vgl. auch *Taipei Times* 09.10.2013.

resident Senior Fellow der Asia Security Initiative des Atlantic Council in Washington DC, ist von einem markanten militärischen Fortschritt der VBA innerhalb der vergangenen Jahre überzeugt. Zusammen mit der RAND Corporation hat er daher kürzlich eine ausführliche Studie über Chinas Armee im Jahre 2020 und die mögliche Anwendung einer A2/AD-Strategie bei einer geplanten Inselinvasion herausgegeben.[14] Dabei strich er seiner Ansicht nach drei wichtige Punkte heraus. Bis 2020:[15]

- Math might just be [US] missile defense's worst enemy.[16]
- China's PLA-weaponry comparable to U.S. military in 2000.[17]
- Average Chinese soldier will be better educated than US-soldiers.[18]

Wie gross der Rückstand der VBA gegenüber der US-Armee ist, die Einsicht unter vielen Experten erhärtet sich: Das TRA-Abschreckungsmodell wird Beijing künftig stark infrage stellen, was somit die Gefahr eines Konflikts zwischen China und den USA in den kommenden Jahren erheblich steigern wird.

Dies führt direkt zum zweiten Teil der eingangs gestellten These – *ein Konflikt welcher zwischen 2022 und 2035 voraussichtlich von Beijing ausgelöst wird*. Dieser Teil impliziert nebst dem Zeitfaktor auch einen Kostenfaktor, also unter welchen Umständen und um welchen Preis Beijing einen Konflikt in Betracht ziehen würde.

Die Taiwan-Frage, obwohl von der KPC stets prioritär gehandhabt, wurde nach folgendem Grundsatz geführt: „If it [China] can wait 50 years for Hong Kong's return to the motherland, another 500 years will not matter much."[19] Im Wissen um die militärische Unterlegenheit hatte Beijing in der Vergangenheit keine Eile, um Taiwan an das Mutterland anzuschliessen. Mit der Rückführung von Hong Kong und Macau in den 1990er-Jahren, dem neugewonnenen Selbstbewusstsein und dem militärischen Fortschritt besinnt sich Beijing jedoch wieder auf seine alte

---

13. Biddle 2004 und *Wallstreet Journal* 21.09.2011.
14. Vgl. auch Szenarien in *Military and Security Developments Involving the People's Republic of China 2015 des Department of Defense (DoD) of the United States of America*.
15. *The Diplomat* 31.01.2014.
16. Endlose Angriffe von Kampfjets des Typs Su-30 und J-11B, Jagdbomber JH-7 und H-6-Bomber, alle bestückt mit ASBM. Die Anzahl der Angriffe soll die fähige Abwehr der USA überfordern.
17. Cheng verweist dabei auf die zwei verschiedenen Sichtweisen hin; einerseits der nach wie vor 20-jährige Rückstand der VBA gegenüber den USA und andererseits wirft er die Frage auf, wo Chinas Armee im Jahr 2020 steht, wie gross ist dann noch der technologische Rückstand auf die USA?
18. Jeglicher technologischer Vorsprung ist obsolet, wenn man nicht fähig ist, die Waffensysteme auch zu gebrauchen.
19. Lee 2000: 25.

Stärke. Xi Jinping hat kurz nach seinem Amtsantritt verkündet, dass die Taiwan-Frage nicht an die nächste Generation weitergegeben werden kann.[20] Taiwan wäre der letzte verbliebene Puzzlestein, um das grosse alte China wieder vollends zu vereinen.[21] Doch dieser Stein scheint in die andere Richtung zu rollen, denn die vermehrt junge und von der Geschichte nicht mehr direkt betroffene Gesellschaft sieht sich nicht als Festlandchinesen und sie ist von den Geschehnissen in Hong Kong alarmiert. Aus Sicht der KPC wird sich in Zukunft diese Entwicklung nur noch verstärken und sogar beschleunigen angesichts des starken Demokratisierungsgrades der Insel und der immer stärker werdenden und lauter auftretenden Unabhängigkeitsbewegung, die auch starke politische Unterstützung erfährt, ungeachtet davon, ob Beijing am ASG festhalten wird. Die Rückführung von Hong Kong, beschlossene politische Sache zum Trotz, birgt grosse Herausforderungen auf beiden Seiten der *new territories*, denn die langsamen Anpassungsmassnahmen Beijings und der erhöhte Druck innerhalb der SAR scheinen sich nicht mit den Erwartungen und Forderungen der Bevölkerung zu vereinen. Die Probleme bei einer Rückführung Taiwans, falls irgendwann mal politisch entschieden, wären ungemein schwieriger angesichts der rund 23 Millionen Einwohner, geschweige denn eine politisch erzwungene oder gar militärisch herbeigeführte Rückführung oder -eroberung. Der Preis, nämlich keine absehbare Vereinigung während der KPC-Herrschaft, wäre zu hoch. Den Zeitpunkt einer Rückführung zu verpassen, wäre daher inakzeptabel und zu verhindern. Vor diesem Hintergrund und der bald erreichten militärischen Fähigkeiten der VBA liegt der Schluss nahe, dass Beijing nicht noch einmal 50 Jahre warten kann, sondern in den kommenden 10–20 Jahren agieren muss. Mit entsprechender Vorbereitung, geschickter Strategie und militärischer Schlagkraft kann das Regime den Totalverlust verhindern und so die Kosten auf ein relatives Minimum senken. Denn auch der beschriebene innere politische Druck wächst von Jahr zu Jahr, sodass ein langersehntes mit Nationalstolz gefülltes Erfolgserlebnis für die KPC nicht nur einen nötigen zeitlich begrenzten Schub geben würde, sondern die Legitimation in seinen Grundfesten stärken würde.

Dass die Taiwan-Frage eine durch und durch emotionale Angelegenheit für das ganze chinesische Volk darstellt und darüber hinaus die

---

20. Siehe auch *National Security Journal*.
21. Die Hardliner innerhalb der KPC sind der Meinung, dass nebst den umkämpften Grenzgebieten und Territorien zum Beispiel mit Indien oder Vietnam auch die (äussere) Mongolei zu China gehören würde. Diese Haltung ist jedoch keine offizielle Regierungsposition.

mit der Zukunft respektive dem Überleben der KPC eng verbunden ist, wurde bereits aufgezeigt. Daher kann gesagt werden, dass die erfolgreiche Rückführung Taiwans dank militärischer Intervention einer dieser Momente wäre, mit denen die Welt nicht gerechnet hätte und die einmal mehr die Anpassungsfähigkeit der Partei untermauern würde, sich aus schwierigen Situationen erfolgreich zu befreien. Ein Fehlschlag wäre fatal und würde die Stabilität der Volksrepublik China stark erschüttern. Die chinesische Regierung ist sich bewusst, dass der Überraschungsangriff nur einmal funktionieren wird und dass der Zeitpunkt daher sehr gut gewählt sein muss. Vor den Olympischen Winterspielen 2022 in Beijing ist eine solche Aktion aus naheliegenden Gründen sehr unwahrscheinlich. Daher lässt sich der Zeitpunkt einer militärischen Intervention in die nacholympische Periode verschieben, also nach 2022. Ein solcher Zeitpunkt könnte sehr bald folgen, nämlich dann, wenn die USA auch künftig von wirtschaftlichen und politischen Herausforderungen abgelenkt und geschwächt wird und Washington der chinesischen Regierung weiterhin den mühelosen Aufschwung ermöglicht, den China in den letzten rund 20 Jahren erfahren hat. In einem solchen Umfeld kann die Initialzündung eines Angriffs auf Taiwan, wie hergeleitet, durch interne oder externe Faktoren die KPC und China betreffend ausgelöst werden, letztlich mit dem unausweichlichen Resultat eines Konflikts zwischen der Volksrepublik China und den USA rund um Taiwan.

Quellenverzeichnis

6.1. Literaturverzeichnis

BARNETT, A.D. (1996): *Developing a Peaceful, Stable, and Cooperative Relationship with China.* National Committee on American Foreign Policy, New York.

-- (1999): „Dangerous Dilemmas. The Unresolved Problem of Taiwan's Future". In: *American Foreign Policy Interests,* 18/4, New York.

BAU, Tzong Ho (1991): *Taipei Peking Interaction as a Two Person Conflict: A Game Theoretical Analysis 1949-88.* In: *Issues & Studies,* 27/10, S. 72-96.

BAUM, R. (1994): *Burying Mao: Chinese Politics in Age of Deng Xiao-ping.* Princeton University Press.

BELL, Daniel A. (2015): *The China Model - Political Meritocracy and Limits of Democracy.* Princeton University Press, Princeton and Oxford.

BELLER, F.P./BELLONI, D.C. (1978): *Faction Politics: Political Parties and Factionalism in Comparative Perspektive.* Oxford.

BIANCO, Lucien/BELL, Muriel (1971): *Origins of the Chinese Revolution, 1915-1949.* Stanford University Press.

BIDDLE, Stephen (2004): *Military Power - Explaining Victory and Defeat in Modern Battle.* Princeton University Press, Princeton and Oxford.

BIERLING, Stephan (2003): *Geschichte der amerikanischen Aussenpolitik.* C.H. Beck, München.

BILMES, Linda J. (2013): *The Financial Legacy of Iraq and Afghanistan: How Wartime Spending Decisions Will Constrain Future National Security Budgets.* HKS Faculty ResearchWorking Paper Series RWP13-006.

BOEHM, Runhild (2000): *Englands Opiumkriege in China. Die Darstellungen und Voraussagungen von Karl Marx über die Kollision des konfuzianischen China mit der okzidentalen Kolonialexpansion.* (Arbeitstexte), Universität Tübingen.

BRZEZINSKI, Zbigniew (1971): *Half Past Nixon.* In: *Foreign Policy,* Vol. 16, No. 3, S. 3-21.

-- (1993): *Out of Control: Global Turmoil on the Eve of the 21st Century.* Touchstone, New York.

-- (1997): *The Grand Chessboard: American Primacy and its Geostrategic Imperatives.* Basic Books, New York.

BURUMA, Ian (1996): *Taiwan's New Nationalists*. Foreign Affairs.
BUZAN, B./FOOT, R. (2004): *Does China Matter? A Reassessment*. Routledge, New York.
CARLUCCI, Frank/HUNTER, Robert/KHALILZAD, Zalmay (2000): *Taking Charge: A Bipartisan Report to the President-Elect on Foreign Policy and National Security*. Santa Monica.
CARPENTER, Ted G. (2005): *America's Coming War With China – A Collision Over Taiwan*. Palgrave MacMillan, New York.
CHANG, Han-Yu/MYERS, Roman H. (1963): *Japanese Colonial Development Policy in Taiwan, 1895–1906: A Case of Bureaucratic Entrepreneurship*. In: Journal of Asian Studies, 22, S. 433–449.
CHANG, Hui-Ching/HOLT, Richard (2014). *Language, Politics and Identity in Taiwan: Naming China*. Routledge.
CHAO, Linda/MYERS, Ramon H. (1994): *The First Chinese Democracy*. In: Asian Survey, Vol. 14, Nr. 3, S. 213–229.
CHEN, Te Sheng (1992): *Zhongnanhai zhengjing dongxiang (Beijing's recent political and economic trends)*. Taipei.
CHEN WEISS, Jessica (2014): *Powerful Patriots – Nationalist Protest in China's Foreign Relations*. Oxford University Press.
CHENG, Tun-Jen (1995): *Inherited Rivalry. Conflict across the Taiwan Strait*. Lynne Rienner.
CHENG, Tun-Jen/WANG, Vincent Wei-cheng (2001): *Between Convergence and Collision: Whither Cross-Strait Relations?* In: Cambridge Review of International Affairs XIV(2), S. 239–256.
CHERMAK, T. J. (2005): *Studying scenario planning: Theory, research suggestions and hypotheses*. Technological Forecasting and Social Change, Vol. 72, Nr. 1, S. 59–73.
CHIANG, Min-Hua/GERBIER, Bernard (2013): *Cross-Strait Economic Relations – Recent Development and Implications for Taiwan*. In: Maison des Sciences de l'Homme, 13/1 Sem. (Spring): Économie politique de l'Asie. Paris Nord.
CHIU, Hungdah (1973): *China and the Question of Taiwan: Documents and Analysis*. Praeger, New York.
–– (1979): *China and the Taiwan Issue*. Praeger, New York.
CHRISTENSEN, T. (2000): *Theater Missile Defense and Taiwan's Security*. In: Orbis, 44 (Winter), S. 79–90.
COHEN, W.I. (1997): *China's Strategic Culture*. In: Atlantic Monthly, 279 (3), S. 104–105.
CORDESMAN, Anthony H./COLLEY, Steven (2015): *Chinese Strategy and Military Modernization in 2015: A Comparative Analysis*. A Report of the CSIS Burke Chair in Strategy, Washington D.C.
CSIKSZENTMIHÁLYI, Mihály (1996): *Creativity*. Harper Collins, New York.
DEANS, Phil (1995): *Isolation, Identity and Taiwan Stamps as a Vecihle for Regime Legitimization*. In: East Asia: An International Quarterly, Vol. 22, Nr. 2.

DERICHS, C./HEBERER, T. (2003): *Einführung in die politischen Systeme Ostasiens. VR China, Hong Kong, Japan, Nordkorea, Südkorea, Taiwan.* Opladen.

DIBBS, Paul/LEE, John (2014): *Why China Will Not Become the Dominant Power in Asia.* In: Security Challenges, Vol. 10, No. 3, S. 1-21.

DOBBINS, J.J./McGINN, G./CRANE K. et al. (2003): *America's Role in Nation-Building: From Germany to Iraq.* Rand Corporation.

DOMES, J. (1985): *The Government and Politics of the PRC: A Time of Transition.* Boulder, Westview.

EBERHARD, Wolfram (1948): *Chinas Geschichte.* Bibliotheca Sinica, Bern.

EBREY, Patricia B. (2010): *Four Modernizations Era – A Visual Sourcebook of Chinese Civilization.* University of Washington.

ESHERICK, Joseph (1987): *The origins of the Boxer Uprising.* University of California Press, Berkeley.

ETZIONI, Amitai (2013): *No Pivot to Asia.* The Extraordinary and Plenipotentiary Diplomatist. 1 (1).

FAIRBANK, John King (1994): *China: A New History.* Harvard University Press.

FAIRBANK, J.K./REISCHAUER, E.O./CRAIG, A.M. (1989): *East Asia – Tradition & Transformation.* Harvard University, Boston.

FEINER, S. (2000): *Weltordnung durch US-Leadership? Die Konzeption Zbigniew K. Brzezinskis.* Wiesbaden.

FERGUSON, Niall (2005). *Sinking Globalization.* Foreign Affairs.

FINK, A./SIEBE, A. (2011): *Handbuch Zukunftsmanagement: Werkzeuge der strategischen Planung und Früherkennung.* Campus, Frankfurt a. M./New York.

FRANKE, Wolfgang (1962): *China und das Abendland.* Vandenhoeck & Ruprecht, Göttingen.

FRIEDBERG, Aaron (2012). *Bucking Beijing: An Alternative U.S. China Policy.* In: Foreign Affairs, 91 (5), S. 48-58.

GEHRING, J. (2004): *What is a case study and what is it good for?* In: American Political Science Review, Vol. 98, No. 2, S. 341-354.

GESCHKA/HAMMER, R. (2005): *Die Szenario-Technik in der strategischen Unternehmensplanung.* In: HAHN, D./TAYLOR OF MANSFIELD, B. (Hrsg.): *Strategische Unternehmungsplanung – Strategische Unternehmungsführung. Stand und Entwicklungstendenzen.* Berlin, S. 464-489.

GILBERT, Stephen P./CARPENTER, William M. (1989): *American and Island China: A Documentary History.* University Press of America, Lanham.

GILL, B. (2007): *Rising Star – China's New Security Diplomacy.* Institute Press, Washington.

GLASER, Bonnie S. (2010): *Building Trust Across the Taiwan Strait – A Role for Military Confidence-building Measures.* CSIS Freeman Chair in China Studies. Washington.

GOLD, Thomas B. (2008): *Taiwan in 2008: My Kingdom for a Horse.* In: Asian Survey, Vol. 49, Nr. 1. S. 88-97.

GOMEZ, Peter/PROBST, Gilbert (1999): *Die Praxis des ganzheitlichen Problemlösens – Vernetzt denken, unternehmerisch handeln, persönlich überzeugen.* Haupt, Bern/Stuttgart/Wien.
GOMPERT, David C./CEVALLOS STUTH, Astrid/GARAFOLA, Cristina L. (2016): *War with China – Thinking Through the Unthinkable.* Rand Corporation. Santa Monica.
GRESH, A./RADVANYI, J./RAKACEWICZ P. et al. (2006): *Atlas der Globalisierung.* In: *LeMonde diplomatique*
HAAS, R. (1997): *The Reluctant Sheriff.* Washington D.C.
HAUSHOFER, Albrecht (1940): *Englands Einbruch in China.* Junker und Dünnhaupt, Berlin.
HEAZLE, Michael/KNIGHT, Nick (2007): *China-Japan Relations in the Twenty-first Century – Creating a Future Past?* Edward Elgar, Cheltenham/Northhampton.
HEILMANN, Sebastian (2004): *Das politische System der Volksrepublik China.* Wiesbaden.
– – (1999): *Änderung der Verfassung der Volksrepublik China – Analyse und Dokumentation.* Wiesbaden.
HEILIG, Gerhard K./ZHANG, Ming/LONG, Hualou/LI, Xiubin/WU, Xiuqin (2005): *Poverty Alleviation in China: A Lesson for the Developing World?* Linz.
HEILIG, Gerhard K. (1995): *Chinas Aufstieg zur wirtschaftlichen und politischen Weltmacht.* Linz.
HICKEY, D.V.V. (1997): *Taiwan Security in the Changing International System.* Boulder.
HOE, Susanna/ROEBUCK, Derek (1999): *The Taking of Hong Kong: Charles and Clara Elliot in China Waters.* Curzon Press.
HOLM-HADULLA, Rainer M. (2013): *The dialectic of creativity: A synthesis of neurobiological, psychological, cultural and practical aspects of the creative process.* In: *Creativity Research Journal*, 25, (3), S. 293-299.
HOLMES, L. (1986): *Politics in Communist World.* Oxford.
HOFFMANN, S. (1990/91): *The Case for Leadership.* In: *Foreign Policy*, 81 (Winter), S. 20-21.
HSU, Chieh-lin (1990): *The Republic of China and Japan.* In: WANG, Yu-san (ed.): *Foreign Policy of Republic of China on Taiwan. An Unorthodox Approach.* New York, S. 45 ff.
HSU, Immanuel C.Y. (2000): *The Rise of Modern China.* Oxford University Press, New York.
HUANG, Jing (2000): *Factions in Chinese Communist Politics.* Cambridge University Press.
HUANG, Chi/KIM, Woosang/WU, Samuel S.G. (1995): *Rivalry Between the ROC and the PRC: An Expected Utility Theoretical Perspective.* In: Chen, Tun-jen (ed.): *Inherited Rivalry. Conflict across the Taiwan Strait.* Lynne Rienner, S. 25-46.

IKENBERRY, G. John/KUPCHAN, Charles A. (1990): *The Legitimation of Hegemonic Power*. In: RAPKIN, David P. (Hrsg.): *World Leadership and Hegemony*. Boulder: Lynne Rienner.
-- (1990): *Socialization and Hegemonic Power*. In: *International Organization*, Vol. 44 (Summer).
JEON, Jei Guk (1992): *The Origins of Northeast Asian NICs in Retrospect: The Colonial Political Economy, Japan in Korea and Taiwan*. In: *Asian Perspective*, 16/1, 71–101.
JOHNSTON, A.I. (1996): *Cultural Realism: Strategic Culture and Grand Strategy*. In *Chinese History*. Princeton, S. 257.
KAGAN, Robert (2012): *The World America Made*. Alfred A. Knopf, New York.
KAHN, Herman/WIENER, Anthony (1967): *The Year 2000*. In: *Thinking about the Unthinkable* (Auf Deutsch erschienen als *Ihr werdet es erleben. Voraussagen der Wissenschaft bis zum 2000*. Horizon Press.
KAO, Yung-kuang (1990): *The Issue of China's Reunification: Analysis from Models of Game Theory*. In: *Zhongshan shehui kexue qikan (Journal of Social Sciences)*, 1/1, S. 45–64.
KELLER, Bill (2012): *Mitt and Bibi: Diplomacy as Demolition Derby*. New York Times.
KENNEDY, Paul (1987): *The Rise and Fall of the Great Powers: Economic Change and Military Conflict from 1500 to 2000*. Random House, New York.
KEOHANE, R.O./NYE, J.S. (1998): *Power and Interdependence in the Information Age*. In: *Foreign Affairs* 77 (5), S. 81–94.
KINDERMANN, G.-K. (2001): *Der Aufstieg Ostasiens in der Weltpolitik 1840–2000*. München.
KINDLEBERGER, C.P. (1976): *Systems of Economic Organizations*. In: David P. Calleo (Hrsg.): *Money and the Coming World Order*. New York.
KLEINE-AHLBRANDT Stephanie (2013): *Dangerous Waters: China-Japan Relations on the Rocks*. Asia Report No. 245, International Crisis Group Headquarters. Brussels.
KLINTWORTH, Gary (1988): *New Taiwan, New China: Taiwan's Changing Role in the Asia-Pacific*. Pantheon, New York.
KOKUBUN, Ryosei/WANG, Jisi (2004): *The Rise of China and a Changing East Asian Order*. Japan Center for International Exchange, Tokio/New York.
KÖLLNER, P./BASEDAU, M./ERDMANN, G. (2006): *Innerparteiliche Machtgruppen – Faktionalismus im internationalen Vergleich*. Frankfurt/München.
KUO, Cheng-Tian (1993): *Economic Statecraft Across the Taiwan Strait*. In: *Issues & Studies*, 29/10, S. 19–37.
KUO, Pin-Chia (1973): *A Critical Study of the First Anglo-Chinese War, With Documents*. Hyperion.
LAMNEK, S. (1995): *Qualitative Sozialforschung. Bd. 1: Methodologie*. (3. Aufl.). Psychologie Verlags Union, Weinheim.

LAN, Shichi (2002): *Nationalism in Practice: Overseas Chinese in Taiwan and the Taiwanese in China, 1920s and 1930s.* Taipei.

LEE, Y.-F. (2003): *Die Taiwan-Frage im Kontext der US-Strategie für Ostasien-Pazifik nach dem Ende des Ost-West-Konfliktes (1990–2000).* Universität Berlin.

LEE, Wei-Chin (2000): *Taiwan in Perspective – International Studies in Sociology and Social Anthropology.* Brill.

LEONHARD, Robert R. (2010): *The China Relief Expedition Joint Coalition Warfare in China Summer 1900.* The Johns Hopkins University Applied Physics Laboratory.

LIFF, Adam P./Erickson, Andrew S. (2013): *Demystifying China's Defence Spending: Less Mysterious in the Aggregate.* In: *The China Quarterly,* Vol. 216, S. 805–830.

LIM, Robyn (2003): *The Geopolitics of East Asia: search for equilibrium.* Routledge.

LIN, Chia-Lung/ZHENG, Yong-Nian (2001): *Der Nationalismus und die Beziehungen zwischen den beiden Seiten der Taiwan-Strasse: Der Dialog von östlichen und westlichen Akademikern an der Harvard Universität.* Third Nature Publishing, Taipei.

LO, Chih-Cheng/LIN, Jih-Wen (1995): *Between Sovereignty and Security: A Mixed Strategy Analysis of Current Cross-Strait Interaction.* In: *Issues & Studies,* 31/3, S. 64–91.

LUHMANN, N. (1994): *Soziologische Aufklärung 4. Beiträge zur funktionalen Differenzierung der Gesellschaft.* Westdeutscher Verlag, Opladen.

MAHADEVAN, Prem (2013): *Strategic Trends 2013: Key Developments in Global Affairs.* ETH Zurich.

MARCH, G. Patrick (1996): *Eastern Destiny: Russia in Asia and the North Pacific.* Greenwood Publishing Group.

MIETZNER, D. (2009): *Strategische Vorausschau und Szenarioanalysen: Methodenevaluation und neue Ansätze.* Gabler, Wiesbaden.

MEISSNER P./WULF T. (2012): *Cognitive benefits of scenario planning: Its impact on biases and decision quality.* Technological Forecasting & Social Change, 80. S. 801–814.

MORRISON, Wayne M./BOLLE, Mary Jane/ELWELL, Craig K./JACKSON James K./JONES, Vivian C. (2015): *U.S. Trade Concepts, Performance, and Policy: Frequently Asked Questions.* Federal Publications. Key Workplace Documents, Cornell University.

MOSER, H. (1995): *Grundlagen der Praxisforschung.* Freiburg: Lambertus.

MÜLLER-ROMMEL, F. (1982): *Innerparteiliche Gruppierungen in der SPD. Eine empirische Studie über die informelle-organisierte Gruppierungen von 1969–1980.* Opladen Verlag.

MYER, Ramon H./CHAO, Linda (1994): *Cross-Strait Economic Relations and Their Implications for Taiwan.* In: *Issues & Studies,* 30/12, S. 97–112.

NATHAN, J.A./LINK, P. (2001): *Die Tiananmen-Akte. Die Geheimdokumente der chinesischen Führung zum Massaker am Platz des Himmlischen Friedens.* New York.

NATHAN, Andrew J. (1992): *The Effect of Taiwan's Political Reforms on Taiwan-Mainland Relations.* In: Chang, King-Yuh (Hrsg.): Zhonghua minguo minzhuhua: Guocheng, zhidu yu yingxiang (Democratization in the Republic of China: Process, institution, and impact). Taipei, S. 379-397.

NAVARRO, Peter/AUTRY, Greg (2011): *Death by China: Confronting the Dragon – A Global Call for Action.* Pearson Prentice Hall, New Jersey.

NIOU, Emerson M.S. (1992): *A Game-Theoretic Analysis of the Republic of China's Emerging Electoral System.* In: *International Political Science Review*, Vol. 13, Nr. 1, S. 59-79.

NISH, Ian Hill (1977): *Japanese foreign policy, 1869-1942.* Kasumigaseki to Miyakezaka.

PAAL, D.H. (1997): *China and the East Asian Security Environment: Complementarity and Competition.* In: Vogel, EZRA, F. (Hrsg.), *Living with China: U.S.-China Relations in the Twenty-first Century.* New York, S. 97-119.

PATZELT, Werner J. (2001): *Einführung in die Politikwissenschaft.* Passau: Wissenschaftsverlag Richard Rothe.

PETER, B.G./DOUGHTIE, J.C./MCCULLOCH, M.K. (1977): *Types of Democratic Systems and Types of Public Policy. An Empirical Examination.* In: *Comparative Politics*, 9. New York.

PEYREFITTE, Alain (1992): *The Immobile Empire.* Knopf. New York.

— — (1993): *The Collision of Two Civilizations: The British Expedition to China 1792-94.* Pfaelzer. London.

POPP, Reinhold (2012): *Viel Zukunft – wenig Forschung: Zukunftsforschung auf dem Prüfstand.* Focus.

PRICHARD, Earl H. (1942): *The Origins of the Most-Favored-Nation and the Open Door Policies in China.* Far Eastern Quarterly.

RANDELZHOFER, A. (1999): *Völkerrechtliche Verträge.* Deutscher Taschenbuch Verlag.

RIGGER, S. (1999): *Politics in Taiwan. Voting Democracy*, London.

ROCHA E SILVA, Daniel (2015): *The role of sea power in China's rise: is maritime conflict inevitable?* Análise Social, 217, 1 (Vol. 4), Lissabon.

ROSS, Robert (2012). *The Problem with the Pivot: Obama's New Asia Policy Is Unnecessary and Counterproductive.* In: *Foreign Affairs*, 91 (6), S. 70-82.

— — (2002): *Navigating the Taiwan Strait Deterrence, Escalation Dominance, and U.S.-China Relations.* In: *International Security*, Vol. 27, Nr. 2, S. 48-85.

ROY, D. (2003): *Taiwan – A political History.* Cornell University Press, London.

RUNCO, Mark (2007): *Creativity. Theories and Themes: Research, Development and Practice.* Elsevier Academic Press, Burlington.

SCHNELL, R./HILL, P.B./ESSER, E. (1999): *Methoden der empirischen Sozialforschung.* München/Wien.

SCHUBERT, Gunter (1998): *Taiwan seit 1945: Von der Entwicklungsdiktatur zur entwickelten Demokratie.* In: Herrmann-Pillath und Lackner (Hrsg.): *Länderbericht China. Politik, Wirtschaft und Gesellschaft im chinesischen Kulturraum.*

SCHUBERT, Gunter/DAMM, Jens (2005): *Taiwanese Identity in the 21st Century – Domestic, regional and global perspectives*. Routledge/Taylor & Francis Group, London/New York.

SCHUCHER, Günter/ ROTHKOPF, Julian (2014): *Zufriedenheit mit Taiwans Präsident Ma auf dem Tiefpunkt*. In: GIGA Focus Asien, Nr. 2. Open Access.

SCHUCHER, Günter/SCHÜLLER, Margot (2005): *Perspectives on Cross-Strait Relations: Views from Europe*. Hamburg: Institut für Asienkunde.

SCHULTE-ZURHAUSEN, Manfred (2002): *Organisation 3*. Verlag Franz Vahlen, München.

SCHWARZ, K.-D. (1999): *Weltmacht USA: Zum Verhältnis von Macht und Strategie nach dem Kalten Krieg*. Baden-Baden.

SCOBELL, Andrew (2000): *Chinese Army Building in the Era of Jiang Zeming*. Strategic Studies Institute.

SHAMBAUGH, David (2001): *China or America: Which is the Revisionist Power?* In: Survival, Vol. 43, Nr. 3.

SHAW, Yu-ming (1979): *The Modern History of Taiwan: An Interpretative Accound*. In: Hungdah Chiu (Hrsg.): *China and the Taiwan Issue*. Praeger, New York.

SHENG, Lijun (2002): *China and Taiwan: Cross-strait Relations Under Chen Shuibian*. Institute of Southeast Asian Studies, Singapore.

–– (2001): *China's Dilemma: The Taiwan Issue*. Institute of Southeast Asian Studies, Singapore.

SIEDSCHLAG, A. (2001): *Realistische Perspektiven internationaler Politik*. Leske+Budrich, Opladen.

–– (1997): *Neorealismus, Neoliberalismus und postinternationale Politik*. Westdeutscher Verlag, Opladen.

STAEHLE, W.H. (1999): *Management. 8. Auflage*. Verlag Franz Vahlen, München.

STAHEL, Albert A. (2006): *Widerstand der Besiegten – Guerillakrieg oder Knechtherrschaft. Von der Antike zur Al-Kaida*. vdf Hochschulverlag, Zürich.

–– (2004): *Dyssimetric warfare versus assymetric warfare*. International Transactions in Operational Research, 11, S. 435–446.

–– (2004): *Klassiker der Strategie – Eine Bewertung. 4. Auflage*. Strategie und Konfliktforschung. vdf Hochschulverlag, Zürich.

–– (1993): *Luftverteidigung – Strategie und Wirklichkeit*. Strategische Studien, Bd. 4. Verlag der Fachvereine, Zürich.

–– (1973): *Die Anwendung der numerischen Mathematik und der Simulationstechnik bei der Darstellung des Ablaufs einer internationalen Krise*. Huber, Frauenfeld.

SU, C./CHEN, A. (2002): *Yigezhongguo, gezibiaoshu – gongshi de shishi (One China, Different Interpretations – A Historical Account of the Consensus of 1992)*. Taipei.

SUN Z. (2003/04): *New and Old Regionalism: The Shanghai Cooperation Organization and Sino-Central Asian Relations*. In: Review of International Affairs 3. S. 600–612.

TALBOTT, S. (1992): *Post-Victory Blues*. In: Foreign Affairs, 71/1.

THOMPSON, Larry Clinton (2009): *William Scott Ament and the Boxer Rebellion: heroism, hubris and the „Ideal Missionary".* McFarland & Company.
TIEN, H./CHU, Y. (2000): *China under Jiang Zemin.* Boulder, London.
TIEN, Shiau (1992) „Taiwan's Democratization: A Summary". In: *World Affairs,* Vol. 155, No. 2, S. 58–61.
TZU, Sun (2000): *Wahrhaft siegt wer nicht kämpft – Die Kunst der richtigen Strategie.* Bauer, Freiburg.
UERZ, G. (2006): *Übermorgen. Zukunftsvorstellungen als Elemente der gesellschaftlichen Konstruktion der Wirklichkeit.* Wilhelm Fink, München.
VAN DYKE, Paul Arthur (2005): *The Canton Trade: Life and Enterprise on the China Coast, 1700–1845.* Hong Kong University Press.
WALDRON A. (1997): Eight Steps towards a New China Policy. In: *Orbis,* 41, 1, S. 77.
WALT, Stephen M. (2009): *Alliances in a unipolar world.* In: *World Politics,* 61, No. 1, S. 86–120.
WALTZ, K.N. (1979): *Theory of international Politics.* Waveland, New York.
WANG, Jisi (2005): *China's Search for Stability With America.* In: *Foreign Affairs* (Sept./Oct.).
WEI, Ai (1991): *The Development and Limitations of Taiwan-Mainland Economic and Trade Relations.* In: *Issues & Studies,* S. 43–60.
WIETHOFF, Bodo (1969): *Chinas Dritte Grenze.* Harrassowitz.
WILBUR, C. Martin (1983): *The nationalist revolution in China, 1923–1928.* Cambridge University Press.
WILMS, Falko (2006): *Szenariotechnik: vom Umgang mit der Zukunft.* Haupt.
WOLF, C./BAMEZAI, A./YEH, K.C./ZYHCER, B. (2000): *Asian Economic Trends and Their Security Implications.* Rand, Santa Monica.
WU, Hsin-Hsing (1995): *The Political Economy of ROC-PRC Relations.* In: *Issue & Studies,* 31/1, S. 51–62.
WU, Yu-Shan, (1996): *Exploring Dual Triangles: The Development of Taipei-Washington-Beijing Relations.* In: *Issue & Studies,* 32/10, S. 26–52.
-- (1993): *The Collapse of the Bipolar System and Mainland China's Foreign Policy.* In: *Issue & Studies,* 29/7, S. 1–25.
WU, Yu-Shan/Lin, WEN-CHENG/CHIANG, Shui-Ping (1995): *Deng Xiaoping shenhou dui dalu yu Taiwan de zhendang (The shocking impact from Deng Xiaoping's death on mainland China and Taiwan).* Taipei.
YE, Zicheng (2011): *Inside China's Grand Strategy: The Perspective from the People's Republic.* Edited and Translated by Steven I. Levine and Guoli Liu. The University Press of Kentucky.
YEN, S. (1965): *Taiwan in China's Foreign Relations, 1836–1874.* The Shoe String Press, Hamden.
YUEH, Linda (2013). *China's Growth: The Making of an Economic Superpower.* Oxford.

ZENG, Jinghan (2014): *The Chinese Communist Party's Capacity to Rule: Legitimacy, Ideology, And Party Cohesion.* University of Warwick.

ZHANG, Chunhou/VAUGHAN, C. Edwin (2002): *Mao Zedong as Poet and Revolutionary Leader: Social and Historical Perspectives.* Lexington books.

ZHANG, Zhongxiang (2011): *China's energy security, the Malacca dilemma and responses.* Energy Policy – ENERG POLICY. 39/7612-7615.

ZHAO, Suisheng (1999): *Across the Taiwan Strait – Mainland China, Taiwan, and the 1995–1996 Crisis.* Routledge/Taylor & Francis Group, New York/London.

6.2. Printmedien/Presse (Zeitungen und Zeitschriften)

Agence France Presse (AFP)

„*Military Power Compared*" by AFP, compiled by SIPRI and cfr.org, 2014/2015.
https://www.pinterest.com/johnsaeki/features-focus-developing-afp-news-graphics/ [Stand: 25.08.2015].

BBC News

„*Should Japan's constitution change?*" vom 04.10.2001.
http://news.bbc.co.uk/1/hi/talking_point/1566734.stm [Stand: 25.08.2015].
–– „*Why China is land of opportunity for young Taiwanese*" vom 26.06.2014.
http://www.bbc.com/news/world-asia-27864814 [Stand: 25.08.2015].

Bloomberg

„*Why Taiwan Matters*" vom 15.05.2005.
https://www.bloomberg.com/news/articles/2005-05-15/why-taiwan-matters [Stand: 25.08.2015].

Business Insider

„*China's strategy for establishing naval superiority in Asia is not going to make its neighbors happy*" vom 13.04.2015.
https://www.quora.com/If-China-is-striving-to-be-a-superpower-why-doesnt-it-project-military-presence-world-wide-and-not-just-in-the-South-China-Sea [Stand: 25.08.2015].
–– „*Hedge Fund King Ray Dalio On China, QE3, And The Odds Of A Downturn*" vom 21.09.2012.
https://www.businessinsider.com.au/ray-dalio-on-squawk-box-this-morning-2012-9 [Stand: 25.08.2015].
–– „*China's Economy Faces 9 Major Challenges*" vom 05.09.2012.
http://www.businessinsider.com/9-biggest-challenges-chinese-economy-2012-9 [Stand: 25.08.2015].

China.com.cn
„8-Punkte" von Jiang Zemin vom 30.01.1995.
http://www.china.com.cn/chinese/archive/208156.htm [Stand: 25.08.2015].

China Daily
„Pipeline carries Kazakh oil to China" vom 30.07.2009.
http://www.chinadaily.com.cn/china/2006-07/30/content_652854.htm [Stand: 25.08.2015].
-- *„Construction on China-Russia gas pipeline started in China"* vom 30.06.2015.
http://europe.chinadaily.com.cn/world/2015-06/30/content_21140712.htm [Stand: 25.08.2015].
-- *„US' latest arms sale plan for Taiwan irks China"* vom 09.04.2014.
http://www.chinadailyasia.com/news/2014-04/09/content_15129743.html [Stand: 25.08.2015].

China Daily Mail
„China announces strategically important Kra Isthmus Canal in Thailand" vom 17.05.2015.
https://chinadailymail.com/2015/05/17/china-announces-strategically-important-kra-isthmus-canal-in-thailand/ [Stand: 25.08.2015].

ChinaFile
„Document 9: ChinaFile Translation – How Much Is a Hardline Party Directive Shaping China's Current Political Climate?" vom 08.11.2013.
https://www.chinafile.com/document-9-chinafile-translation [Stand: 25.08.2015].

China.org.cn
„China's declaration of key interests misinterpreted" vom 26.08.2013.
http://www.china.org.cn/world/2013-08/26/content_29824049.htm [Stand: 25.08.2015].
-- *„White Paper of the People's Republic of China"* vom 05.05.2006. http://german.china.org.cn/de-book/Index.htm [25.08.2015].
China.org.cn „Anti-Secession Law" vom 14.03.2005.
http://www.china.org.cn/english/2005lh/122724.htm [Stand: 25.08.2015].
-- *„One Country, Two Systems"* (undatiert).
http://www.china.org.cn/english/features/china/203730.htm [Stand: 25.08.2015].

CNBC (Originalartikel in der FT)
„China's Capital Outflow Top USD 500 Billion" vom 19.10.2015.

https://www.cnbc.com/2015/10/19/china-capital-outflows-exceeded-500b-in-year-to-august.html [Stand: 19.10.2015].

CNN Money
„Pakistan lands $46 billion investment from China" vom 20.04.2015.
http://money.cnn.com/2015/04/20/news/economy/pakistan-china-aid-infrastucture/ [Stand: 25.08.2015].
-- *„China Releases ‚Most Wanted' List of Economic Fugitives"* vom 23.04.2015.
http://money.cnn.com/2015/04/23/news/china-most-wanted-economic-fugitives/ [Stand: 25.08.2015].
-- *„China revalues yuan"*, Artikel zur Entkoppelung des RMB vom 21.06.2005.
http://money.cnn.com/2005/07/21/news/international/china_yuan/index.htm [Stand: 25.08.2015].

Daily Mail
„Disputed claims in the South China Sea" vom 21.05.2015.
http://www.dailymail.co.uk/news/article-3090728/China-navy-warns-U-S-spy-plane-disputed-South-China-Sea-CNN.html [Stand: 25.08.2015].

DAWN
„Economic corridor in focus as Pakistan, China sign 51 MoUs" vom 20.04.2015.
http://www.dawn.com/news/1177109 [Stand: 25.08.2015].

Deloitte Southeast Asia
FSI-Review/Financial Services Newsletter
„Diversity in Asia Rapid growth, diverse challenges" vom 09.04.2015.
https://www2.deloitte.com/content/dam/Deloitte/sg/Documents/financial-services/sea-fsireview-issue9-noexp.pdf [Stand: 25.08.2015].

Der Spiegel
„China/USA – Die Schlafwandler" vom 02.12.2013.
http://www.spiegel.de/spiegel/print/d-122760753.html [Stand: 25.08.2015].

Die Presse
„Schutz vor China: Taiwan will US-Kampfjets kaufen" vom 13.07.2007.
http://diepresse.at/home/politik/aussenpolitik/316912/index.do [Stand: 25.08.2015].

Die Tageszeitung (TAZ)
„Historisches Treffen – Annäherung zwischen China und Taiwan" vom 11.02.2014.
http://www.taz.de/!5048811/ [Stand: 25.08.2015].

Die Welt
„*Taiwan und China wagen den politischen Dialog*" vom 11.02.2014.
http://www.welt.de/politik/ausland/article124747196/Taiwan-und-China-wagen-den-politischen-Dialog.html [Stand: 25.08.2015].
-- „*China baut schon an seinem zweiten Flugzeugträger*" vom 19.01.2015.
http://www.welt.de/politik/ausland/article123994050/China-baut-schon-an-seinem-zweiten-Flugzeugtraeger.html [Stand: 25.08.2015].

Epoch Times
„*Taiwan's Weg zur Demokratie*" vom 19.07.2007.
http://www.epochtimes.de/articles/2007/07/19/144275.html [Stand: 25.08.2015].

Financial Times
„*ISI Military Balance 2012*"
http://www.ft.com/m/html/expandable-picture.htm [Stand: 25.08.2015].

Forbes
„*World's Biggest Ports*" im 2014.
http://www.forbes.com/pictures/eglg45hdkjd/worlds-biggest-ports/ [Stand: 25.08.2015].

Foreign Policy Journal
„*The Danger of Imperial Overstretch*" vom 15.07.2014.
http://www.foreignpolicyjournal.com/2014/07/15/the-danger-of-imperial-overstretch/ [Stand: 25.08.2015].

Frankfurter Allgemeine Zeitung
„*Krim-Krise aus russischer Sicht – Putin ist verrückt*" vom 15.03.2014.
http://www.faz.net/aktuell/feuilleton/krim-krise-aus-russischer-sicht-putin-ist-verrueckt-12848243-p3.html [Stand: 25.08.2015].

Handelsblatt
„*China-Aktien 2015 – Der Drache im Depot*" vom 28.07.2015. http://www.handelsblatt.com/finanzen/anlagestrategie/trends/china-aktien-2015-china-oeffnet-den-kapitalmarkt-immer-weiter/11152554-3.html [Stand: 25.08.2015].

Heise Online
„*Die grössten taiwanischen Firmen gehören zur IT-Branche*" vom 20.01.2002.
http://www.heise.de/newsticker/meldung/24152 [Stand: 25.08.2015].

Hurun Report
The Chinese Luxury Travler vom 21.06.2015.
http://up.hurun.net/Humaz/201506/20150602150134506.pdf [Stand: 25.08.2015].

International Business Times
„*Putin Eliminates Ministry Of Crimea, Region Fully Integrated Into Russia, Russian Leaders Say*" vom 15.07.2015.
http://www.ibtimes.com/putin-eliminates-ministry-crimea-region-fully-integrated-russia-russian-leaders-say-2009463 [Stand: 25.08.2015].
-- „*China's President Xi Says Army Must Be Stronger, Remove Stain Of Corruption*" vom 20.07.2015.
http://www.ibtimes.com/chinas-president-xi-says-army-must-be-stronger-remove-stain-corruption-2015386 [Stand: 25.08.2015].

McClatchy
„*Biggest anti-Japanese protests in 40 years sweep China as Xi Jinping reappears*" vom 15.09.2012.
http://www.mcclatchydc.com/news/nation-world/world/article24737095.html [Stand: 25.08.2015].

Mizzima (News from Myanmar)
„*The New China Silk Road – Changing the face of oil & gas in Southeast Asia*" vom 17.09.2016.
http://www.mizzima.com/business-features/new-china-silk-road [Stand: 17.09.2016].

Money Morning
„*China Sea Territory Dispute*"
https://moneymorning.com/tag/south-china-sea/ [Stand: 25.08.2015].

National Security Journal (Harvard Law School)
„*The Historic Opening to China: What Hath Nixon Wrought?*" vom 25.09.2015.
http://harvardnsj.org/2015/09/the-historic-opening-to-china-what-hath-nixon-wrought/ [Stand: 25.09.2015].

Neue Zürcher Zeitung (NZZ)
„*Schweiz unterzeichnet Gründungsvertrag der AIIB – China zelebriert diplomatischen Erfolg*" vom 29.06.2015.
http://www.nzz.ch/wirtschaft/china-zelebriert-diplomatischen-erfolg-1.18570980 [Stand: 25.08.2015].

-- „Mit Blick nach China – Japan erhöht die Militärausgaben" vom 14.01.2015.
http://www.nzz.ch/international/asien-und-pazifik/japan-erhoeht-die-militaerausgaben-1.18461290 [Stand: 25.08.2015].

New York Times
„Bush: China is not a partner ..." vom 18.05.2000.
http://query.nytimes.com/gst/fullpage.html?res=990CEEDE173AF93BA25756C0A9669C8B63&sec=&spon=&pagewanted=print [Stand: 25.08.2015].
-- „China's Anticorruption Commission Investigates Senior Officer" vom 05.12.2012.
http://www.nytimes.com/2012/12/06/world/asia/early-target-of-chinas-anti-corruption-commission-identified.html?_r=0 [Stand: 25.08.2015].

People's Daily
„Anti-Secession Law" vom 14.03.2005.
http://english.peopledaily.com.cn/200503/14/eng20050314_176746.html [Stand: 25.08.2015].

Politico Magazine
„Where in the World Is the U.S. Military?" vom Juli/August 2015.
http://www.politico.com/magazine/story/2015/06/us-military-bases-around-the-world-119321 [Stand: 25.08.2015].

Popular Science
„China Signs Huge Arms Deal With Russia, Buys World's Best Missile" vom 25.04.2015.
http://www.popsci.com/china-and-russia-sign-biggest-arms-deal-decade-buy-worlds-best-missile [Stand: 25.08.2015].

South China Morning Post (SCMP)
„How leading small groups help Xi Jinping and other party leaders exert power" vom 20.01.2014.
http://www.scmp.com/news/china/article/1409118/how-leading-small-groups-help-xi-jinping-and-other-party-leaders-exert [Stand: 25.08.2015].
-- „Vincent Siew's talks with Xi Jinping a chance to smooth over cross-strait rows" vom 08.11.2014.
http://www.scmp.com/news/china/article/1634606/vincent-siews-talks-xi-jinping-chance-smooth-over-cross-strait-rows [Stand: 25.08.2015].

Sputnik News
„Russia Launches Second Leg of Pacific Oil Pipeline" vom 25.12.2012.

http://sputniknews.com/business/20121225/178383064.html [Stand: 11.08.2015].

Süddeutsche Zeitung
„Die Welt sorgt sich wegen Chinas Börsensturz" vom 27.07.2015.
http://www.sueddeutsche.de/wirtschaft/aktienmaerkte-die-welt-sorgt-sich-wegen-chinas-boersensturz-1.2583682 [Stand: 25.08.2015].

Taipei Times
„Taiwan fails to be added to WHA list" vom 18.05.2004.
http://www.taipeitimes.com/News/front/archives/2004/05/18/2003155956 [Stand 25.08.2015].
-- „KMT against independence: Ma" vom 28.01.2007.
http://www.taipeitimes.com/News/front/archives/2007/01/28/2003346632 [Stand: 25.08.2015].
-- „Services Pact: TSU knocks cross-strait service trade agreement" 23.06.2013. http://www.taipeitimes.com/News/front/archives/2013/06/23/2003565441 [Stand: 25.08.2015].
-- „China aiming 200 more missiles at Taiwan: MND" vom 04.09.2012. http://www.taipeitimes.com/News/front/archives/2012/09/04/2003541913 [Stand: 25.08.2015].
-- „China able to attack Taiwan by 2020: report" 09.10.2013. http://www.taipeitimes.com/News/front/archives/2013/10/09/2003574061 [Stand: 25.08.2015].

The Atlantic
„Why East Asia – Including China – Will Turn Democratic Within a Generation" vom 24.01.2012.
https://www.theatlantic.com/international/archive/2012/01/why-east-asia-including-china-will-turn-democratic-within-a-generation/251824/ [Stand: 25.08.2015].
-- „The Thucydides Trap: Are the U.S. and China Headed for War?" vom 24.09.2015.
https://www.theatlantic.com/international/archive/2015/09/united-states-china-war-thucydides-trap/406756/ [Stand: 24.09.2015].

The China Post
„MAC, TAO ministers to meet today" vom 11.02.2014.
http://www.chinapost.com.tw/taiwan/china-taiwan-relations/2014/02/11/400344/MAC-TAO.htm [Stand: 25.08.2015].

The Diplomat
„How A2/AD Can Defeat China – A new report by the Rand Corporation calls for turning China's A2/AD strategy on its head" vom 12.11.2013.
http://thediplomat.com/2013/11/how-a2ad-can-defeat-china/ [Stand: 25.08.2015].
-- „5 Ways Chian Could Become A Democracy" vom 05.02.2013.
http://thediplomat.com/2013/02/5-ways-china-could-become-a-democracy/ [Stand: 25.08.2015].
-- „Why Do People Keep Predicting Chinas Collapse" vom 20.03.2015.
http://thediplomat.com/2015/03/why-do-people-keep-predicting-chinas-collapse/ [Stand: 25.08.2015].
-- „The End of CCP Rule and the Collapse of China" vom 30.03.2015. http://thediplomat.com/2015/03/the-end-of-ccp-rule-and-the-collapse-of-china/ [Stand: 25.08.2015].
-- „China's WW2 Military Parade to include Russia, Mongolia and Taiwan – China divulged new details about its September 3 military parade this week." vom 26.06.2015.
http://thediplomat.com/2015/06/chinas-ww2-military-parade-to-include-russia-mongolia-and-taiwan/ [Stand: 25.08.2015].
-- „The Real Thucydides' Trap" vom 06.05.2015.
http://thediplomat.com/2015/05/the-real-thucydides-trap/ [Stand: 25.08.2015].
-- „Taiwan and Strategic Security" vom 15.05.2015.
http://thediplomat.com/2015/05/taiwan-and-strategic-security/ [Stand: 25.08.2015].
-- „Imagining China's Military in 2020" vom 31.01.2014. http://thediplomat.com/2014/01/imagining-chinas-military-in-2020/ [Stand: 25.08.2015].

The National Interest
„The Real Threat of Chinese Nationalism" vom 28.08.2015.
http://nationalinterest.org/blog/the-buzz/the-real-threat-chinese-nationalism-13729 [Stand: 28.08.2015].

The Economist
„How does China censor the internet?" vom 21.04.2013.
http://www.economist.com/blogs/economist-explains/2013/04/economist-explains-how-china-censors-internet [Stand: 25.08.2015].
-- „China's Missiles" vom 06.12.2010. http://www.economist.com/blogs/daily-chart/2010/12/chinese_missile_ranges [Stand: 25.08.2015].
-- „The fourth modernisation – China is becoming a military force to reckon with in the western Pacific. How should America respond?" vom 02.12.2010.
http://www.economist.com/node/17601487 [Stand: 25.08.2015].
-- „What China means by ‚democracy'" vom 25.11.2014.

http://www.economist.com/blogs/economist-explains/2014/11/economist-explains-21 [Stand: 25.08.2015].

-- „*The future of Factory Asia: A tightening grip Rising Chinese wages will only strengthen – Asia's hold on manufacturing*" vom 12.03.2015.
https://www.economist.com/news/briefing/21646180-rising-chinese-wages-will-only-strengthen-asias-hold-manufacturing-tightening-grip [Stand: 25.08.2015]

The Fuse
Securing America's Future Energy (SAFE): „*Oil: Global Balance of Trade*" vom April 2015.
http://energyfuse.org/wp-content/uploads/2015/04/crude-oil-balance-of-trade.jpg [Stand: 25.08.2015].

The Guardian
„*What will Hong Kong's political reform vote mean?*" vom 16.06.2015.
http://www.theguardian.com/world/2015/jun/16/hong-kong-political-reform-vote-fake-democracy [Stand: 25.08.2015].

The Hill
„*The importance of US-Taiwan economic relations*" vom 23.07.2013.
http://thehill.com/opinion/op-ed/312985-the-importance-of-us-taiwan-economic-relations [Stand: 25.08.2015].

The Times
„*Taiwan opens up to mainland Chinese investors*" vom 01.05.2009.
http://www.thetimes.co.uk/tto/business/economics/article2150359.ece [Stand: 25.08.2015].

USA Today
„*Ang Lee movie caught in political spat*" vom 28.08.2007.
http://www.usatoday.com/life/movies/news/2007-08-28-ang-lee_N.htm [Stand: 25.08.2015].

U.S. Militarybases
US military bases (army, navy, air force, marines, coast guard) around the globe
http://www.militarybases.us/navy/ [Stand: 25.08.2015].

Wallstreet Journal (WSJ)
„*China's Military Spending Swells Again Despite Domestic Headwinds*" vom 05.03.2015.

http://blogs.wsj.com/chinarealtime/2015/03/05/chinas-military-spending-swells-again-despite-domestic-headwinds/ [Stand: 25.08.2015].
-- „Taiwans Ma Ying-jeou believes AIIB rejection due to political considerations" vom 10.05.2015.
http://www.wsj.com/articles/taiwans-ma-ying-jeou-believes-aiib-rejection-due-to-political-considerations-1431293643 [Stand: 25.08.2015].
-- „China Makes Multibillion-Dollar Down-Payment on Silk Road Plans" vom 21.04.2015.
https://blogs.wsj.com/chinarealtime/2015/04/21/china-makes-multibillion-dollar-down-payment-on-silk-road-plans/ [Stand: 25.08.2015].
-- „U.S. Sounds Alarm at China's Military Buildup" vom 15.08.2010.
http://online.wsj.com/article/SB10001424052748703908704575433933444265178.html?mod=WSJ_hpp_MIDDLETopStories [Stand: 25.08.2015].
-- „The Coming Chinese Crackup" vom 06.03.2015.
https://www.wsj.com/articles/the-coming-chinese-crack-up-1425659198 [Stand: 25.08.2015].
-- „U.S. Faces Rising Risks in Vow to Defend Taiwan" vom 21.09.2011.
https://www.wsj.com/articles/SB10001424053111903374004576582622985713098 [Stand: 25.08.2015].

Washington Post
„China Is at the Heart of Clinton's First Trip" vom 15.02.2009.
http://www.washingtonpost.com/wp-dyn/content/article/2009/02/14/AR2009021401382.html [Stand: 25.08.2015].
-- „Blueprint for a China Policy" Aussenminister James A. Baker in der Washington Post vom 05.07.1998.
https://www.highbeam.com/doc/1P2-678210.html [Stand: 25.08.2015].
-- „A Taiwan Deal" Beitrag von Joseph Nye in der Washington Post vom 08.03.1998. [Stand: 25.08.2015].
-- „The Real Roots of China-Japan Tensions" vom 13.05.2013.
https://www.washingtonpost.com/news/worldviews/wp/2013/05/13/are-japan-and-china-really-ancient-enemies-or-is-this-something-much-newer/?utm_term=.5221523cf301 [Stand: 25.08.2015].

Wired
„Think Tank: China Beats us in Mainland Simulated Taiwan Air War" vom 08.05.2009.
http://www.wired.com/2009/08/think-tank-china-beats-us-in-simulated-taiwan-air-war/ [Stand: 25.08.2015].

WordPress
„*East China Sea Dispite with Japan over Senkaku Islands*" vom 06.07.2012.
https://iexploretheworld.wordpress.com/2012/07/06/china-is-n/east-china-sea-dispute-with-japan-over-senkaku-islands/ [Stand: 25.08.2015].

Xinhua News Agency
-- „*1992 Consensus*" vom 03.11.1992 / Chinesische Version vom 05.04.2006.
http://news.xinhuanet.com/tw/2006-04/05/content_4385932.htm [Stand: 25.08.2015].
-- „*Cross-Strait affairs chiefs hold first formal meeting*" vom 11.02.2014.
http://news.xinhuanet.com/english/china/2014-02/11/c_133106558.htm [Stand: 25.08.2015].
-- „*Anti-Secession Law*" vom 15.03.2005.
http://news.xinhuanet.com/english/2005-03/15/content_2700128.htm [Stand: 25.08.2015].
-- „*The Practice of the ‚One Country, Two Systems' Policy in the Hong Kong Special Administrative Region*" vom 10.06.2014.
http://news.xinhuanet.com/english/china/2014-06/10/c_133396891.htm [Stand: 25.08.2015].
-- „*Kazakhstan-China oil pipeline opens to operation*" vom 12.07.2006.
http://news3.xinhuanet.com/english/2006-07/12/content_4819484.htm [Stand: 25.08.2015].

6.3 Internetquellen

6.3.1 Webseiten offzieller/öffentlicher Institutionen

American Institute in Taiwan (AIT)
„*Taiwan and U.S. Economic Relations*"
http://www.ait.org.tw/en/economic-relations.html [Stand: 25.08.2015].

Amnesty International
„*Jahresbericht 2007*"
http://web.amnesty.org/library/eng-chn/index [Stand: 25.08.2015].

ASEAN Statistics der Asscociation of Southeast Asean Nations (ASEAN)
http://www.aseansec.org/13100.htm [Stand: 25.08.2015].

Asian Infrastructure Investment Bank (AIIB)
The Multilateral Interim Secretariat
http://www.aiibank.org/html/aboutus/AIIB/ [Stand: 25.08.2015]

Biografien zu chinesischen KPC-Funktionären
http://www.chinadirectory.com/ [Stand: 25.08.2015].

Brookings Institue
„*The Response of China's Neighbors to the U.S. ‚Pivot' to Asia*" vom 31.01.2012.
https://www.brookings.edu/on-the-record/the-response-of-chinas-neighbors-to-the-u-s-pivot-to-asia/ [Stand: 25.08.2015].

Bundeszentrale für politische Bildung (bpb)
„*Chinas Aufstieg – eine Herausforderung für den Westen*" vom 22.09.2010.
http://www.bpb.de/apuz/32507/chinas-aufstieg-eine-herausforderung-fuer-den-westen?p=all [Stand: 25.08.2015].

Carnegie Endowment for International Peace
„*China's Assertive Behavior – Part One: ‚Core Interests'*" vom 15.11.2010.
http://carnegieendowment.org/2010/11/15/china-s-assertive-behavior-part-one-on-core-interests [Stand: 25.08.2015].

Center for Maritime Security (CIMSEC)
„*The Military Imbalance in the Taiwan Strait – Military Forces of China and Taiwan in Comparison (2014)*"
http://cimsec.org/deep-accommodation-best-option-preventing-war-taiwan-strait/18128 [Stand: 25.08.2015].

Center for Strategic and International Studies (CSIS)
CSIS: Asia Maritime Transparency Initiative (AMTI)
-- „*Population in Asia*"
-- „*Trade Flows in Asia 2013*"
-- „*National Resources in the South China Sea*"
-- „*Multilateral Memberships*"
https://amti.csis.org/atlas/ [Stand: 25.08.2015].
CSIS: China Power „*What does China really spend*"
https://chinapower.csis.org/military-spending/ [Stand: 25.08.2015].
-- „*Deng's 50 Years Statement on Taiwan*" vom 16.04.1987.
http://csis.org/files/media/csis/programs/taiwan/timeline/sums/timeline_docs/CSI_19870416.htm [Stand: 25.08.2015].
-- „*China's Anti-Secession Law*" vom 21.03.2005.
https://www.csis.org/events/chinas-anti-secession-law [Stand: 25.08.2015].
-- „*Chinese Strategy and Military Modernization in 2015: A Comparative Analysis*" vom 10.10.2015.
https://csis-prod.s3.amazonaws.com/s3fs-public/legacy_files/files/publication/150901_Chinese_Mil_Bal.pdf [Stand: 25.08.2015].

Central Bank of the Republic of China
"Taiwan Invests Far More in Other Countries Than Other Countries Invest in Taiwan"
in 2013.
http://www.cbc.gov.tw/ [Stand: 25.08.2015].

Central Commission for Discipline Inspection of the CCP (CCDIC)
"'天网'行动重拳出击全球通缉百名外逃人员" vom 22.04.2015.
http://www.ccdi.gov.cn/xwtt/201504/t20150422_55183.html [Stand: 25.08.2015].

Central Electino Commission (Taiwan)
http://www.cec.gov.tw/ [Stand: 25.08.2015].

China Labour Bulletin
"Wages and Employment" vom 04.08.2015.
carnegieendowment.org/ [Stand: 25.08.2015]

CIA Factbook
https://www.cia.gov/library/publications/the-world-factbook/docs/ref-maps.html
https://www.cia.gov/library/publications/the-world-factbook/geos/tw.html [Stand: 25.08.2015].

Congress of the United States of America
"Taiwan-Relations-Act (TRA) – H.Rept 96-26/H.Rept 96-71" vom 10.04.1979.
https://www.congress.gov/bill/96th-congress/house-bill/2479 [Stand: 25.08.2015].

Congressional-Executive Commission on China
http://www.cecc.gov/publications/annual-reports/2007-annual-report 2007. [Stand: 25.08.2015].

Communist Party China – Official Website
http://cpc.people.com.cn/ [Stand: 25.08.2015].

Council Foreign Relations (cfr)
"Building the New Silk Road" vom 25.05.2015.
http://www.cfr.org/asia-and-pacific/building-new-silk-road/p36573 [Stand: 25.08.2015].

-- „China's Maritime Disputes"
https://www.cfr.org/interactives/chinas-maritime-disputes?cid=otr-marketing_use-china_sea_InfoGuide#!/chinas-maritime-disputes?cid=otr-marketing_use-china_sea_InfoGuide
-- „Territorial Disputes in the South China Sea"
https://www.cfr.org/interactives/global-conflict-tracker#!/conflict/territorial-disputes-in-the-south-china-sea

Democratic Progressive Party (DPP) – Official Website
http://www.dpp.org.tw/ [Stand: 25.08.2015].

Department of Defense (DoD) of the United States of America
„Military and Security Developments Involving the People's Republic of China 2015"
https://www.defense.gov/Portals/1/Documents/pubs/2015_China_Military_Power_Report.pdf [Stand: 25.08.2015].

Department of State of the United States of America
„Taiwan Relatios Act (TRA)" vom 01.01.1979.
http://usinfo.state.gov/eap/Archive_Index/Taiwan_Relations_Act.html
http://photos.state.gov/libraries/ait-taiwan/171414/ait-pages/tra_e.pdf
-- „2014 Investment Climate Statement" vom Juni 2014.
http://www.state.gov/documents/organization/228504.pdf [Stand: 25.08.2015].
-- „U.S.-PRC Joint Communique (3rd Communiqué/ August 17 Communiqué" vom 17.08.1982
http://photos.state.gov/libraries/ait-taiwan/171414/ait-pages/817_e.pdf [Stand: 25.08.2015].
-- „Joint Communique on the Establishment of Diplomatic Relations between the United States of America and the People's Republic of China" vom 01.01.1979.
http://photos.state.gov/libraries/ait-taiwan/171414/ait-pages/prc_e.pdf [Stand: 25.08.2015].
-- „Strategic Plan, Fiscal Years 2004–2009" of the U.S. Agency for International Development.
http://www.usaid.gov/policy/budget/state_usaid_strat_plan.pdf [Stand: 25.08.2015].

Embassy of the People's Republic of China in Germany
„Die Wahrheit über die Militärausgaben"
http://www.china-embassy.ch/ger/4/t203327.htm [Stand: 25.08.2015].
-- „Chinesisches Festland wichtigster Exportmarkt Taiwans" vom 10.01.2007.
http://www.china-embassy.ch/ger/5/zgtw/t179525.htm [Stand: 25.08.2015].

Embassy of the People's Republic of China in Switzerland
„*Chinesisches Festland wichtigster Exportmarkt Taiwans*" vom 10.01.2007.
http://www.china-embassy.ch/ger/5/zgtw/t179525.htm [Stand: 25.08.2015].

Federal Reserve Bank of San Francisco (FRBSF)
„*The Federal Reserve's Unconventional Policies*" vom 13.11.2012.
http://www.frbsf.org/economic-research/publications/economic-letter/2012/november/federal-reserve-unconventional-policies/ [Stand: 25.08.2015].

Federation of American Scientists (FAS)
Congressional Research Service Report
„*U.S.-Taiwan Relationship:Overview of Policy Issues*" vom 11.12.2014.
https://fas.org/sgp/crs/row/R41952.pdf [Stand: 25.08.2015].
-- „*Taiwan: Major U.S. Arms Sales since 1990*" vom 29.08.2014.
https://www.fas.org/sgp/crs/weapons/RL30957.pdf [Stand: 25.08.2015].
-- „*President-Elect Chen talks about Cross-Strait-Relations*" 09.04.2000.
http://www.fas.org/news/taiwan/2000/e-04-09-00-17.htm [Stand: 25.08.2015].
-- „*U.S.-Taiwan Relationship: Overview of Policy Issues*" vom 11.12.2014.
https://www.fas.org/sgp/crs/row/R41952.pdf [Stand: 22.08.2015].
-- „*China/Taiwan: Evolution of the ‚One China' Policy – Key Statements from Washington, Beijing and Taipei*" vom 01.06.2004.
https://fas.org/sgp/crs/row/RL30341.pdf [Stand: 25.08.2015].
-- „*Pivot to the Pacific? The Obama Administration's ‚Rebalancing' toward Asia*" vom 28.03.2012.
https://www.fas.org/sgp/crs/natsec/R42448.pdf [Stand: 25.08.2015].
-- „*Status of World Nuclear Forces*"
http://fas.org/issues/nuclear-weapons/status-world-nuclear-forces/ [Stand: 25.08.2015].

Foreign Affairs
„*The Future of U.S.-Chinese Relations – Conflict Is a Choice, Not a Necessity*". Beitrag von Henry Kissinger vom 01.03.2012.
https://www.foreignaffairs.com/articles/china/2012-03-01/future-us-chinese-relations [Stand: 25.08.2015].

Foreign Policy (FP)
„*Is China the fastest rising power in History?*" vom 16.05.2014.
http://foreignpolicy.com/2014/05/16/is-china-the-fastest-rising-power-in-history/#img3 [Stand: 25.08.2015].
-- „*America's Pacific Century*". Interview mit Aussenministerin Hillary Clinton vom 11.10.2011.

http://iipdigital.usembassy.gov/st/english/article/2011/10/
   20111011161233su0.8861287.html#axzz30Ph1DmRw [Stand: 25.08.2015].

Foreign Policy Research Institute
„*Strategic Intentions: China's Military Strategy White Paper*" vom Mai 2015.
   http://www.fpri.org/geopoliticus/2015/05/strategic-intentions-chinas-military-strategy-white-paper [Stand: 25.08.2015].

Formosan Associaton for Public Affairs (FAPA)
http://www.fapa.org/abian/abianwon.html [Stand: 25.08.2015].

Grand Old Party (GOP) – U.S. Republican Party
https://www.gop.com/platform/american-exceptionalism/ [Stand: 25.08.2015].

Handelsministerium (MOFCOM)
http://fta.mofcom.gov.cn/english/index.shtml [Stand: 25.08.2015].

HIS Jane's 360
„*China's defence budget more than doubles since 2008*" vom 05.03.2015.
   http://www.janes.com/article/49742/china-s-defence-budget-more-than-doubles-since-2008 [Stand: 25.08.2015].

Hofstra University
The Geography of Transport Systems (TGTS – Industry Canada) – „*Main Maritime Shipping Routes*"
   https://people.hofstra.edu/geotrans/eng/ch3en/conc3en/main_maritime_shipping_routes.html [Stand: 25.08.2015].

Hong Kong Legal Information Institut (HLII)
http://www.hklii.hk/eng/ [Stand: 25.08.2015].

International Martin Center for Nonproliferation Studies (CNS)
Middlebury Institute of International Studies Monterey
„*Formosa Resolution of 1955*"
http://cns.miis.edu/straittalk/strait_talk.pdf [Stand: 25.08.2015].

Internationaler Währungsfond (IWF)
„*Asia in the World Economy – Asia's Importance Growing in Global Economy*" vom 12.05.2010.
   http://www.imf.org/external/pubs/ft/survey/so/2010/car051210a.htm [Stand: 25.08.2015].

Investopia Academy
„*The World's Top 10 Economies*" vom 24.02.2015.
http://www.investopedia.com/articles/investing/022415/worlds-top-10-economies.asp [Stand: 25.08.2015].

Kuomingtang (KMT) – Official Website
http://www.kmt.org.tw/ [Stand: 25.08.2015].

Mainland Affairs Council (MAC)
„*Three Links across the Taiwan Strait*" vom Mai 1995.
http://www.mac.gov.tw/en/News_Content.aspx?n=AEC54CE1BB842CD0&sms=7C0CA8982E163402&s=A514E2F510401BC1 [Stand: 25.08.2015].

Ministry of Economic Affairs (Taiwan)
„*Taiwan Invests Heavily in China*" 2014.
http://www.moeaic.gov.tw/ [Stand: 25.08.2015].

Ministry of Foreign Affairs of the People's Republic of China
http://www.fmprc.gov.cn/eng/gjhdq/ [Stand: 25.08.2015].

Ministry of National Defense (MND) of the People's Republic of China
„*China's Military Strategy – The Council Information of the People's Republic of China*" Mai 2015.
http://eng.mod.gov.cn/Database/WhitePapers/ [Stand: 25.08.2015].
http://eng.mod.gov.cn/DefenseNews/2015-05/26/content_4586748.htm. [25.08.2015].

Ministry of National Defense (MND) of the Republic of China
(siehe auch) U.S.-Taiwan Defense / U.S.-Taiwan Business Council
„*12th National Defense Report*" 2002–2015.
http://www.mnd.gov.tw [Stand: 25.08.2015].
http://www.ustaiwandefense.com/taiwan-ministry-of-national-defense-reports/ [Stand: 25.08.2015].
http://www.us-taiwan.org/reports/2013_october_taiwan_national_defense_report.pdf [Stand: 25.08.2015].
„*The Balance of Air Power in the Taiwan Strait*" vom 11.05.2010.
http://www.ustaiwandefense.com/council-releases-major-report-examining-the-balance-of-air-power-in-the-taiwan-strait/ [Stand: 25.08.2015].

Ministry of Science and Technology (MOST) of the People's Republic of China
„*China Science Technology Newsletter*" vom 10.01.2015.
http://www.cistc.gov.cn/upfile/743.pdf [Stand: 25.08.2015].

National Bureau of Statistics of China
http://www.stats.gov.cn/english/ [Stand: 25.08.2015].

National People's Congress of the People's Republic of China
„*Constitution of the People's Republic of China*" vom 04.12.1982.
http://www.npc.gov.cn/englishnpc/Constitution/2007-11/15/content_1372962.htm [25.08.2015].

New Development Bank (NDB)
http://www.ndb.int/ [25.08.2015].

NATO Council
„*The Senkaku Islands: Tension remain high between Japan and China*" vom 15.10.2013.
http://natocouncil.ca/wp-content/uploads/2013/10/dispute.png [Stand: 25.08.2015].

Nuclear Threat Initiative (NTI)
Zu Iran und Saudi-Arabien
http://www.nti.org/country-profiles/iran/ und Saudi Arabien [Stand: 25.08.2015].
http://www.nti.org/country-profiles/saudi-arabia/nuclear/ [Stand: 25.08.2015].

Office of the President of the Republic of China (ROC)
„*Six Assurances*" vom 14.07.1982.
http://english.president.gov.tw/ (Stand: 25.08.2015).
-- „*1992 Consensus*" vom 03.11.1992 / Englische Version vom 29.04.2015.
http://english.president.gov.tw/Default.aspx?tabid=1124&itemid=34645&rmid=3048 [Stand: 25.08.2015].
-- „總統出席「台灣人公共事務會」(FAPA) 25週年慶祝晚宴" anlässlich einer Rede von Präsident Chen Shui-bian am 04.03.2007.
http://www.president.gov.tw/php-bin/prez/shownews.php4?Rid=12655 [Stand: 25.08.2015].
-- „*Five Nos*" vom 20.03.2000.

Overseas Office Republic of China
„*Positionspapier Chen Shuibians zur Aufhebung des Nationalen Wiedervereinigungsrates und dessen Richtlinien*" vom März 2006.
http://www.roc-taiwan.de/policy/20060313/2006031301.html [Stand: 25.08.2015].

People First Party (PFP) – Official Website
http://www.pfp.org.tw/ [Stand: 25.08.2015].

SinOptic (Chinese Corporation for Research on Society, Public Service and Business Affairs)
http://www.sinoptic.ch/publications/archives/baldegger/20010404.htm [Stand: 25.08.2015]

State Council of the People's Republic of China
„*White Paper of the People's Republic of China*" vom 06.09.2011.
http://www.gov.cn/english/official/2011-09-06/content_1941354.htm [Stand: 25.08.2015].
-- „*Medium & Long Term Science & Technology Development Plan (2006–2020)*" vom 09.02.2006.
http://www.gov.cn/english/2006-02-09/content_183426.htm [Stand: 25.08.2015].

Stratfor
„*Major Indo-Pacific Shipping Lanes*" vom 07.03.2015.
https://www.stratfor.com/image/major-indo-pacific-shipping-lanes [Stand: 25.08.2015].
-- „*Chinese Battle Boxes*"
https://www.stratfor.com/image/chinese-battle-boxes [Stand: 25.08.2015].
-- „*China: Sub Fleet Grows, Still in U.S. Wake*" vom 07.03.2015.
https://www.stratfor.com/analysis/china-sub-fleet-grows-still-us-wake [Stand: 25.08.2015].
-- „*Scenario Planning and Strategic Forecasting*" vom 13.03.2015.
https://worldview.stratfor.com/video/conversation-forecasting-vs-scenario-planning [Stand: 25.08.2015].
-- „*Beyond the Post Cold-War World*" von George Friedman vom 02.04.2013.
https://worldview.stratfor.com/article/beyond-post-cold-war-world [Stand: 25.08.2015].
-- „*Europe in 2013: A Year of Decision*" von George Friedman vom 03.01.2013.
https://worldview.stratfor.com/weekly/europe-2013-year-decision [Stand: 25.08.2015].

Taipei-Vertretung in der Bundesrepublik Deutschland
http://www.roc-taiwan.de/policy/20000521/2000052101.html [Stand: 25.08.2015].

Taiwan Affairs Office (TAO) of the State Council PRC
http://www.gwytb.gov.cn/en/CrossstraitInteractionsandExchanges/ [Stand: 25.08.2015].

Taiwan Documents Project (TDP)
„*Shanghai Communiqué*" vom 28.02.1972. http://www.taiwandocuments.org/communique01.htm [Stand: 25.08.2015].
-- „*Taiwan-Relatins-Act*" vom 10.04.1979.
http://www.taiwandocuments.org/tra01.htm [Stand: 25.08.2015].
-- „*Six Assurances*" vom 14.07.1982.
http://www.taiwandocuments.org/assurances.htm [Stand: 25.08.2015].
-- „*PRC White Paper – The One-China Principle and the Taiwan Issue*" vom 21.02.2000.
http://www.taiwandocuments.org/white.htm [Stand: 25.08.2015].

The Jamestown Foundation
„*The Twelfth-Five Year Plan Accelerates Civil-Military Integration in China's Defense Industry*" vom 14.01.2011.
http://www.jamestown.org/programs/chinabrief/single/?tx_ttnews%5Btt_news%5D=37366&cHash=d0eb4d7e8f [Stand: 25.08.2015].

The White House
„*The National Security Strategy of the United States of America – A National Security of Engagement and Enlargement*" White House Declaration vom Juni 1994.
http://www.whitehouse.gov/nsc/nss.html [Stand: 25.08.2015].
-- „*U.S.-China Joint Statement*" während Präsident Barack Obamas Besuch in Beijing vom 15.–18.11.2009.
https://www.whitehouse.gov/the-press-office/us-china-joint-statement [Stand: 25.08.2015].
-- „*The National Security Strategy*" vom März 2006.
https://georgewbush-whitehouse.archives.gov/nsc/nss/2006/ [Stand: 25.08.2015].
-- „*The National Security Strategy of the United States of America*" G.W. Bush 2002.
https://www.whitehouse.gov/administration/eop/nsc/transnational-crime [Stand: 25.08.2015].

United Nations (UN)
„*UN-Convention on the Law of Sea – Part V*", S. 55–75.
http://www.un.org/depts/los/convention_agreements/texts/unclos/part5.htm [Stand: 25.08.2015].

United States Pacific Command (USPACOM)
pacom.mil/about/pacom.shtml [Stand: 25.08.2015].
http://www.pacom.mil/ [Stand: 25.08.2015].

University of Yale
Yale Law School, Lillian Goldman Law Library/The Avalon Project
„*Sino-American Mutual Defense Treaty Between the United States and the Republic of China*" vom 02.12.1954.
http://avalon.law.yale.edu/20th_century/chin001.asp#art1 [Stand: 25.08.2015].

U.S.-China Economic and Security Review Commission (S&ED)
http://www.uscc.gov/researchpapers/2004/chinaworriesatsea.htm [Stand: 25.08.2015].

U.S. Energy Information Administration (eia)
„*The South China Sea is an important world energy trade route*" vom 04.04.2013.
https://www.eia.gov/todayinenergy/detail.php?id=10671 [Stand: 25.08.2015].

U.S. Naval Institute (USNI)
https://blog.usni.org/ [Stand: 25.08.2015].

U.S.-Taiwan Connect
http://www.ustaiwanconnect.org/US-Taiwan-Relations/Trade [Stand: 25.08.2015].

Washington & Lee University (WLU)
„*China's Navy Navigates Global Expansion*" vom 31.03.2015.
http://econ274.academic.wlu.edu/files/2015/03/Screen-Shot-2015-03-31-at-7.02.51-PM.png [Stand: 25.08.2015].

Welthandelsorganisation (WTO)
„*International Trade Statistic 2006, 2014 & 2015*"
https://www.wto.org/english/res_e/statis_e/its2015_e/its2015_e.pdf [Stand: 25.08.2015].
https://www.wto.org/English/res_e/statis_e/its2014_e/its2014_e.pdf [Stand: 25.08.2015].

http://www.wto.org/english/res_e/statis_e/its2006_e/its2006_e.pdf [Stand: 25.08.2015].
-- „Jahresbericht 2015"
https://www.wto.org/english/res_e/booksp_e/anrep_e/anrep15_e.pdf [Stand: 25.08.2015].
-- „Separate Customs Territory of Taiwan, Penghu, Kinmen and Matsu (Chinese Taipei) and the WTO" vom 01.01.2002.
https://www.wto.org/english/thewto_e/countries_e/chinese_taipei_e.htm [Stand: 25.08.2015].
-- „Cross-Straits Economic Cooperation Framework Agreement"
http://rtais.wto.org/rtadocs/713/TOA/English/Combined%20ECFA%20Text.pdf [Stand: 25.08.2015].

Wikipedia
„First Opium War 1839–42 Conflict Overview"
https://en.wikipedia.org/wiki/File:First_Opium_War_1839-42_Conflict_Overview_EN.svg [Stand: 25.08.2015].
-- „Overview map of the route of the Long March"
https://en.wikipedia.org/wiki/Long_March#/media/File:Chinese_civil_war_map_03.jpg [Stand: 25.08.2015].
-- „Taiwan–United States relations"
https://en.wikipedia.org/wiki/Taiwan%E2%80%93United_States_relations [Stand: 25.08.2015].

Woodrow Wilson International Center for Scholars (Wilson Center)
„China vs. Western Values: Xi Jinping's Ideology Campaign" vom 21.04.2015.
http://www.wilsoncenter.org/article/china-vs-western-values-xi-jinping%E2%80%99s-ideology-campaign [Stand: 25.08.2015].

6.3.2 Weitere elektronische Quellen

Australian National University (ANU)
„Why China Will Not Become the Dominant Power in Asia" vom 26.03.2015. Vorlesung am Strategic & Defence Studies Centre der Coral Bell School of Asia-Pacific Affairs an der ANU von Paul Dibbs, Emeritus Professor, und Adjunct Prof. John Lee.
http://sdsc.bellschool.anu.edu.au/news-events/events/2420/why-china-willnotbecome-dominant-power-asia-public-lecture-paul-dibb-and [Stand: 25.08.2015].

Asia Society
"The End of China's Economic Miracle?" vom 20.04.2016. Paneldiskussion mit George Soros, Jamil Anderlini, Lucy Hornby, Richard McGregor und Orville Shell in New York.
http://asiasociety.org/blog/asia/chinas-unnerving-economic-transition [Stand: 26.04.2016].

BBC Documentary
"China vs USA – Empires at War" (2015) written by Anthony Dufour and Olivier Chopin. Directed by Anthony Dufour. A Hikari Production. CRRAV – Nord-Pas de Calais. Coproduction with France 5.

Florida Culture Alliance (FLCA)
POLCZYNSKI, Mark (2009): *Scenario Planning: Thinking the Unthinkable*
http://www.flca.net/images/ScenarioPlanning.pdf [Stand: 25.08.2015].

National University of Singapore
"China in Transition" vom 17.01.2013. Vorlesung von Prof. Roderick MacFarquhar an der LKY School of Public Policy, NUS.
http://nuscast.nus.edu.sg/PublicEvents/1/MODVideoOnly.aspx?Key=2ba5bc49-c573-4737-a522-ec5889b53e45 [Stand: 25.08.2015].

Niall Ferguson
"China – Triumph and Turmoil" (2012–) written by Niall Ferguson. Directed by Adrian Pennick and Adrian Penning. A Chimerica Media Production.

Project-Syndicate
"Der asiatische Multilateralismus" vom 13.04.2015. Ein Interview mit Nobelpreisträger Prof. Joseph E. Stiglitz.
http://www.project-syndicate.org/commentary/china-aiib-us-opposition-by-joseph-e-stiglitz-2015-04/german [Stand: 25.08.2015].

St. Gallen Symposium
"The success of Asian entrepreneurs and its consequences on the ‚western world'" vom 08.05.2010. Prof. Kishore Mahbubani, anlässlich seiner Rede am St. Gallen Symposium.
http://www.symposium.org/en/what-we-do/St-Gallen-Symposium/Past-Symposia [25.08.2015].

University of Ottawa
„*Why China Cannot Rise Peacefully*" vom 17.10.2012. Vorlesung von Prof. John Mearsheimer am Centre for International Policy Studies, Ottawa.
http://cips.uottawa.ca/event/why-china-cannot-rise-peacefully/ [Stand: 25.08.2015].

Anhang

7.1. Chronologie der Taiwan-Frage

Vor 1949 ist die Insel Taiwan von Portugiesen, Spaniern und Niederländern besetzt und wurde 1895 von China nach einer militärischen Niederlage an Japan abgetreten. Nach dem Zweiten Weltkrieg 1945 wurde Taiwan als „Provinz Taiwan" wieder an China zurückgegeben.[1]

1949 Nach der Niederlage im Bürgerkrieg gegen die Kommunisten flüchtet die chinesische Nationalregierung unter General Chiang Kaischek mit 1,5 Millionen Anhängern auf die Insel, auf der sie 1947 Aufstände überaus blutig niederschlagen liess.
Am 1. Oktober 1949 ruft CCP-Vorsitzender Mao Zedong in Beijing die Volksrepublik China aus, die von der Sowjetunion und den anderen kommunistischen Staaten anerkannt wird. Die USA anerkennen weiterhin die Republik China an, deren Hoheitsgebiet sich auf Taiwan und weitere kleine Inseln (u. a. Jinmen und Lüdao) beschränkt.
1950 Beijing beansprucht ohne Erfolg den von der KMT-Regierung Chiang Kaischeks gehaltenen Sitz Chinas in der UN sowie einen ständigen Sitz im Sicherheitsrat.
1954 Nachdem Beijing seinen Streitkräften den Befehl erteilt hat, Taiwan zu „befreien", schliessen die USA vor dem Hintergrund der Erfahurngen aus dem Koreakrieg mit Chiang Kaischek ein Schutzabkommen, ein Jahr später ein Verteidigungsabkommen.
1958 Die kleine Insel Jinmen wird von Truppen der Volksrepublik beschossen und die VII. US-Flotte wird alarmiert.

---

1. Quelle: http://193.154.214.33/?url=/?id=2360386 [Stand: 15.11.2007].

1971 Die UN-Generalversammlung spricht mit der Resolution 2758 Beijing den chinesischen UN-Sitz zu. Die Regierung der Volksrepublik wird damit als alleinige rechtmässige Regierung Chinas anerkannt.

1975 Tod von Chiang Kaischek.

1976 Tod von Mao Zedong.

1979 Die USA nehmen unter Präsident Jimmy Carter diplomatische Beziehungen zur Volksrepublik China auf und brechen die Beziehungen zu Taiwan ab. Washington verpflichtet sich jedoch weiter zu Waffenlieferungen an Taiwan und garantiert die Sicherheit der Insel durch den „Taiwan-Relations-Act".

1988 Das Verhältnis zwischen Insel und Festland beginnt sich zu entspannen. Das Kriegsrecht wird aufgehoben, der Handel legalisiert, der Reiseverkehr erleichtert.

1989 Beginn der Demokratisierung Taiwans. Einführung des Mehrparteiensystems.

1992 Erste offiziell-politische Annäherung seit über 50 Jahren zwischen der Volksrepublik China und Taiwan.

1995 Beijing schlägt Gespräche mit Taiwan über eine Beendigung der Feindseligkeiten vor. Taiwans Präsident Li Denghui antwortet positiv. Erste chinesische Raketentests vor der Küste Taiwans.

1996 Erste demokratische Wahlen auf Taiwan führen zu grossen Manövern durch die kommunistische Volksbefreiungsarmee in der Strasse von Taiwan. Beijing droht mit Waffengewalt, sollte sich die Insel für unabhängig erklären. Die USA entsenden zwei Flugzeugträger-Flotten.

1999 Li Denghui sagt sich faktisch von der „Ein-China-Politik" los und erklärt, die Beziehungen hätten zwischenstaatlichen Charakter. Eine Unabhängigkeits-erklärung durch Taiwan nennt er überflüssig. Beijing protestiert heftig und gibt bekannt, dass es über die zum Bau von Neutronenbomben notwendige Technik verfügt.

2000 Der Oppositionelle Chen Shuibian (DPP) wird Präsident von Taiwan.

2001 Chens Demokratische Fortschrittspartei (DPP), die für die Eigenständigkeit Taiwans eintritt, wird stärkste Fraktion im Parlament.

2002 Chen schlägt ein Referendum über die Zukunft der Insel vor.

2003 Das taiwanesische Parlament ermöglicht die Abhaltung eines Referendums über eine Verfassungsänderung. Beijing droht mit einer harten Reaktion.

2004 Attentat auf Chen Shuibian am Tag vor den Präsidentschaftswahlen. Chen wird wiedergewählt. Er strebt nach Aufnahme der Unabhängigkeitserklärung in die taiwanesische Verfassung.

2005 Der chinesische Volkskongress (NPC) in Beijing verabschiedet das Antisezessionsgesetz, das den Einsatz militärischer Mittel vorsieht, um die staatsrechtliche Loslösung der Insel zu unterbinden.
Der KMT-Vorsitzende und Oppositionschef Lien Chan reist in die Volksrepublik China.

2006 Chen Shuibian löst den „Wiedervereinigungsrat" auf, Beijing spricht von einer Provokation.

2008 Ma Ying-jeou wurde als Präsident Taiwans gewählt. Seither eine Politik der Annäherung. Lockerung der „Three Links" führt zu gegenseitiger Öffnung in den Bereichen Flugverkehr, Schifffahrt sowie Post.

2012 Wiederwahl Ma Ying-jeous und erstmalige Ankündigen Xi Jinpings als Nachfolger Hu Jintaos.

2013/14 Ministertreffen (MAC/TAO) während APEC in Indonesien (2013) und auf dem chinesischen Festland in Nanjing (2014).

2016 Präsidentschaftswahlen in Taiwan. Nach ersten Messungen liegt die DPP vorne.

2022 Olympische Winterspiele in Beijing.